FBI 攻心术

美国联邦警察的超级心理战术

金圣荣◎编著

解读FBI独有的强势攻击心理策略,让你拥有像FBI一样强大的心理资本,以粉碎对手充满敌意的心理战术。

哈尔滨出版社

图书在版编目(CIP)数据

FBI攻心术：美国联邦警察的超级心理战术/金圣荣编著．—哈尔滨：哈尔滨出版社，2011.8（2023.5重印）
ISBN 978-7-5484-0671-6

I. ①F… II. ①金… III. ①心理交往－社会心理学－通俗读物 IV. ①C912.1-49

中国版本图书馆 CIP 数据核字（2011）第133118号

书　　名：FBI攻心术：美国联邦警察的超级心理战术
FBI GONGXIN SHU: MEIGUO LIANBANG JINGCHA DE CHAOJI XINLI ZHANSHU

作　　者：金圣荣　编著
责任编辑：李维娜　尉晓敏
版式设计：张文艺
封面设计：朝圣设计
出版发行：哈尔滨出版社（Harbin Publishing House）
社　　址：哈尔滨市香坊区泰山路82-9号　　邮编：150090
经　　销：全国新华书店
印　　刷：天津市新科印刷有限公司
网　　址：www.hrbcbs.com
E-mail：hrbcbs@yeah.net
编辑版权热线：(0451)87900271　87900272
销售热线：(0451)87900202　87900203

开　本：710mm×1000mm　1/16　　印张：16.25　　字数：213千字
版　次：2011年8月第1版
印　次：2023年5月第2次印刷
书　号：ISBN 978-7-5484-0671-6
定　价：49.80元

凡购本社图书发现印装错误，请与本社印制部联系调换。服务热线：(0451)87900279

前言
PREFACE

随着FBI的名字被越来越多的人知晓，FBI的攻心策略成了越来越多人争相学习的对象。许多人都希望从FBI的实践中学习到一些攻心智慧，从而使自己成为一个攻心高手。

但是，许多人却对"攻心"怀有一种错误的认识——这些人认为"攻心"必然与"阴谋"、"阴险"和"狡诈"等词语之间有着必然的联系，而实际上，"攻心"并不是贬义。在社交场合中和职场中，若懂得攻心战术，就会在人际交往中游刃有余。如果你处在企业领导者的位置，那么懂得攻心战术就会让你把自己的团队和企业打理得更好。但是，在生活中，并非人人都是攻心高手。由于很多人不懂得处理人际关系、管理下属或公司的技巧，因此他们进行谈判时常常以失败告终。其实，这主要是因为他们不懂得攻心策略所导致的。

有很多人认为，攻心高手一定是一个善于言谈的人，其实这也不符合FBI的攻心智慧。在FBI，很多攻心高手并不是一个善于言谈的人，但是这些人却有一个共同的特点，这就是话不多，但是字字有力。当人们问他们是怎样征服那些嫌疑人，使嫌疑人不得不承认自己的罪行时，FBI这样说道："我们在攻心战争中赢得胜利的原因并非口才极佳，而是因为我们有一套非常聪明的攻心智慧。"同时，FBI也提醒那些渴望学习攻心术的人，若想影响一个人的行为，首先必须影响他的态度，而影响态度的前提则是影响思维，而影响思维的前提就是了解他的所需，而这就为人们揭示了攻心术的内涵：所谓的攻心术，实际上就是满足对方的心理需求，或者利用对方内心的恐惧诱导他改变自己的态度，进而获得自己希望看到的结果。而使读者懂得更多的攻心智慧，进而能在社交场合中游刃有余地发展即是编写者编写本书的目的。

其实,能言善辩者不一定会成为攻心高手,而懂得攻心智慧的人才会在攻心战争中胜出。在FBI内部,并非所有人都巧舌如簧,但是可以肯定的是,每一个人都了解FBI的攻心精髓,而让更多的读者了解到FBI的攻心智慧即成了本书的目标。

为了实现这个目标,本书编写者站在一个客观的角度为读者讲述了FBI的攻心策略,同时选择了许多FBI的案例来讲解FBI的攻心智慧,以便使读者对这些攻心智慧了解得更加深刻,从而将其更好地应用到自己的生活和工作当中。

我们希望,读者能够从本书中了解处世的方法和社交技巧,然后在职场和社交场合中巧妙应用,使自己赢得他人的青睐,然后在社交场合中达到自己的一些合乎法理、情理的目的。

目录 CONTENTS

第一章 强势攻击,逼迫就范
——FBI强势攻击的心理策略

1. 进攻心理才是上策,像FBI一样拥有强大的心理资本 002
2. 适时改变战术,粉碎对手充满敌意的心理战术 005
3. 学会驾驭对方,破解对方防守心理 009
4. 立威造势,控制有术——FBI彻底占领他人心理 014
5. 必须拖过三分钟热度,然后才能够谈及胜利 018
6. 斩断对手后路,FBI逼迫对方说出实情 021

第二章 刚柔并济,借力打力
——FBI刚柔并济的超级心理密码

1. 开阔思维,设置巧妙局势——绵里藏针的心理密码 028
2. FBI精英懂得欲擒故纵,先给予对手想要的 032
3. 攻心不一定靠言语,不说话的心理战更高明 038
4. 用"糖衣炮弹"诱导对手说真话 043
5. 反驳不一定处处有用,防守得当也会有收获 045
6. 先潜入对手内部,再打心理战 048

第三章 晓之以理，明之以利
——FBI精明的"人情战术"

1. 以退为进，瓦解对方心理壁垒 ……………………………… 054
2. 先讲道理，再摆利益，大打人情战术 ………………………… 057
3. 套话有技巧，让对方主动摊牌 ………………………………… 061
4. FBI的最佳心理战术：趁虚而入，动之以情 ………………… 068
5. 给对方留有余地，设法引诱对方向自己靠拢 ………………… 071
6. 灵活设置悬念，FBI使对方洗耳恭听 ………………………… 076

第四章 故弄玄虚，深不可测
——FBI虚张声势的心理战术

1. 表现出自己的"强势"，给对方施加心理压力 ……………… 084
2. 心理交锋的秘诀——想方设法调整和控制对话 ……………… 090
3. 抱有"善意"之心，用鼓励代替批评 ………………………… 098
4. FBI运用攻心策略的招数，巧妙化解对方排斥心理 ………… 103
5. 不断重复、强调，回击不合理的请求和行为 ………………… 110

第五章 从旁枝入手，迂回找孔
——FBI迂回攻击对手的心理策略

1. FBI攻心策略：迂回找孔，寻找共同的"敌人" …………… 118
2. 学会寻找与对手之间的共同意向 ……………………………… 122
3. 扰乱对手的心神，分散对手的注意力 ………………………… 126
4. 顺应对手的意愿，将计就计的心理策略 ……………………… 130
5. 用对方感兴趣的事情作为自己的心理进攻策略 ……………… 133
6. 面对对手时，FBI用感情投资的方式换取回报 ……………… 138

7. 有话慢慢说，不要急于得出最终的结果 142

8. 换位思考，引导对方按照自己的方式进行心理思维 146

9. 隐藏自己的真实意图，FBI是这样操纵别人心理的 150

第六章 先礼后兵，给足面子再摆条件
——FBI后发制人的心理战术

1. 心理攻击也真诚：先礼后兵，获得对方的信任 156

2. 恰到好处地赞美对方——能洞悉对方的心理 160

3. 给足对手面子，伺机给予对手打击 165

4. 实现攻心术的最高境界——FBI让对手"后院起火" 169

5. FBI从对手角度出发，让对手权衡利弊 172

6. 处处反驳不是好方法，顺水推舟才是硬道理 176

7. 贬低自己，捧高对手 180

8. 赞美具体化——FBI实施攻心策略的"必杀技" 183

第七章 先声夺人，先发制人
——FBI主动出击的心理战术

1. 发挥语言攻势，是占据对方心理制高点的不二法则 188

2. 用连珠炮发问的方式向对手发起主动攻击，以此占据优势地位 192

3. 搞定对方心理的"空白区域"，让其失去思考的空间 196

4. 先下手为强，直击对方的心理软肋 200

5. 抢占优势位置，居高临下才能占据心理优势 204

6. FBI先发制人的绝招——一眼看透人心 207

7. 主动出击，让对手实施犯罪的计划成为泡影 212

8. 迅速抢占先机，重创对手脆弱的心理防线 215

第八章 连哄带吓，既指明利益又说明利害关系
——FBI的恐吓心理战术

1. 直接指明利益关系，然后再攻击对方心理 220
2. 掌控交锋要点，FBI"一招制敌"的策略 224
3. 在对方疲惫之时发动攻击，会收到意想不到的"奇袭效果" 229
4. 连哄带吓，既打"成人心理战"又打"儿童心理战" 232
5. 识破对方的谎言，FBI利用别人的谎言制伏别人 236
6. 千万不要企图说服对方，这样只会适得其反 239
7. 预言对手的多种结果，控制对手的心理情绪 242

参考书目 247

第一章

强势攻击，逼迫就范——
FBI强势攻击的心理策略

FBI一直是一个与犯罪分子频频交锋的团队，经常会遇到疑难案件。但是，无论FBI面对的对手有多么强大，FBI总是能够从中找到突破点，进而使嫌疑人落网。而懂得心理操控术就是FBI能够做到这一点的原因。随着FBI的成功以及其知名度的提高，FBI的攻心智慧也被更多的人熟知，致使人们在关心FBI所做的事情的同时更加关注FBI在与嫌疑人周旋的过程中采用了怎样的攻心战术。在攻心战争中，FBI从来不会向对手投降，他们会在恰当的时候向对手发起攻击，以强硬的姿态逼迫对手就范，进而为自己赢得取得胜利的时机。

1
进攻心理才是上策，
像FBI一样拥有强大的心理资本

在世界上，"FBI"是一个无人不知、无人不晓的词，这主要是因为在美国的发展历史上，FBI创造了显赫的功绩：打击3K党，抓获破坏美国的间谍，打击众多犯罪组织和集团……随着FBI的业绩被广为流传，FBI攻入他人内心的智慧也成了无数人争相学习的对象。实际上，FBI能够破获许多案件的原因在于FBI独有一套充满智慧的攻心术。

可以说，每一个FBI的精英成员都是一个如假包换的"攻心专家"。据说，在某地有一个知名的"讨债专家"。他说，在世界上，有三种人的债最难讨，分别是民代政客、警察和黑道成员。不过，这位讨债专家却有一个十分聪明的办法，而这种办法使他足以从这些人手中讨回债款。因为这位专家深明对手的弱点：民代政客十分害怕丑闻，而警察则害怕成为被告，黑道成员则害怕人情。只要掌握了他们的这些弱点，就可以轻而易举地攻入他们的内心，达到自己想要达到的目的。实际上，这位"讨债专家"获得成功的办法与FBI如出一辙，那就是"攻心才是说服他人之本"。

其实，对"攻心术"感兴趣的人并非少数，但是很多人都对"攻心术"抱有一个错误的观点：若想说服他人，口才才是最重要的，只有那些口才流利、能说会道的人才能够成为谈判高手。其实不然，FBI的智慧告诉我们，只有懂得攻心术的人才能够在谈判中占据优势。如

第一章
强势攻击，逼迫就范
——FBI强势攻击的心理策略

果人们懂得攻心术，其向往的事业、财富、爱情和幸福等往往都会手到擒来。那么，攻心术的重要性是否真的如FBI所说呢？不妨来看这样一个故事：

1971年，当时的美国斯坦福大学的社会心理学家辛巴多和他的学生正在进行一项刺激"犯人"的实验，实验地点就选在斯坦福大学的地下室中。按照辛巴多和他的学生的计划，这项实验大约要持续两个星期，而参与实验的人则分为"狱警"和"犯人"两个角色，而谁是"狱警"、谁是"犯人"，则要通过抛硬币的方式来决定。硬币抛完之后，实验者很快便进入了实验，而且他们还十分彻底地进入了他们在实验中扮演的角色。

随着实验的进行，"狱警"变得越来越像狱警，而"犯人"则更像犯人。因此，"狱警"逐渐像真正的狱警那样不断对犯人增加新的管制条例，甚至对他们的"犯人"进行侮辱、强迫、威胁和殴打。最初的时候，"犯人"也曾在遭受侮辱和殴打之后组织了反叛活动，但是他们的反叛活动却都被"狱警"镇压了。久而久之，"犯人"就变得对不公平的对待习以为常了，甚至像真正的犯人那样无助。最终，在这个实验中扮演"犯人"的人们越来越像真正的犯人，他们的行为渐渐失去了控制，竟然让人有些害怕。

后来，心理学家分析了这个实验。心理学家认为，由于参与实验的人长期在同一种角色下生活，所以这种角色渐渐深入了他们的内心，甚至占领了他们的心灵。因此，在实验中扮演狱警的人则越来越像狱警，而扮演犯人的人则越来越像犯人。从另一个角度讲，实验中的角色早已进入了他们的心灵，因此他们自然而然地按照实验中的人物的生活方式来生活。正因为实验中的角色占领了他们的内心，所以他们才改变了自己的生活。

由此可见，征服一个人最好的办法就是让自己的观点攻入其内心，这样人们自然就会得到希望见到的结果。正因为如此，FBI的精英经常表示，单纯凭借口才并不能说服一个人，而攻心才能够在说服一个人的过程中起到非常重要的作用。

在美国联邦调查局，有一个十分优秀的探员，其主要工作就是专门预测罪犯的人格和心理。正是这个探员多次在侦破案件的过程中运用老道的手法突破罪犯的心理防线，进而使他侦破了许多重大案件。这促使很多记者慕名前来采访，而令这些记者意外的是，眼前的探员并不是他们想象中的能言善辩的人，而是一个不善言辞的人。在交谈中，记者惊讶地发现，虽然眼前的探员话语不多，但是字字有力，而且每个字都能够准确无误地攻入对手的内心。在交谈中，这名探员告诉记者，他并不是一个能说会道的人，如果仅仅凭借口才，在审讯中获胜的希望并不大。他的意思即是，他能够在审讯中获胜依靠的并非口才，而是攻心策略。实际上，无论面对怎样的对手，"攻心策略"始终都是战胜对手的最佳办法。因此，美国警察才可以在面对对手的时候不惊不慌，与其巧妙周旋，最终利用自己的攻心智慧直击对手内心，使得对手在自己的攻心智慧之下不得不低头认输。

FBI的攻心智慧告诉我们，当我们面对对手的时候，就可以把我们的话语当做子弹，而我们唯一的目标就是对手的心理弱点和需求。如果我们不能够准确地猜测到对手的内心，自然不会成功攻入对手的内心。如此一来，即使你妙语连珠，也只是浪费口舌，不会有丝毫收获。此时，你不妨重新制定策略，直捣对方内心。要知道，只有如此，我们才会获得最终的胜利。

然而，尽管FBI攻心的策略极富智慧，可是仍然有很多人认为说话妙语连珠的人才可能成为谈判高手。实际上，从FBI的攻心智慧的角度讲，当一个人话语过多的时候，他思考的时间就会减少。再加上他的话语太多、说话速度过快，对方根本没有时间接受。而这就意味着说话的人完全是在浪费自己的口水和力气。显然，这个过程对谈判结果没有任何有益的帮助。而FBI的攻心智慧就在于，FBI精英知道在与对手的谈话过程中巧妙利用自己的语言，同时融入攻心智慧，因此FBI的精英无须太多的语言就可以攻入对方内心。如此一来，FBI的观点就会在对方的内心牢固地占据一个位置，就像上文的"实验"。其意思就是说，对手在不知不觉中就接受了FBI的观点，并且按照FBI的意愿行动。如此一来，FBI自然就会得到他们想要的结果。

总而言之，在FBI与对手周旋的过程中，其攻心智慧是他们获胜的必不可少的关键武器。而所谓的攻心术实际上就是满足对手的心理需求或者利用对方心中的恐惧情绪等，通过一定的话语诱使对方改变自己的态度，进而使FBI看到自己想要的结果。而那些希望仅仅凭借出色的口才获得胜利的人并非就是攻心能手。而FBI的与众不同之处，就是他们懂得如何抓住对方的死穴、如何攻击对方心理，进而不浪费一枪一弹地从心理的角度占据优势，以最小的成本完成任务。而FBI的攻心智慧告诉我们的就是，在当前的社会环境下，攻心说服方法越来越重要。有时候，人们说错一句话就很可能导致自己一败涂地。相反，一句恰到好处的话往往可以使自己反败为胜、使危机变为转机。而正是凭借着这种攻心策略，FBI才能够破解一个又一个案件中的谜团，进而成为异常优秀的警察队伍。

适时改变战术，粉碎对手充满敌意的心理战术

在多年的发展历程中，FBI也遇到过各种各样的顽固不化的对

手。为了躲避FBI的调查，这些对手往往会通过伪装或谎言等渠道破坏FBI的思路，甚至软硬不吃，拒不认罪。这样的对手的确是FBI面对的一个令人头疼的问题。因为他们的谎言很多时候都天衣无缝，而他们的伪装往往也完美无瑕。此时，FBI若想找出一个破绽进而攻入对方内心就显得极其困难。但FBI会在此时重新审视自己的审问方式，及时调整自己的进攻策略，然后从一个新颖的途径中获得成功。

实际上，FBI破解谎言的方法非常简单，就是先把谎言看做人类生活中的一个重要的组成部分，然后再正视谎言。这种方法看似简单，却行之有效。更重要的是，这种方法有益于FBI在与对手周旋的过程中保护自己。而FBI的实践经历也告诉人们，如果我们在与对手交锋的时候能够存有戒心并且保持警惕的话，我们必然会识破大部分骗局。可是，道理简单，而实践起来却没有那么容易。有时候，一些顽固不化的对手会执著地反复说自己的谎言，丝毫不会落入警察的圈套。此时，改变战术就显得尤为重要。在二战期间，法国的情报机关就在改变战术的情况下逼迫着一个伪装成流浪汉的间谍显露了原形。

在第二次世界大战期间，法国的情报机关的注意力被一个流浪汉吸引了。这个流浪汉自称是比利时人，但是情报机关却认为这个流浪汉的身份背景绝非这么简单。后来，为了安全，法国的情报机关毅然控制了这个自称为"来自比利时"的流浪汉。然后，法国情报机构将审讯这个流浪汉的任务交给了法国军官吉斯。

首先，吉斯军官并没有急于审讯流浪汉，也没有急于使流浪汉就范。当吉斯对这个人的面貌、语气、语调和动作等方面进行了仔细观察并对其进行了详细调查之后，吉斯确定了情报机构的判断："来自比利时的流浪汉"绝对只是一个伪装的身份，而他真实的身份则是来自于德国的间谍。但是吉斯并没有确凿的证据来证实自己的推断，因此吉斯与这个流浪汉之间展开了较量。由于狡猾的对手对吉斯提出的问题对答如流，完美的过程让吉斯根本找不到任何破绽。屡屡碰壁的吉斯只好审视自己的行为。在对自己进行了一番审视之后，吉斯认

为，通过语言来判断他的真实身份是一个比较不错的办法。

于是，吉斯立即对其展开了行动。最初，吉斯让这个流浪汉数数。结果，这个流浪汉不卑不亢地在吉斯面前用法语流利地数数。由于整个过程非常顺利，所以吉斯依然没有找到任何破绽。过了一会儿，吉斯派人在窗户外燃起熊熊大火，随即有人用德语喊道："着火了！"吉斯认为，如果这个流浪汉在此时流露出惊慌的神色，他必然听得懂德语，因此吉斯就有了确凿的证据证明自己的推断。遗憾的是，流浪汉依然无动于衷。

吉斯并不甘心就此失败，他想到了一个好办法。第二天，吉斯命人把这个流浪汉带到审讯室。吉斯说道："好了，你自由了，你可以离开这里了。"听到这句话，流浪汉扬起脸，露出了微笑，随后他长出了一口气，变得格外轻松。不过，流浪汉很快便发现吉斯的脸上露出了胜利的微笑。此时，流浪汉不再轻松，而是瞬间变了脸色。原来，刚刚吉斯是在用德语说话。由此，吉斯就彻底攻入了流浪汉的内心。在事实面前，"流浪汉"不能够继续撒谎，只好承认了自己的真实身份。

实际上，吉斯的案例就是一个改变战术进而取得胜利的故事。尽管对手一再强调自己的"比利时流浪汉"的身份，强调自己不懂德语，但是吉斯在几次更换应对策略之后，流浪汉终于招架不住，在一个简单的表情上露出了破绽。其实，吉斯最初审问"流浪汉"的时候遇到困难的原因很简单：吉斯以敌对的态度对待"流浪汉"，而"流浪汉"自然不会以友好的态度对待吉斯。因此，就在吉斯通过各种办法来证明"流浪汉"的真实身份的时候，"流浪汉"早已看透了吉斯的内心：吉斯的目的就是为证明自己的间谍身份。因为"流浪汉"清楚吉斯的目的，吉斯自然不会在这场较量中胜出。

其实，吉斯的遭遇是每一个与对手打交道的人必然会遇到的情况：当你试图说服一个人的时候，他必然存在一些防备心理。就在你思考怎样才能够使对方就范的时候，你的对手也在思考你会用怎样的办法来对待他。这意味着，当一个人在分析对手的时候，他的对手也在揣摩这个人的心理。此时，对手将这个人的心理揣摩得越真切，对手的防备心理自然也就越强。如果人们在这个时候刻意劝说对手、影响对手或者给对手设计一个计谋，都不会取得令人满意的结果。而FBI清楚，在这种时候无意之举和无意之语则会带给人们意想不到的结果。因为如果人们在此时无意中的一句话，假装在不经意间告知对手某种信息，对手反而没有抵抗心理，也不会有所顾虑。在这个时候，对手会认为你根本没有操纵他、进攻他内心的意图，因此他自然就不会有所防范，而此时就是攻心的最佳时机。

　　在FBI看来，当人们遇上顽固不化的对手、种种攻心策略均告失败的时候，不妨尝试着改变战术，用"无意中的语言"攻破对方的心理防线。FBI认为，佯装在不经意间说出某句话或者让对方在无意中听到你所说的是一个不错的攻心办法。当人们与对手交锋的时候，如果对手察觉到人们的意图或者意识到人们在尝试改变自己的态度的时候，对手自然会产生种种怀疑，自然会以防范的心理对待你，而这些怀疑和防备恰恰是人们攻心的最大障碍。而与之恰恰相反的是，如果人们在无意中向对手传达某种信息，对手则会认为接受这种信息并不会使自己落入对方的圈套，他们自然就会接受信息。只要对手接受了人们发出的信息，那么人们就达到了攻心的目的。显然，吉斯与"流浪汉"交锋的过程就是这样的例子。

　　当吉斯坚定自己的信念——"眼前的比利时流浪汉就是德国的间谍"的时候，"流浪汉"也清楚地意识到了吉斯的意图。因此，此时的"流浪汉"处处防备着吉斯。当吉斯要求他数数的时候，"流浪汉"则很快意识到，这是吉斯的计谋，稍有不慎必然会让吉斯握住有力的证据。因此，"流浪汉"小心谨慎地用法语数数，整个过程毫无破绽。于是，吉斯改变了自己的策略，试图用"放火"的方式逼迫对方讲出实情。可是，"流浪汉"依然识破了吉斯的计谋。虽然外面"着火了"的德语呼喊声响彻天空，但这个"流浪汉"依然稳稳地坐在那里，于是吉斯再次失败。

第二次失败的吉斯再次改变了策略。这一次,吉斯彻底转变了自己的思路。在交谈中,吉斯并没有直接给"流浪汉"提出某种要求,而是佯装在无意中告知对方"你自由了,可以离开这里了"。然而,正是这句无意中的话让吉斯看到了自己意料之中的结果:"流浪汉"脸上露出了轻松的笑容,而正是这个笑容让吉斯掌握了证明对方是德国间谍的证据。因为吉斯刚刚是用德语告知对方"可以离开"了,而"流浪汉"放松的表情表明他听得懂德语,也等于默认了自己撒谎的事实。

因此,FBI提醒人们,在进攻他人内心的时候,一定不要让对方知晓你的企图。若想做到这一点,就要在与对手周旋的时候保持客观的态度。如果对手知晓你的内心,那么你攻心的行动必然会以失败结束。如果人们在攻击对手心理的时候屡次遭遇失败,不妨暂时隐藏自己的意图,改变自己的战术,重新攻击对方的心理。通常,这样做就会得到自己想要的结果。

此外,FBI还提醒那些试图攻入他人内心的人,不要在交锋刚刚开始的时候就企图说服对方,因为这样能令对方产生更严密的防范心理。

学会驾驭对方,破解对方防守心理

无论身处何时何地,任何一个人都有一定的心理状态和精神状态或精神享受。实际上,很多人并不喜欢他人来与自己分享物质上的享受,但是却十分乐于找到与自己志同道合的人来与自己分享精神上的享受。而FBI则由此发现了另外一种破解对手防守心理的方法,即从对方心理的角度出发驾驭对方的心理，进而攻破对方的心理防线。

除了FBI之外，许多攻心高手都清楚，若想拉近自己与他人之间的距离、进入对方的心里，就要融入到对方的心理状态中。在交谈的过程中，人们不妨暂时放弃自己试图说服对方的心理，转而赞扬对方的想法，当自己得到对方的认可之后再转而进攻对方的内心，这样往往可以轻而易举地达到进攻他人内心的目的。

在第二次世界大战期间，美国作为一个参战国需要一批青年前往前线，但是就在征兵的过程中，美国遇到了一个难以解决的问题：大量的美国青年习惯了舒适的生活，十分担心自己到前线之后会在一瞬间丧命。于是，美国青年纷纷抵制官方发出的征召令。因此，前来应征的人门可罗雀。由于一时之间无法召集到满足美国需要的青年军人，俄亥俄州的地方行政长官多次被参谋长联席会议主席训斥得灰头土脸。这让这位行政长官觉得自己十分冤枉：自己每次都在竭尽全力地征召新兵，可是，尽管他每次都会说得口干舌燥，但是那些懦弱且固执的年轻人却丝毫不愿意报名参军，这令行政长官苦恼不已。就在他为了征召新兵的事情忙得焦头烂额的时候，有人向他提出了建议：不妨向一位赫赫有名的心理学家请求帮助。

受邀之后，经过一番精心准备，这位心理学家信心满满地来到征兵现场。眼前的青年人早已对一切说服他们的行为作好了准备，此时依然在台下东张西望，丝毫没有仔细听讲的表现。面对这样一群桀骜不驯的青年人，心理学家并没有与其他人一样直接地说服他们参军，而是先沉默了约五分钟。然后，心理学家开始用他浑厚的男中音演讲，他的第一句话却出乎行政长官的意料："亲爱的孩子们，我与你们一样，十分珍爱自己的生命。"然而，正是这句话吸引了青年人的注意——在青年人看来，前来劝说他们的人虽然不少，但是能够这样公开支持他们的观点、理解他们的决定的人却不多，甚至完全可以说，眼前的这个心理学家是第一个与他们站在同一立场的人。

此时，青年人见到这个人颇具学者风范，又十分理解自己的决

第一章
强势攻击，逼迫就范
——FBI强势攻击的心理策略

定，于是便安静下来继续聆听他的讲话。接着，心理学家说道："我首先要表明我自己的观点，热爱生命没有错误，因为每个人的生命都只有一次。同时，我与你们一样十分反对战争、恐惧死亡。如果政府要求我赶赴前线参加战争，我与你们一样会拒绝，甚至逃避。但是，当我们面对美国的这份征召令的时候，我却产生了另外一种侥幸的心理——假如我应征参军，上前线的概率只有一半，因为我也有可能留在后方。即使我到了前线，我作战的可能性也只有一半，因为我也许会成为某个长官的左膀右臂。如此一来，我就会留在某个安全的地方。退一步讲，即使我真的成为冲锋陷阵的士兵，我也不会担忧，因为我受伤的可能性仍然只有一半。假如我不幸挂彩，也未必会失去生命，因为轻伤不至于使我丧命；如果我不幸受到重伤，医生也可以帮助我逃离鬼门关；如果我不幸牺牲，亲人和朋友会为他们有一个为国捐躯的人而骄傲，而我的父母不仅可以得到一笔数量非常可观的抚恤金和保险金，还可以得到一枚象征着至高无上的荣誉的最高勋章。不仅如此，邻居的孩子也会把我当成偶像和英雄，而我则会以'一个伟大的战士'的身份来到天堂，也许会见到令万人景仰的华盛顿将军。"

听完心理学家的话，原本十分抗拒参军的青年人都改变了自己之前的心理，纷纷表示愿意参军。而这些人中间，也许有人希望自己能够成为史册上的英雄，也许有人的家境不好，如果牺牲了，其家人自然会获得一笔巨额的抚恤金。就这样，这位心理学家用简单的一席话攻克了青年人内心的弱点，成功劝说了青年人去参军。

其实，这位心理学家之所以能够成功劝说这些青年人，正是因为他善于驾驭对方的心理、操纵他人的情感。在这个进攻他人内心的过程中，这位心理学家另辟蹊径，先顺应对方的意思、肯定对方的想法，然后再辗转表达自己的想法。而这样，心理学家就达到了攻入他人内心的目的。与其他攻心术不同的是，这种方法并没有锋利的语言，也没有直接的攻击，但是这种方法却能够使你成功驾驭对方的心理，进而破解对方牢固的防守心理，而这正是这种攻心策略的优势所在：先认定对手的心理，使对方的防备意识渐渐松懈，然后趁机说出自己的观点。此时，失去防备心理的对手就会仔细考虑你的观点，从而接受它。至此，你就达到了进攻对方心理的目的。

在多年与对手的周旋和斗争中，美国警察用这种办法成功驾驭对手内心的案例也不少。但是很多希望学习FBI攻心术的人却并没有真正重视这个方法。正如上文的心理学家，他清楚地知道自己此次演讲的目的——成功劝说拒绝参军的青年人，使他们心甘情愿地奔赴前线。但是，这位心理学家并不急于进攻青年人的心理，而是先承认他们的观点——生命很宝贵，不轻易放弃自己的生命的想法并没有错误。听到这样的话，青年人立即产生了一种特别的感觉——原来这个人与其他人不同，他并不是来劝说自己去参军的。此时，拒绝参军的青年人的防备意识最弱，而心理学家这时才转而进攻年轻人的内心。

回顾心理学家进攻别人内心的方法，有以下几个阶段：先瓦解对方的防御心理，然后掌握青年人潜意识中的心理需求。接着，心理学家就发挥自己的智慧，将年轻人一步一步引入自己早已设好的网络中。最后，心理学家彻底掌握并驾驭了青年人的心理、操纵了青年人的情感，轻而易举地使青年人自愿去参军。

不可否认，心理学家驾驭青年人心理的办法是高明的、充满智慧的。其实，FBI的攻心策略与这位心理学家劝说青年人的策略有很大相似之处。FBI认为，在与对手进行心理交锋的时候，如果你特别坚持自己的观点和主张，试图尽快使自己彻底击溃对方而占领上风，那么你的对手就会严加防范，决心与你对抗到底，结果就会适得其反。而当FBI和其他攻心高手遇到这种情况的时候，他们就会转变思路，首先肯定且认同对手的想法，顺应对方的意思，然后使对手在不经意间就陷入了你设的圈套。

在许多人看来，共同的兴趣、爱好和思想观念正是连接两个人的最佳纽带。如果两个人拥有相近的观点、思维和爱好，那么这两个人之间的关系自然就会十分紧密。因此，如果你想要进攻他人的内心，不妨先从对方的心理状态入手。在此期间，你要让对方知道，你与他有着同样的观点和看法。在与对手交锋的几十年时间内，美国警察利用这个方法成功冲破了对手的心理防线，进而自如地驾驭了对手的情感和心理。接下来，才是应该向对方发起强势攻击的恰当时机。这样，对手就会不知不觉地跟随着警方的意愿行事。如此一来，美国警察就获得了攻心战役的胜利。

FBI的攻心策略告诉人们，若想在攻心战中胜出，必须拉近自己与对手之间的距离，否则对手在面对你的时候必然充满了敌意。在这种状态下，其戒备心自然会极强。如果人们在此时发起攻击，对手必然会猜测到你的意图，因此人们很难成功进入他人的内心，而那些攻心高手则清楚，从相同或相似的观点、感觉或态度入手，则会让人们更快地进入对手内心。可是，与FBI不同的是，很多人并不懂得驾驭对手的窍门。因而在与对手交锋的时候，这些人总是以严肃的面孔示人，言辞犀利，可是这种攻击方法的效果却并不令人十分满意，其原因就是犀利的语言会招致很多人的反感，从而致使这些人并不会接受这种方式。此时我们不妨站在对方的立场上考虑问题，先认可对方的观点，使对方接受自己，然后巧妙运用智慧和语言攻破对方的心理防线，从而达到驾驭对方心理的目的。

由此可见，强势攻击固然有其优点，但是一味强势攻击不一定会给自己带来满意的结果。也就是说，锋利的语言并不会使人们成功驾驭对方的心理。其实驾驭对手心理的方法并不难，就是从对方的心理入手，承认对方所想，然后悄然扭转话题，向对方传达自己的观点，使对方的心理防线彻底瓦解，心甘情愿地改变自己的立场，与你站在同一条战线上，如此，你就能成功驾驭对方的心理了。

立威造势，控制有术——
FBI彻底占领他人心理

在多年与犯罪分子交锋的过程中，FBI之所以能够屡破案件，主要是由于FBI总结了一套行之有效的攻心策略。FBI十分清楚自己的对手是怎样的人——这些对手蓄谋已久，狡猾老练，为保证自己的计划万无一失，并能够逃避警方的追捕而不惜一切代价。而FBI的任务就是在找到确凿的证据的同时，用一套行之有效的攻心策略逼迫对方，使对方无路可走，进而承认自己的罪行。在这套攻心策略中，树立威势就是一个行之有效的方法。

很多攻心高手都懂得，若想在与对手的交锋中获得优势、让对方按照自己的意愿行事，必须要在恰当的时候给自己树立威势。让对手认为你给他指明了一个正确的方向，如果对手按照你指明的方向走，必然会让自己更安全。此时，你在攻心战中就占据了有利的位置，也意味着你离胜利的曙光也不远了。

在FBI多年侦破案件的过程中，他们就曾经用这种方法成功地攻入了犯罪嫌疑人内心，从而破获了许多的案件。

1982年下半年，芝加哥地区发生了一系列奇怪的案件：一些居民莫名其妙地暴亡。接到报案之后，芝加哥警方迅速对这起案件展开了调查，并且很快找出了受害者的死因——他们无一例外地服用了羟苯基乙胺胶囊，一旦羟苯基乙胺胶囊在人体内溶解，人就会立刻死亡。而且明显这起案件是有人故意投毒。

当警方接到相关信息之后，立即对此事展开了调查。而芝加哥的主管特工还立即组织成立了专案组，后来此案成了联邦调查局中代号为"胶囊谋杀"的案件。

然而在调查开始后不久，调查人员就遇上了一个问题，这就是投毒犯罪的随机性。原来，在这起案件中，调查人员既没有发现投毒者的特定目标，也没有发现在案发现场留下的痕迹，因此如果按照常规的侦破思路，调查人员不会有任何发现。尽管如此，调查人员仍然产生了一种感觉：他们与这个隐藏在暗处的投毒者似曾相识。这时候，调查人员找到了一项调查结果，这个调查结果表明，一些销声匿迹、滥杀无辜的狂徒作案的动机往往都是为了发泄自己内心的愤怒。因此，调查人员认为这个投毒的人一定有某种心理缺陷，可能曾经患过很严重的忧郁症，而且还是一个一事无成的人。

后来，调查人员决定扭转自己的侦破思路，不再探求投毒者选择羟苯基乙胺胶囊的原因，而是从作案者的心理下手——多年的侦破经验告诉调查人员，若想侦破这个案件，就要对作案者施加压力，但是却不能让对方产生对抗情绪。因此，联邦调查局的调查人员想到一个办法：借助媒体的力量进攻投毒者的内心。

之后，警方与媒体取得联系，鼓励他们发表文章，但要注意的是，一定要在这些文章中把投毒者描写成有血有肉的性情中人，因为警察认为作案者会把受害者"非个性化"，例如强迫作案者看一个被害死的12岁的小女孩的脸，他就会产生犯罪感，进而会彻底交代他的罪行，这样做的目的就是对作案者进行攻心战争。但重要的是，警方应该按照一定的步骤向媒体公布关于这起案件的信息——首先就是对案情进行描述；还要简单介绍警方对案件的分析；另外，就是要在文章中表明警方侦破案件的决心。

联邦调查局的破案精英认为，他们应该在媒体中表明自己侦破案件的决心，强调"联邦调查局在州政府和地方当局的帮助下正在全力进行侦破案件的工作，即使花费毕生的时间，也一定要将真凶缉拿归案！"不可否认，正是这句话给犯罪分子以震慑的作用。后来，美国警方在不断侦破中，抓获了一名投毒案的犯罪嫌疑人，虽然警方没有足够的证据来证明他的谋杀罪。不过，令人们高兴的是，自从这名嫌疑人入狱之后，芝加哥地区就再也没有发生过投毒案件了。不可否认，在侦破"胶囊谋杀"的案件中，"立威造势"的方法给联邦警察破案带来了很大帮助。

在生活中，很多人都有这样的经历：当一个人信心满满、威势十足地对另一个人宣传他的观点的时候，另一个人很容易就会受其影响，从而放弃自己的主张或观念，转而迎合这个人的观点甚至按照对方的思维行动。可以说，那个威势十足的人此时就达到了进攻他人内心的目的。

有时候，人们在写文章或者证明自己的观点的时候，也会引用名人的言论来证明自己的观点的正确性，实际上这也是利用了"立威造势"的方法。在普通人看来，名人的言论是不可置疑的权威，而引用名人的言论就会给自己的观点"立威"，从而增加可信度。事实证明，这种方法能够轻而易举地攻入他人的内心，并且往往能够收到非常好的效果。比如，很多商家都会聘请一些"明星"或"专家"来代言，帮助自己推销商品，其道理也是如此——在"明星"或"专家"的宣传和推销下，自己的产品就会无形中在消费者的心中树立威信，自然会吸引大批消费者购买。用FBI的话来讲，立威造势是一种效果明显的心理控制术，而这种方法能够帮助你彻底攻占对方的内心。

FBI的经历告诉我们，在你与对手进行攻心战的时候，"立威造势"是一个不错的办法。但是，值得注意的是，那些攻心高手在使出"立威造势"这一招数之后，会及时强调自己观点的正确性。换句话讲，就是及时告知对方你的"威势"属实。

很多时候，对手为了达到攻心的目的，往往会在攻心战术中使用"我们"一词，其目的就是告诉你，你的对手是一个庞大的团体，很多人都在密切注意你的行动，其目的就是用一个"庞大的、实力雄厚、能力超群的团体"在谈判中协助他在你的心中树立威势。如果在这个时候你真的被对手蒙蔽了眼睛，进而相信对手的话，放弃了攻心的计划，那么很遗憾，这表明你在这场攻心战中失败了，而对手则利用"立威造势"的方法赢得了胜利。

在20世纪70年代，美国联邦调查局破获了一起恐吓性质的案件——某人给一个银行行长打去了恐吓电话，告诉对方前几天西南贝尔公司派去银行的技术人员是他的人，这个人在行长所在的银行中安置了一枚炸弹。打电话的人告诉行长，他只要用遥控器就可以将炸弹引爆。为了恐吓行长，这个人告诉银行行长，他已经控制了行长的妻子，并要求行长给予他一大笔金钱才不引爆炸弹。听到自己的妻子处于危险中，行长惊恐万分，立即让秘书给自己的妻子打电话。可是，家中并没有人接电话，于是，此时行长相信了这个恐吓电话的内容。

后来，联邦调查局在破案的过程中了解到，这个人在给行长打电话之前就给他的妻子打了电话，谎称自己是西南贝尔电话公司的。这个人告诉行长的妻子，这里经常有人投诉说"接到骚扰电话"，而他们正在跟踪这个人，所以在当天中午12:00到12:45之间不要接听任何电话，以帮助他们抓捕打骚扰电话的人。行长的妻子深信不疑，果然没有在这个时间段接听电话，而行长接到恐吓电话并且打给妻子的电话正是在这个时间段。由此可见，这个人根本没有控制行长的妻子，也没有派遣任何人给银行安装炸弹，他的目的就是让行长相信他的话，并且逼迫行长答应他的要求。实际上，这个讹诈者所用的计策也是被FBI深深追捧的"立威造势"的方法。他知道，当他告诉银行行长"安装炸弹"、"控制其妻子"的时候，银行行长必然会惊慌不已。为了安全，银行行长不得不在这些条件之下答应自己的要求。这样，讹诈者的目的就达到了。如果事实果真如此，这个讹诈者无疑是这场攻心战争中的胜利者。可是，由于联邦调查局及时介入，并成功运用了一套更高明的侦破手法，很快便揭穿了这个人的谎言。显然，在这里联邦调查局才是真正的攻心胜利者。

以上的案例告诉我们,"立威造势"的确是在攻心战争中屡试不爽的策略,因为很多人在听到威势十足的话语之后都会放弃自己原有的主张或信念,转而迎合对方的说法,这样他们自然会被说服。此时,攻心者便达到了占领并且控制他人心理的目的。

5
必须拖过三分钟热度,然后才能够谈及胜利

很多人在与对手周旋、斗智斗勇的时候都会感觉到攻心异常艰难。因为人们常常要面对异常固执的对手。无论人们用何种方式与他们谈话,这些人都能够巧妙应对,丝毫不露破绽,此时这场攻心战似乎到了相持阶段,如果一方不肯认输,那么这个过程就要持续下去。但是,那些谈判精英却不畏惧这样的对手,无论对手表现得多么镇静自若,这些谈判高手都会找到一个合适的契机向对方发起攻击,逼迫对方不得不就范。而在这种时候,拖延办法就是改变战局的最佳方法之一。

在工作或学习的时候,"三分钟热度"是人们最常听到的一个词语。没错,无论人们做什么事情,最初的阶段都是人们精力最充沛的时候。如果人们长时间工作或学习,久而久之,最初的旺盛精力就会减少,甚至消失殆尽,而这就是人们常说的"三分钟热度";如果你挑战一个刚刚开始某项学习或工作的人,那么你很难在竞争中胜出;可是,如果你在一个人对某项工作或学习失去热情的时候再去向他发起挑战,他就会很容易败在你的手下。而FBI也由此得出了一个进攻他人内心的有效的策略——拖过三分钟热度。

FBI的这种攻心智慧告诉人们,在很多时候,势头猛烈的攻击并不一定会让人们在言语交锋中胜出,而拖延在这时则是能够让人们胜出的技巧之一。FBI的攻心精英认为,当你在攻心的过程中遇到一个固执的对手的时候,应该考虑"拖延办法"。遇到一个固执的对手并不意味着你在这场交锋中一定会失败,但是你一定要清楚,此时只有拖过三分钟热度,你才可以接近胜利。

不可否认,FBI的拖延办法有其科学之处,人们在生活中的表现也可以证明这一点。其实,很多人都有这样的体会,当人们决定做某件事情之后,最初的时候都是信心满满,一心一意地想将这件事情做好。因而此时的人们斗志昂扬。可是,如果在这个时候人们恰好遇到了另一件更着急的事情,就不得不将原本决定好的事情暂时搁置一边,一段时间过后,当人们再次着手做这件事情的时候,就会发现自己早已失去了热情,而这就意味着,人们此时已经过了"三分钟热度"。

实际上,很多时候,人们都不是通过某种特定的方法解决问题的,而是利用拖延的办法解决问题的——很多事情都是在拖延中不了了之的。例如,两个人之间因为一点小事情发生了矛盾,其中一个人十分生气,信誓旦旦地要与另外一个人理论一番,给他一个教训。可是,一段时间之后,他的怒气就会消失不见,而这个人的态度也会发生转变——"这件事情就到此为止吧!"其实,这也是一种拖过了"三分钟热度"的表现。

在生活中,人们常常用"三分钟热度"来形容一个没有恒心的人,此时"三分钟热度"是一个贬义词,而FBI则从这句话中获得灵感,发明了一个进攻他人心理的好办法,这就是"拖过'三分钟热度'",其利用的就是人们在从事某项工作的时候的最初的热情。没错,任何人在做任何事情的时候都有"三分钟热度",在这"三分钟热度"中,人们针对某件事情的想法和行为很主动,一旦过了"三分钟热度"的时候,人们的思想和行为就会变得十分消极被动,而这时则是攻心的最佳时机。

许多攻心高手在向他人讲述攻心秘诀的时候，都会讲述这样的案例：

在20世纪80年代，位于硅谷的一家电子公司生产出了一个新产品，即一种新型的集成电路。但是，在这家公司刚刚把这种新产品推向市场的时候，却遭遇了意想不到的困难——尽管产品很新颖，但是公众却并不能接受其性能，而公司恰好在此时负债累累，面临破产危机。如果能够成功将这个集成电路销售出去，必然会给公司带来起死回生的希望。

果然，一家来自欧洲的公司慧眼识珠，派遣三名代表前来洽谈转让事宜。看起来，欧洲的公司十分有诚意，但是在交谈中，对方提供的价格却只有研制费用的三分之二。面对这种情况，电子公司的代表只好站起来说："先生，今天先到这里吧！"结果，在谈判开始的三分钟之后，这次谈判就结束了。但就在当天下午，欧洲公司的代表就要求重新谈判。这次，对方的态度明显缓和了许多，因此电子公司以一个较高的价格转让了生产新型集成电路的权力。

这个案例就是一个利用"拖过'三分钟热度'"的方法获取胜利的案例，可是很多人对此十分不解：既然电子公司面临着破产的危机，那么其公司代表为什么没有急于出售自己的生产权呢？而这正是电子公司在这场谈判中胜出的原因：电子公司的这种做法可以让对方知道自己的决心不可动摇。谈判代表知道，欧洲人千里迢迢地飞来此地谈判，绝对不会在花费三分钟的时间后就打道回府。因此，电子公司的代表这种打破常规的做法起到了让对方丢掉以便宜的价格收购其新型集成电路生产权的幻想的作用。其实，电子公司的代表在这场谈判中的取胜法则正是FBI攻心智慧中的"拖过'三分钟热度'"，而FBI的智慧之处正在于此——能够突破常规，利用"拖延办法"取胜。

通常来讲，人们提倡按时完成任务，绝不拖延，但是在FBI看来，有时候拖延也是一种智慧，但是这种"拖延"并非是消极、被动的拖延，而是要利用拖延的时间搜集对自己有益的信息，然后仔细分析自己遇到的问题，这才是战胜对手的方法。但是，如果在无法战胜对手的时候消极等待，那么结果必然会是失败。

因此，FBI提醒那些希望学习攻心术的人，当你最初与对手交锋的时候，都会遇上精力非常旺盛的对手，可是一旦你的对手失去了"三分钟热度"，你再对他发起攻击，对手则更容易屈服。从这个角度讲，有时候，采用拖延办法让对手失去"三分钟热度"，也是一个制胜的秘诀。

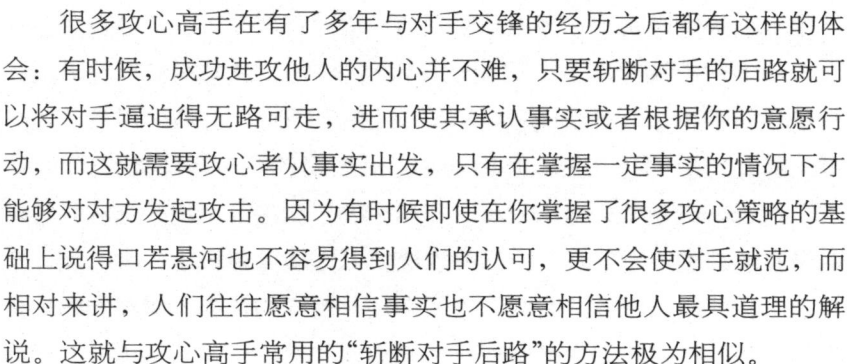

6
斩断对手后路，
FBI逼迫对方说出实情

很多攻心高手在有了多年与对手交锋的经历之后都有这样的体会：有时候，成功进攻他人的内心并不难，只要斩断对手的后路就可以将对手逼迫得无路可走，进而使其承认事实或者根据你的意愿行动，而这就需要攻心者从事实出发，只有在掌握一定事实的情况下才能够对对方发起攻击。因为有时候即使在你掌握了很多攻心策略的基础上说得口若悬河也不容易得到人们的认可，更不会使对手就范，而相对来讲，人们往往愿意相信事实也不愿意相信他人最具道理的解说。这就与攻心高手常用的"斩断对手后路"的方法极为相似。

1979年12月，佐治亚州罗马市的常设办事处遇上了一件棘手的案件：一个星期之前，一位名叫玛丽·弗朗西斯·斯托纳的漂亮直爽的小姑娘像往常一样乘坐着小车回家，整个路途很平常。可是，当玛丽·弗朗西斯·斯托纳在她家附近的车道口处下车之后，就莫名失踪了。玛丽一家居住在阿黛尔斯维尔，距离罗马市只有半个小时的车程，而她的家距离公路也只有100公里。然而，就在这样的环境下，只有12岁的玛丽·弗朗西斯·斯托纳却神秘失踪了。

　　一段时间过后，一对年轻的夫妇在布满了树木的小径散步的时候发现了玛丽的尸体。首先引起这对夫妇注意的就是玛丽的脸——玛丽的脸上蒙了一件黄色的外衣。这对夫妇保护了现场，立即报告了警察。这对夫妇认为，在这种情况下，保护现场是最重要的事情。经过检查，警察认为，玛丽的脑部曾经受到钝器的重击，而这正是玛丽死亡的原因。警察在案发现场发现了一块血迹斑斑的大石头，这块石头就在玛丽的脑部附近。后来，法医的验尸结果也表明，玛丽的颅骨正是在大石头的敲击之下才破裂的。此外，细心的警察还在玛丽的脖颈处发现了一处伤痕，这意味着有人试图从背后将这个小女孩掐死。随即，警方立即展开了调查，以求获得与玛丽相关的情况。

　　在调查中，所有人都对这个不幸丧命的小女孩感到惋惜，人们称赞她对人热情友好、善于交际、讨人喜欢。在众人的印象中，玛丽天真无邪，十分可爱，从没有混乱的性行为，也从不沾染毒品和酒类。而验尸结果也表明，在遭遇强暴之前，玛丽仍然是处女。综合种种情况，美国联邦调查局认为玛丽就是警察经常描述的"在低风险环境下的低风险受害者"。在研究了案情资料和现场照片之后，警察认为这是一起随机性的奸杀案，并指出这起杀人案件并非有预谋的行为。

　　经过仔细观察，警察发现，尸体上的衣物凌乱不堪，这意味着玛丽是在逼迫之下无奈脱下自己的衣服，而在遭遇暴行之后又被允许穿上衣服。在现场调查的时候，警察发现，玛丽的背部、臀部和脚上都没有杂物，这证明玛丽遭受暴行的地点并非发现尸体的林地上，而是在车子里。经过仔细观察和分析，美国联邦调查局的精英弄明白了事情发生的经过，甚至可以想象案件发生的全过程。根据这个推断出的案发过程，美国联邦调查局认为凶手一定是一个做事有条不紊、具有强迫性格的人，而这类人通常都对深颜色的汽车爱不释手。

随后，警察与其他警局取得了联系，希望获得更多的线索。其中，某个警局的警官说："你描述的凶手的类型十分像我们刚刚放走的一个嫌疑人。"根据该警局提供的资料，调查玛丽遇害案的警察抓获了一个叫达雷尔·吉恩·德维尔的白人男子。这个男人24岁，有两次婚姻经历，当时，这个男子正与其第一任妻子同居。在抓获了嫌疑人之后，警察中有人建议对他进行一次测谎检查，但是很快有人提出异议：达雷尔·吉恩·德维尔有一次入狱的经历，除了玛丽遇害案之外，该市的另外一起一个13岁女孩的遇害案也把达雷尔·吉恩·德维尔列为嫌疑人，因此警察不会从测谎检查中获得任何有价值的信息，相反测谎检查只会令嫌疑人应对审讯的能力更高。果然，在进行测谎检查之后，警察毫无收获。

但是，聪明的美国联邦调查局的警察很快便想到了另外一个办法：既然嫌疑人能够自如应对测谎机器，那么另外一种方法一定会逼迫对方就范。于是，警察决定在晚上单独审讯达雷尔，地点就设在警察局。警察之所以这样做，是因为他们认为这样可以使嫌疑人更容易暴露其薄弱环节。审讯开始后，警察严肃地说道："在钝器致伤或持刀伤人的案件中，凶手必然会沾上被害人的鲜血。吉恩，我们知道你身上沾上了别人的血，你的手上和衣服上都有他人的鲜血，我们并不是要问你'这是你干的吗'，我们知道这件事情就是你做的，我们要问的问题是，你为什么要这样做？我认为我们也知道你做这件事情的原因，而且我们能够理解，你只要告诉我们，我们是不是弄对了就可以了。"

在说完这段话之后，联邦警察发现，面前的吉恩开始坐立不安了。很快，达雷尔·吉恩·德维尔就对他奸杀玛丽的行为供认不讳，此外他还交代了他在一年之前在罗马市犯下的另一宗罪行。最终，吉恩被判处死刑，并且在1995年5月18日在佐治亚州的电椅上被处死。

此时，吉恩被捕已经16年了。

实际上，在FBI对达雷尔·吉恩·德维尔审讯的过程中，警察就采用了"斩断对手后路"的办法。在审讯开始之后，美国警察并没有利用其他方法先与吉恩进行攻心战术，也没有暂时谈论其他问题以使吉恩放松警惕，而是直截了当地谈论与案件相关的问题。在交锋的初期，美国警察就明确地告诉吉恩，警方已经掌握了确凿的能证明他奸杀玛丽的证据，而这样就使得吉恩失去了反驳的机会，也毫无退路可言，因此，吉恩只好承认了自己的罪行。

不可否认，在审讯吉恩的过程中，FBI的"斩断对手后路"的办法确实起到了加速侦破案件的作用。首先，警察向吉恩讲述自己已经掌握足够的证据的过程实际上就是向吉恩发出信息：警察是严肃认真的，也是忠于职守的。在得到这样的信息之后，对手就会明白，这一次并不是放松的机会。其次，美国警方告知对方"自己已经掌握足够的证据，并且从这些有力的证据上推断出案件发生的全过程"的时候，对手也会敏锐地意识到，此时自己的确毫无退路可言。因为无论他怎样辩解，警察都会用确凿的证据将他的言论推翻。

在FBI看来，当你在进攻对手内心的时候先用"斩断对手后路"的办法，就可以在一定程度上震慑对手：我已经掌握了充足的证据，此时你任何口若悬河的辩论都不会使自己逃脱。在这种情况下，对手自然会暴露出其薄弱环节。

在审讯吉恩的过程中，FBI清楚地意识到，他们需要营造一种氛围，这种氛围一定要让吉恩产生"如坐针毡"的感觉。为了让这种方法的作用更明显，审讯现场一定要有一点带有神秘性的微弱的灯光。此外，警察必须在审讯刚刚开始的时候就向吉恩作出暗示："我们已经掌握了凶手的情况，同时我们也知道你就是这个凶手。当然，对于你现在正在思考什么问题、承受什么压力，我们也十分清楚。"美国联邦调查局认为，在采用"斩断对手后路"的方法进攻对手内心的时候，不管自己感觉如何，都必须及时地向对手说出自己的看法，并且告知对手自己已经掌握了证据。只有这样做，这种方法才会起到震慑对手、使对手放松警惕的作用。

其实，FBI在运用"斩断对手后路"的方法时极为注重寻找对手的薄弱环节——只有这样才能够保证自己在与对手进行心理战术上的交锋的时候彻底斩断对手的后路，进而逼迫对手说出实情。换句话讲，从对手的薄弱环节入手来斩断对手后路，这种方法才会起到最明显的作用。后来，FBI在侦破案件的过程中广泛应用这种办法，无论侦破侵占公款案还是政府部门的贪污腐败案，也无论FBI在侦破销赃案还是受贿案时，都会考虑应用这种办法。此外，在FBI的攻心智慧中，无论与对手在何种环境下展开攻心战争，都应该找到对手的最薄弱环节，然后通过"斩断后路"的办法引他上钩。最主要的是，一定要在攻心战争中让对手知道，你已经掌握了确凿的证据来证明他的行为，此时一切反抗和辩驳都是徒劳。

在FBI的攻心智慧中，若想采用"斩断对手后路"的方法进攻他人的内心，就要找到对方的薄弱环节，因为这就是你攻心的突破口。

美国警察在对付一些非暴力犯罪的嫌疑人的时候，往往会在审讯室的置景上花费很多精力。当他们在进行一起大规模的调查工作的时候，警察会将现有的所有资料集中在一起，其中很多并非是关于他们正在调查的案子的资料。FBI认为，在对嫌疑人进行攻心战术的时候，对审讯室的布置也是一项不可忽视的任务。有时候，美国警察在会议室内审讯嫌疑人，在审讯开始的时候，特工、警方人员都会出现在这间会议室中，同时还会把案情档案放在桌子上，而这种布置就起到了"斩断对手后路"的作用。因为这种布置可以让嫌疑人知道警方对这起案件的重视程度。同时，装饰墙壁也是一项很重要的工作，例如先放大几张照片或资料图片，然后将其挂在审讯室的墙上，这样就会显示出这次调查的正式性和规模大的特征。如此一来，FBI自然就会达到进攻他人内心的目的。

一名曾经供职于FBI、名为约翰·道格拉斯的人曾说，他在审讯犯人的时候最常用的方法之一就是在墙上悬挂一张图表，图表上显示的内容就是制定罪名的标准以及所应受到的处罚。在约翰·道格拉斯看来，这种做法并没有深远的意义，但是他却能够给嫌疑人制造压力，进而提醒嫌疑人要在与美国警察周旋的时候注意切身的利害关系。如此一来，美国警察在审讯尚未开始的时候就在嫌疑人的心中给自己树立了威信，这必然会增加FBI在攻心战中胜利的希望。

通过FBI的经验，我们可以得出，在攻心战争中"斩断对手后路"的作用，最主要的就是让对手知道自己所处的环境，意识到对方已经知晓真相，寻找任何借口都是徒劳。可以说，FBI在多年的侦破工作中，采用"斩断对手后路"的办法抓获的嫌疑人并非少数。实际上，"斩断对手后路"这一方法是一种非常重要且非常有效的策略，它可以让对手一步一步后退，直至毫无退路为止。从另一个角度讲，在攻心战中让对手看到自己的实力和已经掌握的资料十分重要，因为这种方法可以帮助你在攻心战中震慑对手，进而斩断对手后路，成为最后的胜利者。

第二章

刚柔并济，借力打力——
FBI刚柔并济的超级心理密码

实际上，很多人都希望在攻心战中凭借自己强劲的进攻势头赢得胜利，但是往往事与愿违。虽然，强势的攻击有时候可以使人们成为攻心的胜利者，但是这个方法却并非百战百胜。一些攻心高手懂得，将赢得攻心战争的希望全部寄托在强硬的攻势上是不可取的攻心策略。而有时候，刚柔相济的攻心方法才是赢得攻心战争的秘密战术。与强硬的攻心战术相比，"刚柔相济"的攻心方法会让人们产生一丝甜味，进而放松自己的防备心理。这样一来，攻心者的胜算才会加大。

1

开阔思维，设置巧妙局势——
绵里藏针的心理密码

很多人在尝试进入他人内心的时候都会遇见这样的情况：无论你怎样讲，对手都无动于衷，总是在敷衍你。如果美国警察遇到这种情况，他们会敏锐地意识到，对方并没有认真听你讲话，而是在思考其他的事情。因为美国警察会敏感地发现以下细节：他们虽然在同你说话，但是他们的眼睛却在注意其他地方，而且一些时候，当你同对手说话的时候，对手却在转移话题或者谈论有些与当时的说话主题毫不相符的话题……如果你在进行攻心战的时候遇到这种情况，你就遇上了一个难以突破的障碍。在FBI看来，若想突破障碍，首先就要诱导对手改变其漠不关心的心理，最佳的诱导办法就是先谈论一些他感兴趣的话题。

在攻心战争中，所谓的漠不关心就是指对手的内心对你所说的话没有任何反应，而此时你就要更换进攻策略，用他感兴趣的东西激起他内心的波澜。这与人们在社交场合中博得他人的喜爱的道理相似：如果你希望他人接受你、喜欢你，你就要了解他人的兴趣爱好，然后在聊天的时候投其所好，才会在聊天中建立你与他人的感情，这样你很快就会达到目的，而攻心也同样如此。实际上，达到目的的方法有很多，有时候固执地按照相同的办法行事只会让你在攻心战争中寸步难移，这时候我们不妨转变思路，开阔自己的思维，巧妙地设计一个局势来帮助自己达到目的。

第二章
刚柔并济，借力打力
——FBI刚柔并济的超级心理密码

FBI在一次侦破行动中，根据掌握的证据抓获了一名叫做查理·戴维斯的嫌疑人。查理·戴维斯是一个彪形大汉，身高6英尺左右，当时仅有三十多岁。他常常把胡子刮得干干净净，也十分注意衣着整洁。在警察审讯他的时候，戴维斯竟然主动与警察交谈，这令在场的警察十分意外。警察猜测，戴维斯能够主动与警察谈话的原因也许是他不知道如何度过看似过多的空闲时间。那么，除此之外，戴维斯这样做的目的是不是想让自己在谈判中占据有利地位，甚至成为胜者呢？警察意识到，眼前的这个嫌疑人并不是等闲之辈。因此，警察决定利用他愿意主动交谈的特点来进攻他的内心。想到这一点，FBI调查员转变了思路，对戴维斯说道："现在看来，你的确比我们有优势。查理，因为我们并不知道你做了些什么。"对方得意地回答："我杀了五个人。"说罢，他还向FBI讲述了自己的作案方式。令警察吃惊的是，他一手控制的局面和策划现场，似乎毫无漏洞。于是，警察们说："你是一个真正的警察迷。你希望你能够成为警察，并且占据有权有势的地位，而并非从事一些根本不会给你提供展现才华机会的低贱的工作。"查理笑着告诉警察，他的父亲曾经也是警察中尉。

此时，查理在警察的要求下再次描述了他杀害女性的一贯手法，而且他向警方一次性讲述了他杀害五个女性的过程。这时，FBI改变了自己的谈话策略，警察说道："查理，你在与女性的交往上存在问题，你在第一次作案的时候巧遇财务危机，当时你不到三十，你认为你的工作不会让你施展才华，因此你觉得你的生活十分糟糕。"此时，警察注意到，对方在点头，这证明警察的话并没有错误。

警方接着说："当时的你欠了债，并且和与你同居的女人经常发生争吵。"说到这里，警察发现了一个细节：查理的身体语言正在发生变化，他的情感也逐渐有所流露。于是，警方凭借着自己已经掌握的情况继续推断说："但是，你在最后一次作案的时候，你的手法远远不如第一次凶残，因为你在强暴之后给她穿上了衣服，还蒙住了她的脸。"此时，FBI注意到，查理在仔细倾听警方说的话。于是，警察突然问道:"她对你说了什么,让你最终决定杀掉她?"

霎时间,查理的脸变得通红,他犹豫了一下说道:"她看到了我的脸,知道了我的相貌,因此我不得不杀掉她。"片刻的安静之后,警察说道:"你拿走了她的什么东西?"这时,查理坦白地说他拿了钱包,并且在钱包里发现了一张一家人的合影。这时,警察接着说道:"你曾经去过她的墓地,因为你对这件谋杀案十分愧疚。而且,你并非两手空空地前往墓地,你带了什么东西?是那张合影,对不对?"听到此话,查理微微点了点头,然后垂下了头。此时,FBI的精英才长舒一口气,因为他们成功破案了。

在审讯查理的过程中,FBI采用的方法就是及时改变自己的思路,开阔自己的思维,然后巧妙追击,使对手承认自己所做的事情。其实,在多年的发展中,FBI曾遇到了各种各样的嫌疑人,这些人的作案手法不完全相同,而正是这些不同的作案方法给FBI留下了蛛丝马迹——而这些细微的线索都能够使FBI推断出对手的个性,由此,FBI才能够转变自己的思维,给对手设置一个能够让对手按照自己意愿行事的局势。为了能够使自己给对手设置的局势更有效,美国警察经常设想,如果自己处在嫌疑人的位置上会怎样做呢?由此,警察可以揣摩对手的心理活动。实际上,揣摩对手的心理并非易事,但是这却是给对手设局的一个重要的步骤。因为这样可以使美国警察更加了解对手,因此在设置局势的时候才会更占优势。

在审讯查理的过程中,FBI就利用自己掌握的信息和推断给查理设置了一个让他不得不"迷"的局势,从而使他在与警察交流的过程中不知不觉地讲述了自己的作案经过。在审讯查理的过程中,美国警察先对查理说道:"现在看来,你比我们有优势。"而正是这句话,帮助了美国警方获取了最终的结果——在嫌疑人看来,既然自己已经占据了优势,对方的胜算自然不大。这样,查理一步一步地在美国警方设置好的局势中深入,最终承认了自己所做的事情。可是,美国警察的这些做法让一些希望学习攻心术的人疑惑不解:通常来讲,人们极力掩饰自己的劣势，只会让对手看到自己的优势；此外，我们也不会当面指出他人的缺点，因为人们既不愿意损害自己，也不愿意伤害他人。可是，FBI在审讯查理的时候却一反常态，直接告诉对方自己的劣势在何处，而正是这种做法使得FBI变得异常可信。

FBI的经历告诉我们，在某些时候我们应该适当暴露自己或他人的缺点，这样可以在对手的心中增加自己的"可信度"。从另一个角度讲，适当暴露自己或他人的缺点也可以帮助你在进攻他人内心的时候制造灵活的局势。

FBI在与查理进行心理周旋的时候恰到好处地暴露了缺点。其一就是在交谈开始的时候明确告知对方"你比我们有优势"，其二就是当查理一步一步走进美国警察设置好的局势的时候说"你与女性交往的方式存在问题"。这两种做法在心理战中的好处就是，第一种暴露自己的缺点的方法可以让自己变得更诚实，第二种暴露他人缺点的方法可以让自己变得更可信，而"诚实"和"可信"带给美国警察最大的好处就是，查理更容易钻进他们设好的局。但是，需要提醒大家的是，尽管"暴露自己与对手的缺点"的方法能够让自己设置的局势更逼真，但是一旦掌握不好就会适得其反。因为很多人都能够辨别真假，尤其是那些经常被他人奉承的人，这些人只需听一句话就能够知道你是在真心向他提建议，还是为了设置局势或计谋而虚情假意地提建议。其实，开阔思维固然是一件好事，而适当暴露缺点也是开阔思维的一种方式，但是我们在使用这些方法时应该注意的是，能够开阔思维发现新的攻心方法固然是一件好事情，但是一旦让对方察觉你的"谎言"，你设置局势的愿望就会化为泡影。这提醒我们，如果我们要在攻心战中给对方设置局势，一定要提醒自己：开阔思维、突破常规固然是一件好事，但是我们必须不能让对方识破自己在说谎。

我们从美国警察审讯查理的过程中总结美国警察攻心的策略，无非是及时调整自己的策略，开阔思路、大胆创新，适当暴露自己和对方的缺点，而这一切做法的目的就是给对方设置一个迷局并且能够让对方在不知不觉中走进这个局。或许一些聪颖的人还会从这个案例中发现这样的信息：在美国警察审讯查理的时候，他们巧妙地给对方设置了一个让人不容易察觉的局势。可是，虽然美国警察成功设置了局势，但是在与对方交谈的时候丝毫不见警察的严肃作风。从另一个角度讲，"刚柔并济"是最适合形容美国警察在审讯查理的时候的做法。如果我们仔细分析，就会知道美国警察的这种做法并无过错——如果美国警察在利用计谋给对手设置局势的时候依然保持严肃的作风，必然无法拉近与对手的心理距离，而只有暂时改变自己的严肃作风才能够使对手的防备心理有所松懈。当对手逐步讲述自己的行为的时候，再用自己一贯的作风逼迫对手承认罪行。从这个角度讲，FBI即是用"刚柔并济"的方法拉近自己与嫌疑人之间的心理距离，然后开放自己的思维巧妙设局，这也是一种不错的办法。

　　FBI的经历告诉我们，在给对手设置局势的时候采用"刚柔并济"的方法，能够最大限度地使对手放松戒备心理。如此一来，我们设置局势的方法才有效，才能够帮助我们彻底进入对手的内心，从而破解对手的心理密码，成为攻心战中的胜利者。

FBI精英懂得欲擒故纵，先给予对手想要的

　　"趋利避害"是人的本性之一，人们时时刻刻都站在自己的角度思考问题。心理研究认为，这是人的一种生存本能。换句话讲，在为人处世方面，如果人们能够遇到一个与自己的利益关系最紧密、能够给自己提供有效帮助的人，人们则会主动与其亲近。同样，人们在思考

问题的时候首先考虑的都是自己的利益。例如在求职的时候，人们首先想到的就是企业是否会给我们提供良好的待遇，我们从中又能够得到其他的什么。最终，人们在感兴趣的前提下，必然会选择一个能够给自己提供最多收入的企业。从另一个角度讲，这些企业成功招聘到自己所需的人才的原因是该企业给他们提供了令他们感兴趣的职业和收入，这与FBI进攻他人心理的策略如出一辙：若想成功进入他人内心，必须懂得欲擒故纵，先把对手希望得到的东西给予对手。

心理学研究表明，人们最在乎的东西，通常都是他们最感兴趣的东西。因此，当你与一个陌生人相处的时候，若想尽快接近他，就要谈论一些能够引起对方兴趣的话题。当然，如果此时仅仅局限于"谈论"，结果也许不太令人满意，而要让对方获得。

法国作家拉封丹曾经写过这样一则寓言：

南风和北风决定一决高下，看看谁的能力高，比赛方式就是看谁能够让行人脱掉身上的大衣。北风向行人吹来凛冽的寒风，而且越吹越猛，结果行人为了抵御严寒反而将身上的大衣裹得更紧了；而南风徐徐吹动，霎时风和日丽，行人觉得暖和，便脱掉了大衣。结果，谁在比赛中胜出自然不言而喻。

虽然寓言是作家虚构的，但是其中却含有聪慧的攻心之道：先给予对方利益。在FBI的攻心智慧之中，这就是"欲擒故纵"的攻心法则。所谓的"欲擒故纵"，就是在表面的行为上表现的与自己的目标相反，但是却达到了自己的目标。表面上看来，美国警察在与对手周旋的时候是在顺应对方的意愿，但是却在无形中让对方遭遇挫折或发现自己的缺陷，进而纠正对手的观点，从而达到攻心的目的。其实，在与嫌疑人周旋的过程中，FBI有时候也用这种方法成功驯服对手，与理查德·斯佩克周旋的过程就是这样的过程。

1966年，理查德·斯佩克在位于南芝加哥的某城区袭击了护士学校的学生，并且导致了一些人死亡，因此他被判了无期徒刑。后来，FBI成功攻入他的内心，使他承认罪行，并且服刑，可是审讯理查德·斯佩克的过程却并不十分轻松。当FBI与他刚刚交锋的时候，理查德·斯佩克就明确表示自己的意愿：希望警方不要把他与其他的嫌疑人混为一谈，因为他并不想与这些人一同出现在同一张名单上。理查德·斯佩克进一步表示："那些家伙都是一些疯子，是系列杀人犯，而我可不是这样。"

实际上，理查德·斯佩克并没有向美国警方掩盖他曾经杀人的真相，但是美国警方却并不认为知道表面的真相就是侦破案件过程的结束。不过，引起警方注意的是，理查德·斯佩克始终在提醒警方，他与其他的嫌疑人并不是同一个类型，甚至相似之处也很少。而FBI也认为，从某种程度来讲，理查德所说并没有错，因为他的确不是系列杀人犯。所谓的系列杀人犯往往两次作案之间都有一定的时间间隔，而这就是FBI所说的"冷却期"。从心理学的角度讲，这些系列杀人案的作案者的某种情绪具有周期性的特点，一旦这些人到了这些情绪发作的时间，就是杀人案件的发生日期。因此，FBI把理查德归类为"规模杀人犯"。所谓的"规模杀人犯"，就是在同一次行动中会杀害两名或两名以上被害者。但是，理查德最初潜入住宅楼的目的却并非杀人。

理查德最初潜入住宅楼的目的很简单，就是偷窃到一些钱财。当仅仅23岁的克拉斯·阿姆罗前来开门的时候，他手持手枪和匕首闯入房间，将阿姆罗及其五名室友捆绑起来，并且说出了自己此行的目的——偷窃钱财。但是，当其他三名室友返回的时候，理查德突然改变了主意，开始了疯狂的强暴和砍杀。由于阿姆罗当时惊恐地蜷缩在角落中，才得以逃过一劫。当理查德走后，阿姆罗立即走上阳台大声呼救，她告诉警方，嫌疑犯的左臂上刺有"生来就要大闹一场"的字样。而在一个星期之后，理查德自杀未遂，前来医院就诊，结果被医生认出左臂的刺字，医生及时通知警方，理查德因此被捕。按照程序，FBI的警察当然要对其进行审讯。

第二章
刚柔并济，借力打力
—— FBI刚柔并济的超级心理密码

在审讯的时候，约翰·道格拉斯和鲍勃·雷斯科在侨里埃特监狱的一间探视室里见到了这个"规模杀人犯"。后来，理查德选择了会议桌的上首，这意味着他可以坐得比联邦调查局的警察高。但是，在审讯开始的时候，理查德并不愿意与联邦调查局的警察对话，只是大骂脏话，说联邦调查局企图搜查他的寝室——实际上，典狱长只是想让联邦调查局的警察看一下他收藏的色情刊物。

约翰·道格拉斯冷静地注视着理查德，而理查德则装出一副不理不睬的模样。这时候，约翰和与他一同前来审讯的督导员开始了"攻心谋略"。

督导员鲍勃·雷斯科是一个十分开朗的人，十分善于交际。令约翰·道格拉斯得意的是，自己和督导员在化解敌意方面有着十分丰富的经验和高深的智慧，这些正是谈判人员必备的素质。面对狂妄的理查德，约翰·道格拉斯和鲍勃·雷斯科开始谈论理查德的案情，仿佛理查德不在场一般。约翰说道："你知道你的伙计都做了些什么事情吗？他杀害了八个女人，这些女人长得都十分漂亮，他一个人就夺去了八个漂亮女性的生命，你认为这样做公平吗？"

开始，鲍勃十分不适应这种审讯方式，因为他不想把自己降低到与杀人犯相同的层次，而且他对嘲弄死者十分愤怒。当然，约翰也有类似的看法，但是约翰认为，在当时的情况下，这种做法也许是最有效的一种。很快，鲍勃就弄清了约翰的用意，随后就用相同的语气答复约翰，于是两个人一唱一和地说着与案情相关的东西。

果然，这种方法很快奏效，理查德仔细听了一段时间，随后摇摇头，笑着说："你们这群警察一定发疯了，一定与我没有太大的差别。"正是这句话，让约翰看到了攻心成功的开端。约翰立即问道："你怎么会同时干掉八个女人？"理查德眼神空洞地盯着约翰，然后说道："我并没有强暴她们，实际上我只强暴了其中的一人。"约翰接着问道："是不是沙发上的那个人？""是的。"理查德坦陈。但是，在约翰·道格拉斯看来，这一切既粗鄙又令人恶心，但是这一切却向约翰·道格拉斯解释了一些东西，这就是理查德并不具备一般男性应该具备的自我意识。理查德清楚，他没有可以同时控制多个女性的能力。从另一个角度讲，理查德是一个彻头彻尾的投机分子，他只是想在进攻他人的过程中寻求刺激。从犯罪现场的照片来看，理查德最终选择侵犯了一个脸部向下、趴在沙发上的人。在约翰看来，当时的理查德认为这个人就是一个非个性的物体，而他与这个女性之间的接触并非任何人与人之间的接触。此外，约翰·道格拉斯还清楚，理查德并非一个有着缜密思维的人，也不是一个做事有条理的人。当然，毋庸置疑的就是，FBI的以上推断并非无稽之谈，而且欲擒故纵的攻心方法也在审讯理查德的过程中起到了作用。

其实，当约翰·道格拉斯坐在监狱的会议室中的时候，他就在想象对手在犯罪时候的表现。在审讯之前，约翰·道格拉斯也曾查阅了所有关于理查德·斯佩克的档案，其目的就是想弄清楚自己的对手曾经做过什么和即将要做些什么。不可否认，约翰·道格拉斯的这些做法都对侦破案件、攻入对手内心有着非常重要的作用。正因有了这种准备，约翰·道格拉斯才能够彻底了解对手，进而能够恰到好处地使用"欲擒故纵"法，并将对手最希望得到的东西给予他。在审讯理查德的过程中，约翰和鲍勃采用了另一种完全不同于警察审讯的口吻在理查德面前谈论他犯下的案件，而这一切正是约翰和鲍勃在给予对手他最需要的东西。为了能够彻底攻入对手的内心，约翰和鲍勃在观察理查德的行动之后模仿他的语气谈论案件，而这就让理查德看到了自己想得到的东西——在理查德看来，警察能够用这种语气说话，一定证明他们有与自己相似的性格或爱好，这就让理查德得到了了解自己的人。

果然，在约翰和鲍勃的攻击下，理查德很快上钩了，他对警察说："你们一定发疯了，你们这群警察与我没有太大的差别。"随后，在约翰和鲍勃的攻击下，已经承认了自己罪行的理查德进一步讲述了自己的犯案过程。毫无疑问，FBI在侦破案件的过程中取得了彻底的

第二章
刚柔并济，借力打力
——FBI刚柔并济的超级心理密码

成功，而约翰和鲍勃也成了攻心战中的胜利者。因为心理学研究表明，人们在对其他人的言行表示不满的时候，如果强硬地采用遏制的办法逼迫对手改变，很容易刺激对手，使对手产生更强烈的反抗性。通常来讲，逼迫愈强烈，反抗就愈明显，后果只会更加严重。其实，遏制并不是攻心的最佳战术，如果此时换一种攻心方法，你必然会得到更明显的效果。因此，攻心高手提醒人们，有时候，如果你希望得到某种东西，强硬地争夺并非最佳战术，顺应对方的心理，给予对方他最希望得到的，才能够使其顺应你的意思，而你才能够取得攻心战中的最后胜利。

很多时候，人们都企图用自己的强势来压倒其他人，但是这些人却忽略了一个问题，这就是人们都是有感情的。正如法国作家拉封丹的寓言一样，运用强势的手段进攻他人内心往往只能够像寓言中的北风一样得到相反的效果。你迫切地希望征服对方，反而使得对方产生了抗拒心理。因此，FBI攻心高手提醒人们，若想征服对手，不妨先放纵对手，用对手最感兴趣的东西，引诱对手向自己投降。因此，FBI的攻心精英在进攻对手内心的时候往往会突破"事事为自己"的常规想法，也不会一味地思考自己会从嫌疑人身上得到什么事实或线索。FBI的攻心精英清楚，这样做只会使自己与嫌疑人之间的心理距离越来越大，丝毫不会给自己带来任何有利的结果。

但是，若想在攻心的时候使"欲擒故纵"的方法彻底发挥效应，你在攻心之前就要调查对手的资料，这样你才能够知晓对手需要什么，也可以洞察对手的性格爱好。如此一来，你才会在攻心的过程中为对手提供需要的东西。在这一点上，FBI的做法十分创新，因为"投其所好"向来都被人们划分为贬义词的一类，但是FBI却从正确的角度恰到好处地应用了这个方法，在与对手周旋的时候"欲擒故纵"，用对手喜爱的东西引诱对手说出实情。造成这种差别的主要原因就是，大部分人在"投其所好"的时候都怀有自私的甚至是不可告人的目的，而FBI在"投其所好"的时候却光明磊落，合乎情理，因此FBI的"欲擒故纵"

法才会让自己成为攻心高手。其实,只要人们仔细回忆自己的人生经历和工作经历,就会发现当自己给予他人的时候,也会收获很多回报。

总之,若想在攻心战中取得彻底胜利,就要在攻心战中尽力得到对方的合作,这就要求攻心者必须知道对手的爱好、性格和习惯等因素,甚至要清楚他曾经做过哪些事情,有哪些事情足够他引以为自豪,只有这样攻心者才会清楚自己的对手需要什么。而也只有攻心者具备了这些条件,才能够让对方心悦诚服。

实际上,在攻心战中,强硬夺取并不会使攻心者获得有用的信息,也未必会有好的结局,而"欲擒故纵"的方法往往能够让攻心者巧妙地利用对手感兴趣的东西引诱对手投降,进而战胜对方。

攻心不一定靠言语,
不说话的心理战更高明

在生活中,人们经常会遇到这样的情况——很多时候,人们都需要向他人提出一些要求,而且在很长一段时期内都不会忘记自己对他人提出的要求,因此一旦人们久久得不到他人的回应,就会认为对方没有重视自己的要求,甚至会由此产生不满的情绪。所以,如果你一时之间无法帮助他人解决问题,只要给予对方一定的回应,就会避免对方产生负面情绪。可见,让提出要求的人产生不满的就是这种"不说话"的做法。实际上,在攻心战中,"不说话"的战略也是取胜的一个重要的方法。有时候,FBI在侦破案件的过程中从未与嫌疑人进行正面的攻心战,但是FBI的破案精英却可以从其他方面得到确凿的证

第二章
刚柔并济，借力打力
—— FBI刚柔并济的超级心理密码

据，并且找出真正的嫌疑人。

1978年6月20日，星期二。当晚，卡拉·布朗和她的未婚夫马克·菲尔将举办一次以"答谢"为主题的宴会，其目的就是感谢那些帮助他们乔迁新居的朋友。当然，宴会的内容很普通，就是年轻人热衷的狂欢和畅饮。

这对恋人的新居位于伍德里弗镇阿克顿大街，这是一条满是林荫的街道。环境与这栋房子十分匹配，卡拉·布朗是一个身材迷人、金发卷曲的美丽女士，曾经是很多人追求的对象。在她的未婚夫看来，尽管他们的婚事拖延了多年，但是能够拥有这样一位妻子的确是一种福气。不过，令马克·菲尔伤心的是，他并没有长期拥有福分。

当天晚上约五点半，马克·菲尔、卡拉·布朗以及他们的朋友汤姆·菲根鲍姆来到了他们的新居。在沿着私家车道倒车的时候，马克下车找卡拉，却发现她不见了踪影。马克·菲尔认为，未婚妻一定是下车采购宴会所需的东西了。但是，就在这时，马克·菲尔意外地发现，卡拉乘坐的后座车门并没有锁上，这让马克有一点愠怒。他想，一定要提醒卡拉注意这些事才好。随后，马克便带领汤姆参观他们的房子。当他们来到地下室的时候，马克发现，这里一片狼藉。怎么会这样呢？马克心想。要知道，他与卡拉不久之前才收拾了这里。马克意识到，这里一定发生了什么事情。就在他转身决定寻找卡拉的时候，通过敞开的门他看到了洗衣间里令人惊恐的一幕——卡拉穿着一件套头羊毛衫跪在那里，但是她的腰部以下却赤裸着，双手被人用电线反绑。卡拉弯曲着身子跪着，她的头部浸在一个鼓形桶中，桶中盛满了水。

看到这一幕，马克和汤姆顿时惊叫了出来，他们飞奔过去从桶中拉出了卡拉的头，并且将卡拉平放在地板上。此时，马克看到，卡拉的头部泛紫，前额和下颌分别有一道伤口。卡拉的眼睛睁着，但是显然已经死去。马克悲痛至极，汤姆则立即向联邦调查局报了案。

几分钟后，伍德里弗警察局的戴维·乔治警官就赶到了现场。不久之后，当地几位高级警官也都赶到了现场。他们调查的结果是：卡拉的头部曾经遭到钝器的重击，脖子上的丝袜就是勒死卡拉的凶器。可是，尽管警方从现场获得了线索，但是侦破工作却进行得并不顺利。

当时，参与调查的还有一位名叫阿尔瓦·布希的警督，他是一位犯罪现场取证专家，从业多年，有着十分丰富的经历，但是这次他的照相机的闪光灯在现场却不能正常工作。而另一位名叫比尔·雷德芬的警官虽然带着照相机，但是他的相机里只有黑白胶卷。另一个棘手的问题是，在马克和卡拉搬家的过程中，很多亲友都曾经帮助过他们，而这些人自然会在现场留下指纹。在这种情况下，若想提取凶手的指纹异常艰难。

警方无奈之中，只好从与卡拉相关的人入手调查案件。这时候，卡拉的一位朋友提供线索：卡拉与她的继父乔·谢波得的关系始终不理想，而她的继父也曾粗鲁地打她。但是警方却没有证据证明谢波得与案件有关。

同时，美国警方还注意到另外一个人，这个人就是马克·菲尔，警方认为这个人也必须接受详细调查。因为他也是尸体的发现者之一，此外，由于菲尔可以自由地出入婚房，而且他也是最接近受害者的人。但是，事实证明，马克的悲痛是深切且发自内心的。随着调查工作的进行，美国警察发现，马克·菲尔、汤姆和谢波得都通过了测谎。尽管警方后来又调查了其他人，却始终没有突破。但是，案发地的州犯罪现场调查官阿尔瓦·布希仍然没有放弃对此案的调查。

1980年6月，距离卡拉被害已经整整两年的时间。这一年，布希来到新墨西哥州阿尔伯克基。在这里，布希请教了坎贝尔博士。坎贝尔博士是来自亚利桑那大学的专家，在运用计算机处理照片方面非常有造诣。布希请求坎贝尔博士的帮助。坎贝尔博士答应了布希的要求，但是黑白照片仍然给坎贝尔的工作增加了难度。然而，坎贝尔博士仍然通过其他途径使照片变得清晰了。随后，坎贝尔发现了一条线索：造成深伤口的凶器是一把拔钉锤，而凶手用电视桌击打卡拉才使电视桌的轮子在卡拉的下颌和前额上造成了裂口。此外，坎贝尔博士还有一个新的发现，正是这个发现让案子出现了转机——坎贝尔博士发现，在卡拉的脖子上有一些咬痕，这些咬痕正是凶手留下的。

坎贝尔博士对布希说，虽然借助某种技术获得的图像并非最理想的，但是卡拉脖子上的咬痕仍然十分清晰。如果发现了嫌疑人，完全可以进行对比。实际上，咬痕几乎与指纹同等有效，属于确凿有效的证据。因此伊利诺伊州的警察在拿到坎贝尔博士发现的咬痕图像之后，立即把注意力集中在了几名嫌疑人身上，尤其是卡拉的邻居保罗·梅因。但是警方在获得保罗·梅因的牙模之后，却发现与验尸照片上的咬痕并不相符。随后，警方又获得了其他几位嫌疑人的牙模，但是仍然没有找到凶手。至此，案情的进展仍然不明显。尽管如此，警方依然在对卡拉被害一案进行调查，终于确定了犯罪嫌疑人——就是在上一次牙模对比中不符合验尸照片的梅因。

随后，报纸、电视等媒体开始为侦破卡拉被害案的警察制造声势，不断地报道卡拉一案的进展。而州警察局的汤姆·奥康纳和金融诈骗伪造科的韦恩·沃森与梅因进行了一次谈话，名义上是调查梅因是否有资格领取救济金，但是这两位警官在与他谈话的过程中却有意提及卡拉被害一案。不过，梅因并没有招供，并且一直在否认自己与此案有关联。尽管如此，警察仍然从梅因的表现中获得了一条重要的线索——梅因始终在密切关注着媒体对卡拉一案的报道。因为梅因知道卡拉一案的重要性，所以在极力回避与之有关的一切。比如，沃森曾经说道，梅因在"曾住地址"一栏中没有写"阿克顿大街"，对此，梅因解释说，警方总是用卡拉被害案打扰他，他试图忘记这段不愉快的经历。没有得到理想结果的沃森继续说："她就是那个遭到枪击、勒杀，然后被凶手按进50加仑的水桶中溺死的姑娘吧？"听到这句话，梅因断然回答："不是，不是，这个姑娘没有遭受枪击。"

后来，一个名叫马丁·希格登的男子来到警察局，他对警察说，卡拉·布朗是他的中学同学，而他的一位女同事说，她在案发后不久参加了一次聚会，在聚会上她遇到了一位声称他在卡拉被害当天曾经前往卡拉家的男子。这个男子曾经说过，他发现卡拉尸体上有被人咬过的痕迹。警方经过调查，发现这人就是保罗·梅因。那么，梅因为什么能够早已知晓卡拉脖子上的咬痕，并且在命案发生后不久对他人说起呢？

发现这一点之后，警方获取到了梅因的牙模。其实，在经历了一些事情之后，警方也曾怀疑过梅因，但是不久之后警方又推翻了自己的观点。一周之后，警方重新研究了梅因的牙模。检测结果显示，梅因的牙模与卡拉脖子上的咬痕相符。最终梅因被指控犯有谋杀罪和私闯民宅强奸未遂罪，而保罗·梅因也因为妨碍司法罪受到了指控。

实际上，FBI侦破卡拉被害案的方法就是"不说话的攻心策略"，因为从始至终警察都没有与犯罪嫌疑人进行正面交锋，而是通过其他方式使嫌疑人落网。而这与人们拒绝他人提出的要求的方法十分相似。当人们拒绝他人要求的时候，既可以直接拒绝，也可以借助迂回的战术巧妙地转移话题。而美国警察在侦破卡拉被害案的过程中就是使用了这种方法。在这个过程中，美国警察并没有通过司法程序审讯任何一个嫌疑人，而是通过采集证据、获得牙模的方式寻找凶手。例如当美国警察发现梅因有嫌疑后，也没有审讯他，而是以"调查梅因是否具有领取救济金的资格"为由来寻找梅因的心理弱点。果然警察发现了一个重要的线索——梅因在"曾住地址"一栏中并没有填写曾经住过的、卡拉被害的阿克顿大街，这使警方更有理由怀疑梅因可能是凶手。于是美国警察重新寻找证据，终于确认卡拉被害案的真凶。

可见，美国警察在与凶手周旋的时候，并没有与其正面交锋，而是改变了自己在审讯嫌疑人时的作风，等犯罪嫌疑人自己露出破绽，最后破了案子。由此可见，如果人们在攻心的时候一味地用语言进攻他人并不一定会获得理想的效果，有时试着转变策略或许就会有新发现，而这些发现或许就是使你在攻心战中成功的原因。其实，所谓的

"不说话"战略并非在攻心战中真正的一言不发，而是改变自己的说话方式，并且从其他方面寻找到能够让自己在攻心战中取得胜利的因素，如此才能成为真正的攻心高手。

用"糖衣炮弹"诱导对手说真话

在生活中，我们常常遇见这样的现象：有时候，他人的言行并不是很令我们满意，而我们也并不能将每一件事情都做到尽善尽美，这时候人们就必须要面对"批评"。但是，很多人在批评他人之前没有考虑自己批评他人的目的是什么，而这也是我们与美国警察之间的最大区别：美国警察在训斥他人之前总是先考虑自己训斥他人的目的，而FBI也同样如此。FBI清楚，自己训斥他人的目的是让他人提供自己需要的观点，或者使他人此前的错误观点得以改正，而并非为了发泄。

其实，在FBI看来，在与嫌疑人进行攻心战的时候，也应该注意到这一点。如果一味地进行不留情面的批评，有时候必然会让人反感。可是，如果势头不强，说服的力度也不强，因此就无法达到令对方改正错误的目的。因此，很多渴望学习攻心术的人都十分想知道，在攻心战中，应该怎样做才能够让对方听从自己的话，按照自己的意愿行动，然后使自己在攻心战中胜出。其实，FBI有办法做到这一点，这就是使用"糖衣炮弹"诱导对手说真话。许多攻心高手在向他人讲述攻心秘诀的时候，都会讲这样一个案例：部门主管找到一个员工，这个员工这个月的工作效果不如以前优秀。部门主管训斥他："你这个月的工作怎么如此糟糕？其他人都在不断进步，而你的成绩反而不如以前。如果你的工作继续没有起色，我就会提高别人的工资，而你也不再是工作状元了。"未等这位员工开口，主管就将一沓厚厚的工作报表扔在了他的面前，然后就是一阵"轰炸"。员工希望自己能够得到一个解释的机会，但是主管直接拒绝了他的要求："不要解释了，自己好好反省吧。这个月是你的机会，如果你这个月的业绩仍然毫无起色，那么你的年终奖金就要被扣掉了。"主管毫无耐心听员工解释，挥挥手示意他出去。这让员工的心情非常复杂，他认为自己十分委屈，也认为这与自己的业绩不符合。因此，他与主管的关系越来越差，业绩也一路下滑。

  实际上，只要主管换一种方式与员工对话，就会有另外一种结果。例如主管可以在找到员工之后先说："我一直十分欣赏你，也十分重视你，可是你这个月的业绩怎么下滑得这么严重？"这样一来，员工自然会向主管讲述下滑的原因。如此一来，两个人就会讨论解决问题的方法，那么员工下一个月的业绩就极有可能会提高。相比之下，第二种方法当然更好。

  卡耐基曾说："如果人们在听到其他人赞美自己的长处之后再听到人们批评自己的短处，心情会好很多。"因此，很多攻心高手都清楚，若想在攻心战中让对方接受自己的观点，并且按照自己的意愿行动，就要先肯定其优点，然后再指出他存在的不足，这就能够起到激励他人的作用。如此一来，对方就会很容易地接受自己的观点。这时候，在攻心战中胜出就不是一件难事了。

5
反驳不一定处处有用，
防守得当也会有收获

在攻心战中，人们难免要面对他人的言语攻击等攻击方式，很多人在这个时候会选择反驳或不断解释，甚至解释的声音也因为情绪的波动而不断升高，但是这却不一定能起到帮助你赢得攻心战的作用。实际上，在攻心战中，反驳并不一定处处有用，有时候反而会让占据攻心优势的人失去胜算，甚至在攻心战中失败。在FBI的攻心智慧中，反驳的确不是万无一失的攻心计策，在FBI与嫌疑人的斗争中，虽然有时候并不会反驳，但是FBI依然是攻心战中的胜利者。

1989年，有人在40号和13号州际公路沿线发现了一些女尸。经过检查，FBI发现，这些死去的女人都是一些妓女，她们的颅骨已经破碎。警察从尸体表面发现了一些明显遭受性虐待和摧残的痕迹，此外警察也认为这些妓女都是被勒死的。

FBI在调查之后，初步描述了犯罪分子的外貌：作案者是白人男性，大约30岁，从事建筑方面的工作。警方推断，在案发前，他在驾驶着一辆破旧的面包车找寻目标。在生活中，他与妻子或女朋友的关系十分融洽，但是他却喜欢支配女人，总是以硬汉的样子面对女人。也许他会随身携带精心挑选的武器，但是犯案后一定会毁灭证据。此外，这位男子对这个地区十分熟悉，因此将此地选为弃尸地点。而且这个人在犯案的时候十分冷静，屡屡杀人，大有不被抓获就决不放弃的态势。根据推断出的以上种种特点，FBI注意到了一个名叫史蒂芬·彭内尔的人。

随后，经办此事的美国警察派出一位女警察伪装成妓女引诱史蒂芬上钩。一天，这位名叫拉诺的女警察正在散步的时候，各方面都符合警方推断特征的一位白人男子驾驶着面包车停在了她的面前。由于此前警方曾经在其中一名受害者身上找到了蓝色纤维，而这种纤维正是车用地毯上的纤维，当面包车的车门打开后，拉诺首先注意到了车上的蓝色地毯。拉诺一边夸奖对方的面包车，一边漫不经心地用指甲刮起一丝地毯纤维。联邦调查局经过化验，证实这丝地毯纤维与他们之前取得的纤维采样一致。

后来，史蒂芬一案进入司法程序，约翰·道格拉斯也被传唤来为本次案件的识别标志作证。FBI发现，这些案件的遇害者都有一个共同点，这就是她们都受到了肉体上和精神上的折磨。例如，在其中一起案件中，作案者用钳子夹掉了遇害者身体的某部位，还将其他受害人的手脚捆绑起来，并且割伤了她们的腿部，抽打她们的身体或者用锤子敲击受害者。因此，为凶手辩护的律师声称，因为这些案子的作案手法都不相同，所以不会是同一个人所为。但是，约翰·道格拉斯却认为，虽然凶手残害受害者的方法不同，但是凶手却从折磨受害者的过程中和受害者痛苦的叫喊声中获得了快感。FBI认为，这些手法就是凶手的特点，即使真凶早已知道FBI掌握了他的犯案特点，他也无法在再次犯罪的时候改变自己的行为。也许，他会想办法设计出更残忍的办法残害受害者，但是却无法克制自己的残害欲望。

果然，不出FBI所料，史蒂芬·彭内尔就是残害女性的凶手。1992年，史蒂芬被美国警方用注射毒药的方式处死。实际上，就在史蒂芬·史蒂芬被执行死刑的约一年之前，即1991年，约翰·道格拉斯运用同样的办法将一个叫做小乔治·拉塞尔的嫌疑人绳之以法。在一年的时间中，拉塞尔就在西雅图棒打并勒杀了三名白人女子，因此而受到指控。实际上，起诉方知道，在这三起案件中，警方只在一起案件中掌握了极具说服力的证据，可是他们却无法以此证明拉塞尔在其他两起案件中有罪。但是，警方却认为，他们已经在其中一起案件中掌握了足够的证据，而且这些证据也可以证明拉塞尔就是另外两起案

第二章
刚柔并济,借力打力
——FBI刚柔并济的超级心理密码

件的元凶。因此,警方只有把三起案件捆绑在一起才会胜出。

在众人眼中,拉塞尔是一个约三十岁的黑人男子,十分英俊,善于交际,人际关系十分广泛。更重要的是,虽然拉塞尔长期有小偷小摸的习惯,但是所有人都不会认为他会犯下令人发指的谋杀案。当时,正是社会向着更开放的方向发展的时机,人们逐渐不再在意种族之间的差异,而拉塞尔就是一个在社交场合游刃有余的人,他经常与黑人或白人约会,而且在这两个种族中都有朋友。而这给FBI的破案过程增加了难度。在公审之前,由于警方已经假设这三起谋杀案并非同一个凶手所为,因此公设辩护律师米丽娅姆·施瓦茨在公审前便向法官提出了"分开审理三起案件"的请求。而法院是否批准这个请求直接关系到拉塞尔能否被判决为三个案子的凶手。此时,检察官罗杰和贝尔德要求约翰·道格拉斯解释这三起案件之间的联系,而约翰·道格拉斯则说道,每起案件的凶手都采用了闪电式攻击这一方法,而且三起案件是在七个星期内发生的,因此约翰·道格拉斯并不认为凶手需要改变作案手法。此外,约翰还向法院说出了案件的相同点:三名女性受害者都被一丝不挂地摆成了挑逗的姿势。在约翰看来,若想杀害这些女性,采取闪电式攻击是必不可少的,但是却并非一定要将这些女性摆成这种姿势。约翰说道,摆姿势实际上就是识别标志,而凶手像摆弄玩具一样摆弄受害者,意味着这是发泄愤怒的犯罪,是显示权力的犯罪。紧接着约翰又说道,**90%**的可能是单一的凶手在作案。实际上,约翰此时并没有说拉塞尔就是三起案件的凶手,而是向法院证明其中一件案子的凶手就是所有案件的凶手。此时,约翰在FBI的老同事鲍勃竟然站出来为拉塞尔辩护,这让约翰惊讶不已。后来,鲍勃声称自己有事缠身,无暇出席拉塞尔的审判听证会,而出席听证会的是另一位已经退休的特工拉斯。而在拉斯反驳了约翰的观点之后,约翰的同事卡罗对他进行了盘诘,结果拉斯无言以对。经过了四天的审讯,拉塞尔以一项一级谋杀罪和两项恶性一级谋杀罪被判处终身监禁。

在侦破这个案子的过程中，美国警察并没有设置陷阱，也没有与嫌疑人发生过多的直接交锋，而是在对方提出异议的时候用有力的证据给予还击。其实，在攻心战中也是如此，很多时候反驳并不一定给人们带来理想的结果，而用现有的证据恰当地防守却会给自己带来意想不到的结果。

如果人们在进行攻心战的时候首先肯定对方的长处，无疑会让对方尝到一丝甜味。在这种情况下，双方的沟通障碍就会减少，从而致使对手按照自己设想的路线一步一步讲述自己所做的事情。

其实，攻心战最主要的一点就是要控制自己的情绪，而用糖衣炮弹攻击则恰好起到了这个作用。从另一个角度讲，这种攻心方法可以让攻心者与被攻心者站在同一个角度考虑问题，这便会加快攻心者在攻心战中取得胜利。

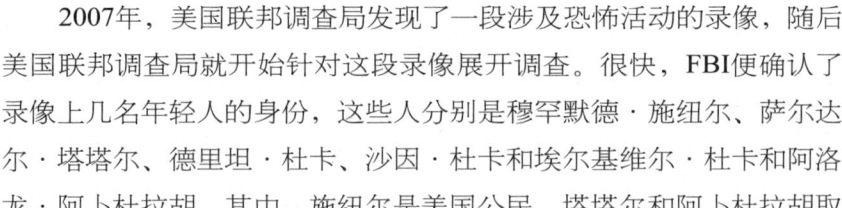

6
先潜入对手内部，再打心理战

2007年，美国联邦调查局发现了一段涉及恐怖活动的录像，随后美国联邦调查局就开始针对这段录像展开调查。很快，FBI便确认了录像上几名年轻人的身份，这些人分别是穆罕默德·施纽尔、萨尔达尔·塔塔尔、德里坦·杜卡、沙因·杜卡和埃尔基维尔·杜卡和阿洛龙·阿卜杜拉胡。其中，施纽尔是美国公民，塔塔尔和阿卜杜拉胡取得了在美国的永久居住权，而杜卡三兄弟则是非法居住在美国的。

获得这一段录像之后，FBI的调查人员立即全天监控这几个人，但是在接下来的一个多月的时间内，调查人员并没有特别发现，也没有发现这六个人有任何可疑的举动，他们只是偶尔聚在一起聊天，但是关于他们谈话的内容，调查人员不得而知。因此，联邦调查局决定派遣一位线人潜入施纽尔的交际圈。这名线人得到指示，一定要成功接近施纽尔等人，多多参加施纽尔等人的会议，并且将这些人的谈话内容记录下来。之后，联邦调查局会派遣特工前来与其接头。果然，就在2006年4月的时候，这名线人将大量的与施纽尔等人相关的很有价值的情报源源不断地传递给了调查人员。通过这些情报，FBI的调查人员发现，施纽尔等六人有着十分严重的伊斯兰主义倾向，甚至在传看一些恐怖视频。就在这一年，FBI派遣了第二名线人潜入施纽尔等人的身边，这名线人与前一名线人单线联系，但是这两名线人并不知道对方的身份。随后，线人发现了这样一个情况：自从2006年8月开始，施纽尔等人的聚会活动就明显多了起来，这令调查人员不得不提高警惕。8月5日，第一个线人向FBI发回了他与施纽尔之间的一次谈话的录音。在这次谈话中，施纽尔告诉线人，他们很早以前就开始策划一起针对美国境内的军事基地的袭击活动，而最容易成为他们的目标的就是位于新泽西州的迪克斯堡陆军基地。显然，这条信息对于FBI甚至美国的意义都非同小可。

迪克斯堡军事基地在新泽西州特伦敦市东南，与麦圭尔空军基地相邻。从这里出发，只需约三个小时的车程就会到达华盛顿。在美国东北部，迪克斯堡军事基地是规模最大的军事基地，陆军预备役的士兵会在这里进行训练，而完成训练的士兵大多会被派遣到伊拉克或阿富汗战场。当时，迪克斯堡军事基地拥有1.5万人，其中有3000多名士兵。为了保护这个重要的军事基地，美国在基地入口处设置了装备完美的警卫和很多探测设备以及混凝土障碍物，以此来防止外来人员的闯入。但是施纽尔等人却无视这一切，仍然在密谋策划一场针对这个军事基地的袭击。

显然，在如此完美的防卫体系下，仅仅依靠施纽尔等几个人，袭击迪克斯堡军事基地的计划显得十分疯狂，但是施纽尔却并不这么认为，因为他认为塔塔尔是他的王牌——塔塔尔是一名土耳其移民，其父亲在迪克斯堡军事基地附近经营一家比萨饼店，而塔塔尔在比萨饼店帮忙的时候也曾给军事基地的美军送比萨饼。而正是以此为契机，塔塔尔了解了很多关于迪克斯堡军事基地的知识，甚至对这里了如指掌。在塔塔尔看来，迪克斯堡的防卫体系看似森严，其实十分松懈，每天约有数以万计的人可以自由地出入这个基地，因此混入基地内部并非难事。塔塔尔甚至信誓旦旦地向施纽尔保证，他可以从父亲的比萨饼店中弄到一张迪克斯堡的详细地图。

施纽尔等人始终在密谋袭击迪克斯堡军事基地的行动，他们甚至攒到了足够的用来买AK-47和M-16等自动步枪的钱，甚至还准备购买RPG火箭筒和迫击炮等重型武器。施纽尔等人计划用这些武器完成杀死100名到200名美军士兵的行动。不过，施纽尔在这次行动中错用了一个人，他就是FBI的第一个线人。这个线人对施纽尔谎称自己曾经在埃及军队服役，拥有十分丰富的作战经验。因此，施纽尔希望这个人能够对他们这个团体的成员进行作战技能方面的训练。而FBI的第一个线人的表现也没有令施纽尔等人失望——在两个月的时间内，他与施纽尔一同针对迪克斯堡军事基地进行了数次侦察，他们侦察到了基地外围的地形，并且用手机隐蔽地拍下了照片。与此同时，塔塔尔和杜卡三兄弟也对孟茅斯堡陆军基地、特拉华州的多佛空军和费城海岸警卫队的驻地进行了侦察，同时施纽尔等人也将这些军事基地列为袭击的备选目标。然而，就在恐怖袭击活动的准备活动正在紧锣密鼓地进行的时候，FBI的线人的卧底行动却遭遇了一个小波折——塔塔尔突然对这个线人的真实身份产生了怀疑。他曾经直接质问这个线人是否是美国执法部门的卧底，甚至向施纽尔抱怨"他并不了解这个人的真实来历"。

2006年11月中旬，塔塔尔给费城警方打来电话，在电话中，塔塔尔声称有人强迫他获取一张地图，甚至说这很可能与恐怖活动有关。而塔塔尔此举的真实目的十分明显，就是想套取线人的真实身份。但是，由于调查人员的巧妙应对和施纽尔这个小头目对线人的信任，塔塔尔等人的怀疑只好不了了之。此时，这个线人向施纽尔说明，他可以通过一些渠道买到更为可靠的自动武器，听到这个消息之后，施纽尔极为兴奋，而且更加器重这个线人了。

2007年2月初，施纽尔等人在FBI的两名线人的陪同下前往波科诺山区。波科诺山区位于宾夕法尼亚州，施纽尔等人此行的目的就是练习射击等作战技能，而这一切早已被FBI的线人告知警方。于是美国联邦调查局派出了很多带有监听监视设备的特工来暗中跟踪这些人的活动。3月初，施纽尔和杜卡三兄弟与FBI的线人再次来到附近的某丛林中玩彩弹枪的游戏，实际上这也是施纽尔等人在为袭击迪克斯堡陆军基地的活动进行准备，因为他们认为这种游戏可以培养人们的战术素养。当然，他们急切地盼望深受他们信任的FBI线人尽快将他们所需的武器带来。然而，他们不仅没有拿到更加可靠的自动武器，反而使自己身陷囹圄。

原来，就在这段时期内，美国联邦调查局已经搜集了足够的证据进而决定收网。5月的一天，FBI的第一个线人按照联邦调查局的指令给施纽尔等人打电话，声称他已经买到了他们所需的武器，通知他们前往某个地方接收。而正是在这个约定好的地点，施纽尔等人被一网打尽。

根据新泽西州检察官的指控，施纽尔、塔塔尔和杜卡三兄弟犯有"针对军方人员的谋杀罪"，而这项罪名极有可能给这六个人带来终身监禁的处罚，而阿卜杜拉胡也被指控犯有帮助非法移民获取武器的罪名，而等待他的可能是10年的有期徒刑。

不过，很多媒体注意到，就在这一案件告破之后，原先与杜卡三兄弟一同居住在切利西尔，并且常有往来的一家人突然消失了。据邻居回忆，这家的男主人的名字叫做马哈茂德，有着褐色的皮肤，是一个40岁左右的中年人，这个人经常在公寓的楼道中打电话或抽烟，但是很少与邻居交谈；另据当地的一个居民回忆，这个人并没有给周围的人留下好的印象，因为他总是在遮掩一些事实。

　　后来，施纽尔的母亲也证实，她的儿子的确曾经与一个叫做马哈茂德的人有着十分密切的关系。媒体认为，这个马哈茂德就是FBI的第一个线人，但是媒体却始终没有挖掘到关于第二个线人的真实信息。

　　不可否认，美国联邦调查局的两个线人对这次案件的侦破立下了汗马功劳。实际上，FBI在这次攻心斗争中采取的攻心方式就是潜入对手内部再打攻心战的方式，而FBI的两个线人起到的就是这个作用。

　　在侦破这个案件的过程中，潜入对手内部的攻心者获得了大量有用的信息，然后他们对这些信息加以利用，进而使自己成了攻心战的胜利者。

第三章

晓之以理，明之以利——
FBI精明的"人情战术"

通常，我们在帮助他人的时候，自己的虚荣心和自尊心往往能够得到极大的满足；而当我们接受他人的恩惠或者帮助时，内心则会有一种歉疚感和负罪感。FBI正是利用这种"歉疚感"来大打"人情战术"，借以控制一些案件当中的犯罪嫌疑人的。

在人际交往当中，其实人们也可以利用人性的这种特点来与他人相处和处理矛盾。这就需要人们学会细致观察，注意他人的爱好、需求，从细节之处去迎合他人的习惯，不时献些小殷勤——这样不但会使你在朋友和同事当中更加受欢迎，并且在你遇到困难的时候也更容易获得他人的帮助。所以人们要牢记一点，那就是学会使用"人情战术"来控制他人的心理，从而获得他人的认可和支持。

以退为进，
瓦解对方心理壁垒

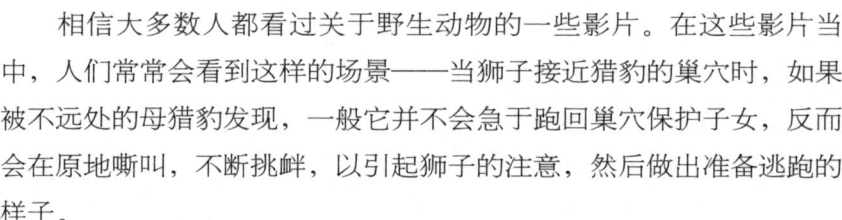

  相信大多数人都看过关于野生动物的一些影片。在这些影片当中，人们常常会看到这样的场景——当狮子接近猎豹的巢穴时，如果被不远处的母猎豹发现，一般它并不会急于跑回巢穴保护子女，反而会在原地嘶叫，不断挑衅，以引起狮子的注意，然后做出准备逃跑的样子。

  这是因为母猎豹深知自己不是狮子的对手，硬拼毫无意义，所以只能以退为进，引开狮子的注意力，从而让自己的子女安全逃脱。

  在动物界也有很多鸟类，当有人类接近它们的巢穴时它们就会从巢穴里掉落到地上，装作折翼受伤的样子，吸引人们靠近捕捉，但是当人们真的走近它们时，它们又会从地上一飞冲天，逃之夭夭。

  其实，这些都是动物界本能的退敌之策——以退为进。

  人类世界也存在同样的现象，因为人们往往都抱有这样的一种心理：越是不被允许的事情就越想要去做；越是得不到的东西就越发觉得珍贵；越是不能被告知的事情就越想要去探究、去了解。所以，FBI的攻心理论认为，人们的交往过程实际上都存在这种心理博弈，所以有时候如果我们能够改变咄咄逼人的态度，而是改用一种欲擒故纵、以退为进的心理策略，便可以放长线钓大鱼，最后往往能够收到出奇制胜的效果。

  下面是中美两国就中国加入WTO问题进行双边谈判时的案例，大家读后或许能受到一定的启发。

当时美国对外界公布了一份我国并没有表示认同的谈判清单，这在美国企业界引起了巨大反响，他们都互相恭喜吆喝，认为这是一个非常完美的谈判结局，美国方面的谈判代表也认为这样一个结果实在是能够引以为傲。

当时的美国总统是克林顿，他对这次中美谈判的协议和过程都没有把握和判断好。他原本以为他所提出的案子不会得到国会的支持，结果当他知道整个美国工商界和国会都很支持这个谈判结果时，顿时感觉后悔，想以这个为筹码来争取获得更多的利益。

于是，在中国代表团准备结束谈判、离开美国之前，克林顿急忙派人给中方代表打电话，希望中国谈判代表团能够多停留几日，就一些具体的细节问题进行商谈，对一些协议进行一点细小修改，然后就可以与中方达成协议。

这时候，中方代表团就显示出了很强硬的态度，在电话里回应美方说，你们美国人想要达成协议的时候就一定要达成协议，你们不想要达成协议的时候我们就要回家？我们怎么可能会一味地任你们美国方面摆布呢？现在中方还有其他事情要处理，去其他国家进行谈判之后要很快赶回北京，时间很紧张，想要谈判还是等我们回到北京以后再说吧。随后，中国谈判代表团就进入了加拿大境内。

结果美方人员也跟着中方代表团一起进入了加拿大，而且在中国结束加拿大谈判之前又一次给中方打了电话，想要确定北京谈判的开始时间，好回去作准备。美方强调时间紧迫，美国代表团进入中国之后，代表团成员还要调整时间差。对此，中国代表团也并没有多加回答，就直接回到了北京。而第二天，美国方面的谈判代表团也紧随其后，来到了北京，准备进行谈判。

在这次中美WTO的入盟谈判博弈当中，中方就巧妙地运用了以退为进、欲擒故纵的策略。其实，当时中方代表也非常渴望能够尽快与美方就入盟细节达成一致意见，但是为了不让美国方面抓住中方的软肋，中方就故意显得毫不在乎，然后使美方代表迫不及待地想要与中方达成一致，从而为中方在谈判中赢得了主动权，让美国人对谈判更加迫切、更加务实。而这则大大加快了中国加入WTO的谈判进程。

FBI就常常利用这种"以退为进"的策略来突破犯罪嫌疑人的心理防线，甚至有时候将这种策略"反其道而行之"，即"门面效应导致顺从"。

美国心理学家查尔迪尼就曾经针对这种效应作了一项试验——他对20名大学生提出了一个要求：让他们花费两年的时间去担任一家少年管教所的义务辅导员，这件工作非常艰难而又花费时间、耽误课程和打工，所以大学生都断然拒绝了。之后，查尔迪尼又提出了另外一个要求，让这些大学生带上少管所的少年去动物园游玩一天。结果，这次有超过50%的人接受了这个要求，表示愿意执行。但是，之前当他没有提出让大学生去做辅导员，而是直接提出带少年游玩的要求时，却只有16.7%的人表示同意。

后来的进一步调查询问中显示，大学生因为拒绝了第一个要求，感觉自己善良、正直、无私的形象受到了损失，为了恢复他们乐于助人的光辉形象，于是他们便乐于接受查尔迪尼所提出的第二个要求。

其实，带领少年去动物园游玩也是一件费时、费力的事情，所以当直接提出这项要求时，绝大多数的大学生都表示不愿意接受，但是当有了第一个条件的铺垫之后，第二个要求就显得没有那么困难了，于是就有超过50%的人接受了第二个要求。

也就是说，如果某人想要提出一个比较大但是又容易被人拒绝的要求时，那么他可以接着提一个更加容易被人接受的要求，这时候，别人接受这个小一点的要求的可能性就比较高。这种现象在心理学当中就被称为"门面效应导致顺从"，也就是所谓的"以退为进"。

这一心理效应在生活当中其实非常常见。比如，你想找朋友借钱的时候，你直接对别人说："老朋友，这几天我手头有点紧，借我100块钱花花吧？"这时候你朋友很可能会说："什么？借钱干什么？我这

第三章
晓之以理，明之以利
——FBI精明的"人情战术"

也正缺钱呢。"可是，如果你当时提出的要求是："老朋友，我最近手头有点紧，你先借我1000块钱吧，等我有了还你，行吗？"这时候你朋友很可能会说："那么多钱？我也没有那么多啊，最多我也只能借给你100块。"这样一来，你原本想要借的100块钱就拿到手了，而且有时候用这一方法甚至能够借到比你想要的还要多的钱。

FBI正是常常利用这种方法和策略去影响犯罪嫌疑人。在他们想要获得某些信息的时候，常常会提出一个让犯罪嫌疑人根本不可能会实现或者达到的要求，然后对其施加压力，等到对方承受不住这种困扰的时候，再开始一点一点对其减少要求，直到对方能够真正做到FBI想要他们做的事情。

所以，FBI认为，在人与人交往的时候，能够学会"以退为进"其实是一种能够扭转不利局面，重新掌握事情主动权的有力方法。也就是说，有策略性地进行后退，实际上是一种更好的进步和前行，能够引诱对方"乘胜追击"，进而落入到自己已经准备好的"圈套"当中。这样的"暂停"甚至是"后退"，很多时候都能够使人得到新的机会，甚至有可能借此发起新一轮占据优势的攻击。

2

先讲道理，再摆利益，大打人情战术

FBI认为，如果你想赢得敌人的好感和信任，以利于合作的话，那么你就必须明白：每个人的心中都有不同的喜好。所以作为FBI探员，就要留心观察并牢记他人在细微事物上的好恶，适时给予一定的利益诱惑，消除对方的心理敌对意识，然后从其口中探求所需要的情报。

著名的联邦调查局特工约翰·道格拉斯退休之后决定重新整修家里的房子。那时候他们家大多数的家具和几乎全部的财产都被存放在车库里，又由于房子里被各种装修设施挤满，所以约翰和他的家人不得不在房子外面的草坪上露宿，而到了最后整修地板的时候，更是不得不搬出住宅区，到附近一家汽车旅馆里暂住。

就在他们一家搬到汽车旅馆的第二天夜里，联邦调查局接到了当地警方的电话，要找约翰·道格拉斯谈话。当警方与约翰联系上时，他们告诉约翰："在执行任务的过程当中，发现了一些你的财产。"约翰非常吃惊，随即赶到警察局。在警察局里，他看到了原本存放在家中车库里的那个木箱子，箱子上贴着联邦调查局的封条，警察应该就是根据那张封条判断这是约翰的财物的。原来，约翰的房子在维修期间遭到偷盗，车库中的许多财产都被盗贼搬出，因为一连几天都没有回家，所以约翰并不知情。

这时候，警察告诉约翰说，由于并不是当场抓获了小偷，所以那几个小偷并不承认东西是他们偷盗来的，只说是有人将东西卖给他们，然后他们想要运送回家。约翰打开木箱子看了一下，里面的东西都还在，唯独少了一把他退休时携带的手枪。看罢，约翰心里一惊，其他东西丢了还好，如果手枪落入别人手中，很可能引发骚乱。于是，约翰决定亲自审问抓到的几个小偷。小偷只是三个十几岁的孩子，约翰根据观察发现，其中一个当首的是年仅19岁的男孩。他先从警察那里详细知道了男孩的资料，了解了其家庭背景。令人吃惊的是，这个男孩并不是个坏孩子，而是品学兼优的好学生，当时刚刚高中毕业已经被保送进公立大学继续深造，而且他的父母都是大学教授。这样一个孩子怎么会做出偷盗行为呢？约翰尝试着审问这个男孩，可是这个男孩一口咬定自己没有偷东西，东西是别人卖给他们的，他们甚至都没有打开过箱子。但是当约翰问到箱子中的手枪时，男孩明显犹豫了一下，于是约翰断定，他知道手枪的下落。

约翰思索了一下，决定换一种方式进行审问。约翰说："就算是

第三章
晓之以理，明之以利
——FBI精明的"人情战术"

购买也是违法行为，而且会给你的人生留下污点，尤其是面临升学这样重要的时刻。如果只是一时糊涂做了错事，现在就将事实经过讲述出来，我可以保证这件事情没有人会知道，甚至连你的父母都不会被告知这件事。你只要告诉我是不是真的没有偷这个箱子，更没有动过箱子里的手枪，好吗？"

男孩动摇了，过了一会儿，他终于对约翰说了实话。说箱子确实是他们偷的，只是看见放在旧车库中好玩，于是搬了出来，打开之后看见了里面的手枪，感觉闯了大祸，就快速逃跑了。约翰问其手枪的下落，男孩说："扔进湖里了。"于是，约翰便让当地警察去湖中打捞，果然找到了手枪。这起案件在约翰的参与之下，没超过半个小时就宣告破案了。

在以上这个案例当中，FBI特工人员约翰就利用了男孩惧怕留下案底的心理，向他讲述了事情的严重性，然后承诺不会让这事件对他的人生造成影响，消除了男孩心里的顾虑，从而很快就使男孩说出了真相。

人际关系大师卡耐基曾经在他的作品《影响力的本质》一书当中写过这样一句话："任何人，不论是国王、面包师傅还是屠夫，都喜欢那些欣赏和关心他们的人。"所以，当你对他人表现出关心，或者给予对方一定的好处表示你的尊重和认同时，这种积极的情感能够感染到他人，使对方很快喜欢和你亲近，消除双方的敌对和隔阂，使事情顺利进行。这在心理学上是一种"情感互惠"原理。在你亲近对方的同时，不但会使对方产生亲近感，同时还存在一种负债感，在这两种情感的作用之下，对方很有可能会为你做出一些原本不想去做的事情。

大名鼎鼎的霍华德·乔治医生在小时候只是一个贫穷的男孩子，为了赚钱上学而挨家挨户地推销小商品。一天傍晚，霍华德感到十分疲劳和饥饿，所以决定向下一户人家讨一口饭吃。开门的是一位年轻美丽的女士，这让霍华德顿时有点不好意思，于是只乞求给他一口水喝。

　　这位女士看到霍华德饥肠辘辘又十分疲劳的样子，于是就拿了一大杯牛奶给他。霍华德喝下牛奶，然后说："谢谢，我该付多少钱？"年轻女士很奇怪地看着他，然后说："这不用付钱。妈妈教导过我们，给予爱心是不求回报的。"霍华德听了，向女子轻轻鞠了一躬，说："那么请接受我的感谢吧。"这件事情给了年幼的霍华德无限的力量，使他感觉到自己可以坚持下去，继续做兼职挣学费。

　　多年之后，这位女士患上了一种罕见的疾病，当地医生对这种病均束手无策，于是将她转到上级医院接受专家会诊。巧合的是当年的霍华德·乔治也参与了这次治疗方案的讨论。当他看到病人的档案时，立刻就起身直奔病房，站在房门外透过玻璃看到了躺在病床上的那位女士，他可以确定，那就是当年帮助了他、改变了他一生命运的恩人。于是霍华德集中精神，全力以赴想要治疗好恩人的病。几经波折之后，该女士的病情得到了控制，病人也基本上可以回归到正常生活了。乔治医生通知医院将病人的医药费票据送到他的办公室，然后他在上面签上了自己的名字。

　　出院之前，这位对霍华德来说身份特殊的病人收到了这张医药费通知单，她其实实在不愿意去看这张通知单，因为这极有可能要花掉她半生的积蓄。但是当她翻开通知单的时候，单子上的签名却引起了她的注意，她轻声地读起来："医药费——一杯牛奶的价格。霍华德·乔治医生。"

　　从FBI的心理学角度分析以上的事例，这就是"情感互惠"的典型事例。每个人都会有将他人给予的恩惠、帮助等在某个特殊时期再回馈给别人的心理，只有这样，才能消减人们心中的某种压力，这种压力正来自于别人给予的施舍或者帮助。也就是说，人们都是通过"情感互惠"来使自己的内心达到某种平衡的。因此这种对他人进行的情感投资就像是存在银行里的钞票，时间越久，最后得到的收益也会越丰厚。

这就提醒我们在日常生活当中经营人际关系的时候，应该注意作好人情投资，这种投资的回报率往往会高于你的预期，可以带你走出困境或者使你获得更加美好的生活。

套话有技巧，让对方主动摊牌

FBI的犯罪心理研究专家表示，很多时候当我们想要对方做一件事情的时候，对方并不愿意去做；或者是当我们想要获得某些信息的时候，对方也很难主动为你提供所需要的情报。这个时候如果继续直来直去、直截了当地询问，也不会再有进一步的结果。这个时候，如果能够换一个角度，从对方的心理定位出发，了解对方所需，然后使用诱导的方式，往往就能够轻易地让对方主动说出你所想要的信息或者去做你想让其去做的事情，以此来间接达到你最初的目的。而这就是所谓的"心理控制术"。

（1）故意讲错话、做错事

故意说出错的话，然后等待对方纠正，这样就能够知道对方的真实想法或者是对方是否知道或者做过某件事情。这种技巧就叫做"以话套话"，也是一种"心理控制术"。比如，FBI在审理案件的时候，如果直接向犯罪嫌疑人说明情况，然后审讯案情细节，老奸巨猾的犯罪分子自然是不会主动承认自己的罪行，而且一旦采取这种直接询问的方式，也很有可能打草惊蛇，不但原本的目的达不到，以后的审讯可能会更加艰难。而如果使用这种故意说错话、做错事的"套话技巧"，在有些时候，会使对方放松精神，然后在不经意间说出重要的信息，而利用这一点，就能够从对方的口中探听到有价值的线索。

　　FBI曾经抓捕过一个连续犯案的强奸杀人犯，但是因为没有直接的证据，而犯罪嫌疑人又矢口否认，所以对案件的审问陷入了僵局。调查人员经过调查发现，这名案犯对数字极为敏感，有轻微的顺序强迫症状。也就是说，这个犯罪嫌疑人难以容忍某些既定的顺序被打乱。

　　于是，FBI决定利用这一点让嫌疑人露出破绽。在审讯的时候调查人员拿出了被犯罪嫌疑人杀害的所有女性死亡时的现场照片，并且按照事件发生的先后顺序将照片固定在展示板上，将其中三张抽出，打乱顺序插入到所有照片当中，而且故意将错乱的顺序标记在明显的位置，让犯罪嫌疑人能够一眼就发现。在审讯过程当中，FBI认真地询问一系列案情的各种细节，故意不去注意立在旁边挂有照片的展示板，而犯罪嫌疑人却回答得心不在焉，否认的借口也时刻在变换，而且不时用眼睛扫过旁边的照片，显得坐立不安。而调查人员则装作对此视而不见，继续例行询问。过了一会儿，犯罪嫌疑人开始呼吸急促，要求喝水和抽烟；又过了一段时间，犯罪嫌疑人终于爆发，猛然从座位上跳起，然后站在展示板旁边，一边调整着照片的顺序，一边狂喊着："你们这些白痴、废物！这个女人应该是死在这个之前的！这个女人是应该放在这里的！这种顺序怎么能够弄乱！"调查人员看到这种状况，微笑着说："哦，是吗？好像真的是排错了，谢谢你调整过来。不过，这里面有些案情是没有对外界公布的，你为什么会这么详细地知道确切时间呢？"顿时，犯罪嫌疑人瘫坐在了椅子上，不得不承认了自己的罪行。

　　这就是典型的用错话、错事来打探事情的真实情况的案例。

　　在平时的学习和工作当中，这种套话技巧也非常实用。比如，你刚刚进入一家新单位，想要知道自己的顶头上司是不是已经结婚了，但是又不好意思直接询问，此时，你便可以这样向你的同事询问："听说咱们主管结婚快三年了，生活应该挺幸福的，你看保养得多好！"

"不对啊，他结婚才刚半年吧？"

"啊，那是我记错了。"

这样一来，你就能达到自己既定的目的了——确定主管已经结婚，而且已经结婚半年。

人们往往都会有纠正别人明显错误来显示自己渊博多识的欲望，而"以话套话"就是建立在这种人类心理特性的基础之上的套话技巧。说出"错误"的话或者做出"错误"的事情，然后让别人主动进行"纠正"，如此一来，对方不自觉地就会透露出你想要了解的重要信息。

其实，这种套话技巧在日常生活当中也可以用来扩大人际交往或者活跃气氛。

比如，公司在开会的时候，老板在上面发表讲话，大家都屏气凝神地静听，会议室里一片安静。讲着讲着，老板开始频繁出错，甚至连常识性的问题都讲错。在座的人当中，终于有胆子大一些的人忍受不住了，然后起身纠正。老板听了之后，笑道：我当然不是什么都是对的，所以才需要别人的提醒和意见。好了，现在开始总算有人开口发言了。于是，原本沉闷死板的会议气氛开始变得活跃起来。

在以上的例子当中，这种故意"说错话"实际上也是一种"示错"的艺术，即讲话的时候在"错"上做文章，以引起对方的注意和反思。这种方式在人际交往过程当中，实际上是一种批评、提点又能够给别人留足面子的绝佳方法。

(2)利用"中场休息"，夺回话语主动权

竞技体育当中的足球、篮球等运动，在比赛过程当中，教练往往会在自己队伍的球员处于弱势或者状况不佳的时候申请暂停比赛。教练之所以这样做是因为一方面这可以重新调整战略布局；另一方面可以中断对手势如破竹的高昂气势，同时也可以给自己的队员以喘息休整的时间，中断刚才的弱势局面，让队员以全新的状态投入到之后的比赛当中，从而达到帮助队员扭转赛场上的不利局面的目的。

FBI认为，在人与人之间的谈话过程当中，也可以利用这样的"中场休息"或者人为制造"暂停"的方式，来帮助自己将谈话内容回归到自己原本的计划轨道上，在谈话处于劣势的时候夺回话语权。这种依靠暂停方式来抢夺话语权的方法，在心理学上被称为"时间拖延法"。即将时间拉长使谈话暂时中止，借谈话的中断来实现对方发言权的中断，然后在下一阶段的谈话当中掌握主动权。

比如，当你与一个人进行对话的时候，对方喋喋不休，完全不会顾及你的心情，更不会停止说话来倾听你的意见。可能对方是在无意之间说话太多，但是在这种情况下，你如果不想办法打断其说话，你的耳朵就将遭受一轮又一轮的话语冲击，而你自己的意愿却要憋在心里不能发泄。此时，你应该主动争夺，抢回说话的权利。比如，你可以将手中的笔、硬币、笔记本等物品故意掉落在地上，同时口中也发出小小惊呼使对方吓一跳，进而让其暂时停止说话。然后等你将东西捡起来之时，趁着对方还未重新开始说话之前，第一个说话，发表自己的观点，从而夺回发言权。

商场上进行商业谈判的时候也可以采用这种方法。想要取得谈话的成功，首先要在气势上压倒对方，如果对方喋喋不休，抢夺了你说话的权利，你的发言权不能充分利用，那么就很难给对方以压力。单纯从两方谈判的能力和结果上来看，一般说话较多的那一方能够获得最终决定权的几率更大，而被动倾听的一方，就只能处于下风。因此，谈判时一定要避免话语权被对方夺走。

如果在谈判时丢掉话语权，就需要刻意制造出一些"意外动作"来暂时中止对方的讲话，将话语权抢夺过来。这时，除了将手边的东西弄落在地上之外，你还可以稍微离开一下，过一会儿再回到谈判现场。这个时候就是你夺回话语权的最佳时机。但需要注意的是，在成功中断谈话之后，再次回到现场时，你要以"对不起，刚才讲到的那件事情，我认为……"来开头，顺利过渡你的话语。这样一来，话语权就回到了你的手中。切记，在运用这一方法再回到谈话现场时，一

第三章
晓之以理，明之以利
——FBI精明的"人情战术"

定得是你先开口，只有这样才能自然、顺利地将说话的权利控制在自己手中。

FBI在长年与犯罪分子的较量当中，总结出了运用"拖延时间"来抢夺问话先机时的注意事项：当你想将对方从滔滔不绝的状态中打断时，一定要人为地制造出一些"意外动作"，这样才不会显得事情的后续发展太过突兀而引起对方心理上的不满，然后自然而然地捡东西或者暂时离开现场，这样就制造出了分配话语权的时间和机会。另外一点要注意的就是，当新一轮对话重新展开的时候，你一定要争取到率先开口说话的机会。

(3)利用"旁敲侧击"的方法，让对方自己泄底

FBI在审讯犯罪嫌疑人的过程当中，大部分的嫌疑人是不会如此听话，让调查人员能够顺利了解到需要知道的珍贵信息的。鉴于这种情况，FBI调查人员就要绞尽脑汁，与犯罪嫌疑人斗智斗勇，套出其话语当中有利用价值的线索。其中，FBI常用的一种方法就是趁犯罪嫌疑人分神的时候在一边进行"旁敲侧击"，从而获取想要知道的信息。

有这样一则案例，夜晚的美国纽约街头常常会有司机喝过酒之后驾驶着车子四处飞驰，而且为了防止自己喝酒后被警察抓住，测出酒精含量，有不少司机开车时都会嚼着口香糖，这使纽约的交警非常头痛。

有一次，一位交警在夜间执勤时拦下了一辆黑色轿车，车子在靠边停车的过程当中，交警很清楚地看到了坐在副驾驶位置的司机的太太给驾车司机嘴里喂进了一个口香糖，当时交警从心里就已经断定，这名司机肯定喝过含有酒精的饮料。

于是在车子停稳之后，交警就敲了敲车窗，让司机把车窗摇下，然后装着很随和的样子，随意地问道："兄弟，跟太太出去吃饭了啊，现在回家？"

司机回答道："是啊。"

交警说："嗯，路上车很多，你可得慢点开，太太坐在副驾驶位置上不太安全，应该让她坐到后面去。"

司机一边回答，一边暗暗想：这个交警怎么回事，不是要给我吹仪器，测试酒精含量吗？

就在司机胡思乱想的时候，交警突然问道："那么，晚上吃得不错吧，意大利菜？墨西哥菜？"

司机回答："法国菜。"

交警接着问："法国菜很好啊，浪漫又有情调，那么配的是什么酒呢？"

司机随口答道："一瓶诗尼格葡萄酒，之后又……啊！"

交警笑了，司机自己已经招认了喝过酒，而且是一瓶葡萄酒。当面对酒精测试仪无法准确测定司机酒精含量的情况时，这位交警还是镇定自若地与司机攀谈，然后利用旁敲侧击、步步深入的方法，顺利地用"嘴巴"测出了司机的酒精含量。

"旁敲侧击"的方法在日常生活当中能够起到明显的套话作用，因为当某个人因为某事而展开强烈的心理防御的时候，就会对你"顾左右而言他"的行为心生疑惑，从而使心理防线产生漏洞。利用这样的漏洞，又突然绕回要讨论的话题或者提出想要了解的问题，对方往往会因为这种巨大的反差而难以作出适应性调整，很容易就会"顺口"讲出事实。显然，这样你就从中套出了所需要的信息。

(4)"激将法"的妙用

FBI的经典案例当中有这样一则：

一桩杀人分尸案件的犯罪嫌疑人已经被抓获，但是由于缺乏决定性的证据，所以不论怎样审讯，犯罪嫌疑人都一口咬定自己是无辜的。FBI调查人员十分焦急，但是又实在无奈，只能重新调查，不放过案件的任何一个细节，又从犯罪嫌疑人身边的朋友、邻居那里询问情况，以加深对嫌疑人心理状况的了解。

后来，在又一次的审讯当中，犯罪嫌疑人还是坚称自己是无辜的，没有杀人，更没有分尸。在这种情况下，FBI的调查人员也焦躁了起来，然后对犯罪嫌疑人说："你就是个懦夫，敢做不敢当。难怪你身边的朋友都说你没有胆量，这次如果真能做出杀人的行为，也算是对你另眼相看了！不过要是真不是你干的……"

FBI调查人员的话还没说完，犯罪嫌疑人的情绪就已经明显激动了，他挥舞着戴着手铐的手臂，然后大声说："没错，是我！他说我没骨气，他们都说我没骨气，你也敢说我没骨气、懦夫！那天我就是想要向他证明我是多么有骨气的一个人，所以我把他杀了，我要让他知道，到底谁才是懦夫！"

这就是FBI在审讯犯罪嫌疑人的过程当中，巧妙运用"激将法"让对方承认罪行、说出真相的实例。

"激将法"能够最大限度地利用他人的自尊心以及逆反心理，然后对其施加"刺激"，引发出对方不服输或者是维护自身尊严的情绪，然后按照被刺激的方式去进行活动。其实，在很多情况下这种"激将法"都能够起到不同寻常的说服效果。所以在日常生活、学习和工作当中，可巧妙地使用"激将法"来刺激对方的自尊心，尤其是当你面对的是极好面子的对手时，"激将法"往往能够收到出人意料的好效果。

但是激将法得需要强有力的口才技巧的支持，所以这并不是每个人都能够熟练运用的技巧，而且在使用的时候更要分清对象，观察周围的环境以及条件，不能无故使用或者滥用，这样很有可能造成相反的结果。同时，在运用"激将法"的时候，要学会把握分寸，掌握火候，不能够操之过急——太急，欲速则不达；也不能够不温不火或者过于迟缓，因为刺激过小，对方就很有可能无动于衷，无法激发出其强烈的自尊心和受尊重的欲望，而这样一来原本的目的也难以达到。

4
FBI的最佳心理战术：
趁虚而入，动之以情

  FBI的心理学家曾经作过这样一个试验——在情人节快来临的时候，找了两对恋人，A、B和C、D。他们基本上具有相似的成长背景和恋爱经历，然后让他们参与送花的心理试验。试验要求第一组的男孩A在情人节前的每个周末都要给自己的女朋友B送上一枝玫瑰花，而第二组的男孩C则被要求只在情人节那天的时候为自己心爱的女友D送上一枝鲜艳的红玫瑰，然后观察组就观察B和D在接受了情人节玫瑰花的时候会有何种反应。

  最后的结果发现，因为两组试验的男孩在送花的频率和时间上有所不同，所以两个女孩儿有着完全不同的反应：在情人节的当天，女孩B和D同样都收到了男友送的红玫瑰，B因为平常也接受玫瑰花，所以显得比较平静，没有什么不满意的神情，但还是忍不住对男友A抱怨了一句："你看看别的女孩收到的玫瑰多鲜艳！"A听了心里异常不舒服。而D在收到玫瑰花之后，几乎欣喜若狂地抱着男友C大喊："啊！多漂亮的花啊！我真是太幸福了！谢谢你，亲爱的。"

  为了进一步对这种心理现象作出解释，实验人员又进行了另外一组实验：让一个参加实验者蒙上双眼站在原地，然后在他举着的右手上放一个300克的砝码，在左手上放一个305克的砝码。这时候，参加实验者并没有感受到两只手上的砝码重量出现差别，但是当左手上的砝码被加到306克的时候，重量的差别就能够被感觉出来；然后将右手上的砝码换成600克的，那么实验者左手上的砝码要被加到612克的时候，才能感觉出来两手重量上的差异。这个实验表明，原来的砝码

第三章
晓之以理，明之以利
——FBI精明的"人情战术"

重量越重，后来就必须加上更大的重量才能够感觉出来二者的差别，否则的话两只手就会呈现出"麻木"的状态而感受不到重量上的差异。

著名心理学家韦伯通过进一步的实验研究发现：能够被两个同类感觉所区分出来的最小强度差别与感觉的总强度之间有恒定的关系，这就是心理学上的差别感受性。这个意思是说，当人们受到了很强烈的刺激之后，再被施加其他的刺激或者类似强度的刺激时，人们也很难再出现意外的反应。也就是说，第一次受到的强大刺激能够冲淡之后所受到的小刺激，使人的内心变得麻木。

其实在人们的日常生活当中，这种心理差别感受性随处可见。比如当男人看到别人家的妻子在人前是如何贤惠时总是会说："老婆还是别人家的好。"但是却一直对自己妻子的深厚爱意视而不见；女人也存在这种问题，通常总是抱怨男人对待自己不如以前耐心、疼爱，但是却看不到他们为了支撑家庭而付出的种种辛劳；在商场挂出"吐血打折"、"赔本甩卖"等标语的时候欢呼雀跃并疯狂地购买物品，却对商家让利背后阴险的营销手段视而不见；在报纸涨了5毛钱之后大惊小怪地抱怨："怎么会涨价这么多？"却能够接受每平方米的房价上涨几千元甚至上万元；有些大学生在毕业之后踏上工作岗位，兢兢业业、任劳任怨，但是经过了一段时间之后就开始自由散漫，人们认为这些人变得虚伪、世故，而对于那些一开始对工作不够认真对待，后来慢慢变得圆滑的大学生，人们却认为他们参加工作之后取得了成绩，有所进步和成熟……这些都是差别感受性对人们心理产生作用而造成的印象。

就上文中FBI做过的心理实验来说，两组当中送花的男孩A和E都是刺激的给予者，当施加刺激的时候不一定就是刺激性越强越能够起到让人印象深刻的效果，而是应该把握刺激实施的时机和频率。从这一点上来看，与其在平时就保持送花的习惯，不如在关键时刻，如情人节、生日等特殊日子里送上一束玫瑰，可以起到对感情锦上添花，甚至是雪中送炭的效果，因为越是美好的事物，在特定、合适的时间里赠与他人，越能够获得良好的效果。

而两组当中的B和D都是刺激行为的接受者，对于恋爱中的女孩子来说，应该时刻抱有感恩的心，因为有人爱、有人珍惜是非常难得而浪漫的事，应该好好把握这种甜蜜而不是在失去之后才想要挽回和珍惜。就如同你买了一双漂亮的新鞋子，如果合脚，你可能会忘记了它的存在，但是一旦不合适了，行走时可能会将脚磨出血泡或者跘子，这才感到鞋子的别扭。

第一次世界大战结束之后，德国皇帝威廉成为众矢之的，人民心目中十恶不赦的大恶人，大多数人都对他恨之入骨，甚至德国人民提议要将他抓出来，在公众面前活活烧死以抵消他的罪恶。为了保全自己，威廉皇帝不得不离开自己的国家逃亡到荷兰避难。就在这个时候，有一个小男孩给威廉皇帝写了一封信，表达了自己对威廉皇帝的喜爱和尊敬，并希望威廉能够勇敢起来，继续做皇帝。小男孩说："你是我心中永远的英雄，我只想你一个人做皇帝。"威廉皇帝看过这封信之后被深深地打动了，想方设法地找到了这个小男孩，并与他的母亲见了面，而且之后，他还与男孩的母亲结了婚，成为了孩子的"皇帝父亲"。

其实，威廉皇帝之所以会被一封简单、童稚的信所打动也是差别感受性心理的作用。当一个人处于难时刻，心灵最脆弱的时候，最需要他人的理解和支持。这个时候如果能够有一个人站出来给予帮助，哪怕只是一句支持的话语，都无异于雪中送炭一般的莫大恩惠。

FBI在处理毒品、帮会案件时常常会遇到这样的情况，犯罪嫌疑人常常因为害怕家人受到牵连而宁死不会说出毒品贩卖的源头、帮会的内幕等等内容。这时候调查人员往往不会硬逼其就范，而是调查其家庭背景，在清楚其家庭成员的情况下，对其进行劝诱。比如只要肯合作就会派人保护其家人的安全，甚至可以为其家人安排新的生活环境等等。其实重大案件的犯罪嫌疑人本身并不怕死，最害怕的是家人因为自己而受到牵连，这时候调查人员就会抓住这一弱点加以利用，让嫌疑人解除后顾之忧，而这无异于给了对方莫大的理解和帮扶。在放下心理负担之后，嫌疑人往往就会供出FBI调查人员所需要的宝贵线索。

所以我们在日常与他人的交往过程当中，能够主动帮扶处于危难中的人，无异于雪中送炭，比其他任何时候都能够带给他人更多的感动，有利于树立自己善良、单纯的美好形象，建立良好的人际关系。

5 给对方留有余地，设法引诱对方向自己靠拢

FBI调查人员在对犯罪嫌疑人进行审问的时候，常常会遭受到嫌疑人侮辱性语言的攻击。这种带有侮辱性的语言会贬低人们的尊严，使人们的心灵受到伤害，甚至引起人们的怒气而引发武力冲突。如果FBI的调查人员不能够忍受这种侮辱性的语言，就很有可能使情况陷入到反唇相讥的无限循环当中而一发不可收拾，这样对案情的进展自然没有一丝帮助；但是如果FBI的调查人员不进行适当反击，就会增长犯罪嫌疑人的气势，也不利于调查的顺利进行。所以，在这种情况下，调查人员通常不会与犯罪嫌疑人撕破脸皮，而是选择留有余地地对其进行软性反击，以维护自己的尊严，打击嫌疑人的嚣张气焰。

在此方面，FBI的调查人员会采用如下的方法：

（1）不回避，顺着对方说下去

FBI认为，当别人对你进行语言攻击的时候，你大可不必动怒，可以顺着他的意思说下去，一直到让对方觉得词穷、无话可说。例如，对于使用侮辱性语言的人，你可以直截了当地反问道："你想不

想试试,如果这种话是别人对你说的,你会是什么感受?"或者你可以直接要求对方进行解释:"不用说得这么麻烦,你说这话到底什么意思,说明白多好。"或者是:"你刚才说什么?是不是我听错了?"这样让对方感受到你直接的反击,感觉到你已经看穿了他的动机。通常,这样一来,他就会觉得无趣,不会再对你进行骚扰。可以说,这算是一种巧妙的反击方式。

(2)放平心态,避免负面情绪

当人们听到带有侮辱性的语言时,通常都会异常气愤,但是仔细想一想,一句话而已,根本没有什么实际的意义,尤其是当自己正处于上风或者控制者的地位的时候,听到这种话只把其当做是别人忌妒心作祟即可,完全不需要放在心上。此时,你可以平心静气地给对方一个微笑,因为这种微笑在对方看来常常具有威胁性的作用:第一,你很无聊,但是我没有多余的时间去跟随你这种无聊,所以我选择无视。第二,你到底知不知道自己在说什么?如果知道,下次不能够再说;如果不知道,我早晚会让你知道。这种看似平静的反应反而会给侮辱者带来很大的心理压力,因为他(她)不知道你下一步的行动而会有所顾忌,说话自然会有所收敛。

(3)妙语连珠,迂回反击

心理学上认为,直接侮辱他人的话语都带有一个共同的特点:说话的人都是处于冲动状态。因为说话时可能欠考虑,才会说出使对方难堪或者受到侮辱的话。这时候如果双方都失去理性,就会引发一场争吵,甚至是打斗。当人们面对这种情况时最好的策略就是保持冷静,然后借助理性进行巧妙反击。

一位军官在训练新兵的时候,突然有一位新兵感到内急,很想去洗手间。但是军官正在训话,于是这位新兵插嘴道:"不好意思,长官,打断一下,我出去一下,一会儿就回来。"谁知这句话让军官火冒三丈,他感觉到自己没有受到尊重,于是脱口而出:"你的父母到底是什么，教育出你这么个东西？"这句话不但辱骂了新兵，其中还牵扯到了他的父母。这本来是极其令人气愤的一件事，但是新兵并没有发怒，他知道长官与自己的父母并不认识，更无冤无仇，所以并没有真正要侮辱他的父母的意思，只是怒急之下说话欠考虑。其实，长官发火的真正原因是新兵毫无礼貌地打断了他的讲话。

这时候，新兵似乎是有些傻乎乎地对军官反问道："长官，不好意思，我是由祖父祖母带大的。但是您的父母怎么教育您的呢？您说出来，让我好好学习一下吧。"

在现实社会里，每个人都离不开与人说话、沟通。但是，在一些特定的场合能够做到会说话、说好话，能够凭借说话而得到好处的人却并不多见。要知道在很多时候，人们想要获得成功，或者维护自己的利益和尊严的时候，能够运用好语言这一有力武器是相当重要的。只有注意把握说话时的分寸，才能不断提高话语运用能力，才能更轻易地与人接近，获得他人的认可，进而达到自己的目的。换句话说，一个人想要在社会上占据一定的地位，取得事业上的成功，说话之道能够给予其相当大的帮助。

人与人之间不能缺少联系和交流，而语言就是加强人们之间关系的纽带，可以直接决定人际关系的好坏。更为重要的是，一个人的说话技巧能够影响其一生的事业发展和人生价值，甚至能够影响一个人一生的幸福。能够拥有卓越的口才和良好的说话技巧，还能为自身增添不少魅力。如果说一个人的外表能够吸引他人的注意力的话，那么良好的口才就能够让这种注意力维持得更加长久，不被人忽视。大多数杰出的人士都具有良好的口才，或许这也正是他们能够取得卓越成就的一个因素。

要记住，如果你想让自己所说的话被他人认可和记住，那么在说话时就一定要注意融入友善、温和的态度，让别人感受到你的善意，这样就更容易让谈话氛围变得融洽，事情也会更容易得到解决。在通常情况下，只要谈话双方都能够保持良好的礼貌、恰当的用词，那么不论处在怎样的情况下，双方都比较容易沟通和相互理解。要知道，在有了深刻的思想交流之后，双方就很容易在某一事项上达成共识，进而能够做到双方互惠互利，获得皆大欢喜的结果。反之，如果人们一遇到问题就用争吵、咆哮来解决，那么往往会使得事情向无法收拾的地步发展下去。

FBI在长期实践研究当中发现，在社会交往当中，所有人都渴望获得别人的尊重和重视，这是人类心理上的正常需要。尤其是身处领导地位的人，更加看重他人明确的支持和尊重。所以如果是在领导身边做事，就应该时刻意识到领导的尊严不容侵犯。就算是领导犯错误时，也不能当面驳斥，而是应该给其台阶，然后在私下里婉言提醒，为领导保存颜面。能够做到这一点的人往往能够成为领导的"贴心人"，获得领导的好评，能够更有效地提升自身地位和价值。所以，FBI告诉人们，在日常生活和工作当中要学会利用语言——这不但是人们维护自己利益、保护权益的有力武器，更是人们在社会上立足应该具备的基本生存技能。

FBI培训课程当中有这样一则关于语言运用的案例：

美国一家大型超市的董事长正在召开会议，讨论关于公司商标的问题。其实在开会之前，这位董事长心里已经有了一个商标的样子，但是为了要让大家感觉到民主，所以在会上他向各位主管询问："各位，今天大家开会是为了讨论公司LOGO的更换问题，广泛征求大家的意见。现在我这里已经有了一个LOGO的样子，觉得还不错，大家的意见是怎么样的呢？现在开始讨论。"董事长接连问了几位部门主管，大家都认为董事长选择的商标很不错，可以直接采用。但是最后一名叫做斯特朗的代替出差的主管来参加会议的出口部的女副主管，心里却有不同的意见。她认为董事长选择的这个商标图案相当没有水准，毫无美感。于是，她决定坚决维护自己的观点，不使用这一商标。但是她却没有将真正的理由说出来，而是用了一个绝妙的借口。

她说："董事长，各位主管，我也认为这个商标非常不错，图形漂亮，颜色亮丽。考虑到这幅图画的整体外观，虽然与我们公司的企业文化相符，但是似乎与现在整个国际趋势和大环境有所出入，甚至显得有些格格不入。如果我们真的使用这个图案作为我们公司的商标的话，恐怕对我们订单的增多不会有多大帮助，甚至还有可能出现退货、换货的请求。试想，国际上怎么能够容忍与时下流行大不相同的文化现象在市场上出现呢？各国对企业文化的要求越来越高，国际市场的文化品位也越来越高，如果我们公司使用这个不能反映整体国际趋势的、不能提高公司形象的商标，恐怕对我们占领全球市场的计划不会有太大的帮助。"

听了这位副主管的意见，董事长仔细思考了一下，感觉她的观点的确正确，于是他便采纳了她的建议，另外更换了公司商标。半年之后，这位副主管被晋升为出口部的主管。这不单是因为她能够坚持自己的意见，向上司提出了适当的建议，更是因为她能够以上司可以接受的方式提出自己的见解，并让上司接受了她的意见。

FBI认为，在社会生活当中，人们要学会灵活地使用语言技巧，这样既能够做到坚持自己的原则，维护自身利益，又能够给对方留有余地，让对方接受自己的观点，不会从心理上产生排斥感。要知道，用委婉的方式给对方留有余地地去解释，比直接拒绝的效果要更加明显，更能够使事情向着自己既定的方向顺利发展。

6 灵活设置悬念，FBI使对方洗耳恭听

心理学上的研究表明，当人们听到不可思议或者令人意想不到的话时，人们就会因为心生怀疑而惶恐不安，必定会因为惧怕而抑制不住内心想要一探究竟的好奇感。FBI的特工人员就熟知人类的这一心理特点，在与对手进行心理攻防战的时候，能够灵活利用对方的好奇，使其仔细聆听问话，然后调查人员就能从其对话的细微线索当中，找到案件的突破口，将犯罪嫌疑绳之以法。

在此方面，FBI会采用如下方法：

(1)不按常理出牌，让对方产生恐惧心理

2003年，美军在伊拉克遭遇到了震惊世界的"毛驴托运火箭袭击巴格达"事件。11月21日清晨，位于巴格达市中心的两家高级饭店以及伊拉克石油大楼因为遭到了火箭弹的袭击而造成了严重的人员伤亡，饭店和石油大楼的整体建筑外观遭到了不同程度的损毁。那时，世界各国的战地记者和美国的工作人员都居住在这两家饭店内，所以警备措施应该是相当完备的，但是为什么袭击人员能够成功发射火箭弹呢？

这起案例令人惊奇之处其实就在于其突破了常人的思维，令人完全料想不到其作案手法——借助毛驴托运火箭弹。

后来负责调查这起案件的美国FBI特工人员在所呈交的报告上称，袭击者将火箭发射装置安放在了一辆毫不起眼的农用毛驴车上，悄悄运送到巴勒斯坦饭店、喜来登大饭店以及伊拉克石油大楼的附近，然后恐怖分子向袭击目标连续发射了多枚火箭弹之后就将毛驴车

丢弃在现场，迅速撤离。

之后FBI、美军士兵和伊拉克警察展开了联合搜查行动，在巴勒斯坦大饭店附近的萨阿敦大街上又发现了两辆毛驴车，两辆车上都分别装着一个能够连续发射30枚火箭弹的发射装置。随后，在伊拉克石油大楼附近也发现了一辆农用毛驴车，发射器被袭击者隐藏在车上装载的农作物下面，得以躲过了安全检查，来到了市中心附近向预定的目标——外国人聚集的巴勒斯坦饭店和喜来登大饭店，以及代表国家经济命脉的石油总部发射了火箭弹，并造成了巨大损失。

在袭击发生之后，美军指挥官拉德·海上校说，这种利用毛驴车作为运输工具来发射火箭弹的游击战术在伊拉克境内是首次出现，所以使美军放松了警惕，才造成了如此出人意料的结局。因为大多数人都不会将火箭弹发射装置与毛驴车这种老旧、缓慢的农用车联系在一起，更不用说是将其当做火箭弹发射的平台了。

从心理学的角度分析以上的案例，即如果人的行为举止全部都按照预想的方式进行，那么人们可以保持平静的心态来对待，也更容易从常见的行为当中找出破绽；但是一旦对方的行动超出了预想的范围或者人们已经习惯的方式，那么立即就会心慌意乱，失去原本应该有的清晰意志和理性，甚至会被迫放弃原来的计划。以下还有一个案例更加能够清晰地说明这一道理。

杰克·威拉德是FBI的新特工人员，还在接受培训，处于实习阶段，但是凭借着超强的学习能力和适应性，他已经基本上能够跟上FBI那快速和高压力的工作模式，并且能够熟练运用学到的工作技巧。

一个周末的晚上，杰克聚会结束之后走在回家的路上，当经过两栋高楼之间的狭窄过道时，突然从一个阴暗的角落里跳出了个蒙面大个儿，手里拿着手枪对准了杰克。杰克的第一反应是掏枪自卫，但是由于是参加周末派对，所以身上根本没有携带武器。在这千钧一发的时刻，杰克并没有大声呼救，更没有向歹徒求饶，而是突然之间镇定地对蒙面歹徒说："先生，你拿枪的方式不对，第一次抢劫吗？你这样能打中我吗？你瞄准的根本不是我的心脏，应该是瞄准这边。"他一边用手拍打自己的胸膛，一边说，"你应该瞄准这里，来，开枪啊，看你能不能打中。"蒙面歹徒万万没有想到杰克会是这种反应，一时之下被其所说的话惊得忘记了行动，然后杰克又突然之间惊呼："上帝！你这个笨蛋，你竟然没有拉开保险栓！"歹徒一听，立刻掉转枪头进行检查，就趁着歹徒分神，枪头没有指向自己的片刻时间，杰克伸腿将其绊倒，然后飞身过去将歹徒拿着枪的手摁在头顶，用膝盖抵住歹徒的脖子，将其制服。

（2）人为地制造"珍贵信息"

还有一种出乎人们意料、使用悬念的方法，这与以上所讲的利用人们的心理空白产生恐惧和疑虑，然后停止既定计划截然不同，甚至是完全相反的方式。那就是人为地制造一些"珍贵信息"，提升信息所含的价值量，利用人们的好奇心，使之产生心理追求的欲望，然后诱导人们兴致勃勃地去猜测、去探求、去倾听，甚至是到了欲罢不能，一定要弄个水落石出的地步。

许多人都有这样的体会，尤其是在学校教书的老师。在课堂上，老师面对学生叽叽喳喳的吵闹声会怒气横生，然后大声说："不许再随便讲话了！"之后教室会在瞬间就安静下来，但是没过多长时间，稀稀拉拉的讨论声又在教室各处响起。这种状况常常令老师头痛不已。这时候，如果老师使用这样一种方法——强调课堂内容的重要程度，就会收到很好的效果。例如，老师可以这样对在教室里随便聊天的学生说："这道题目很重要，可能在下次的模拟考试中会考到，而且有简单的解题方法。但是这个方法我只想讲一次，听不清楚的同学就等着下次考试不及格吧。"当学生听完老师讲的这句话后，立刻就会安静下来，而且这种安静必定能够持续到老师将课程讲完。

FBI认为，有些信息总是比其他信息更加珍贵，对某一群体的人来说更加有利用价值，于是这类群体的人就会对这些信息表现出相当高的关注度。因为在他们看来，这些信息是弥足珍贵的，失去之后就难以再获得，所以必然会认真聆听。如果运用这种方式对相应群体的人做开场白，那么就很容易抓住听者的注意力，并且这种注意力可以保持很长时间。

而从犯罪心理学的角度出发，当FBI对某个嫌疑犯进行审讯的时候，嫌疑犯处于对自身利益的维护状态，必然会对调查人员抱有敌对态度和抵触情绪，所以常常会对FBI提出的问题置之不理或者答非所问。当嫌疑犯被问到与他们有关的问题时，他们的自我保护意识就会显得更加明显，声音明显压低，说出的话模糊不清或者闪烁其词。而实际上，这些正是FBI想要弄清楚，并且从中找出线索的话。FBI调查人员很清楚想要从犯罪嫌疑人口中套出这些珍贵的信息实属不易，所以不但要经过长时间的调查取证，更要设法调查嫌疑人的背景，了解其喜好，然后放出相应的信息，勾起其浓厚的兴趣，让其难以抗拒诱惑，从而在不知不觉当中落入FBI设下的陷阱，与FBI展开沟通交流。正所谓"说得多，错得多"。只要犯罪嫌疑人肯说，就算说出的事情毫无条理、与案情没有关系，但是通过这些宝贵的细节，FBI就最终能够找出嫌疑人的犯罪证据，并向其展示出来，使犯罪嫌疑人不得不承认犯罪的事实，交代犯罪的经过。

(3)预先"通知"，使对方集中精神

FBI的犯罪心理研究专家指出，人与人在相处的过程中，对一件事情的注意力通常并不会保持太长时间，如果时间过长，超出了忍耐范围，人们就会失去兴趣和耐性，下次遇到类似的事情就会选择躲避。所以，人们应该记住，在沟通的时候要注意把握时间，如果避重就轻地一味啰唆，事情并不会达到理想的效果，反而会使倾听者出现抵触、烦躁、思想放空等注意力不集中的情况。在这种情况下，你所说的话已经不被他人所注意，更不用说得到他人的认可了。

这种情况其实是可以避免的，这就需要运用到FBI在审讯犯罪嫌疑人时的常用技巧——预先通知。我们在看电视的时候，常常会看到电视节目预告。例如在17:30分播出《动物世界》，19:00播出《新闻联播》等，当你看到这些预告的时候，如果发现其中有自己感兴趣的节目，就会选择固定在某一频道等待或者在节目播出的时间段换到那一频道，而如果没有这些预告的话，人们很有可能就会毫无目的地乱看或者干脆关掉电视机。而这就是"预先通知"技巧在日常生活当中的简单运用。

FBI认为，这种预先通知的技巧在日常生活和工作当中非常常见，而且运用这种技巧可以轻易抓住听众的心，引起其兴趣，使其能够较长时间地集中注意力。尤其是在招商引资活动中，预先通知通常能够达到很好的商业效果。一般情况下，商人都是以能够获得最大利益为目的，所以能够吸引他们注意的往往是投资风险和回报率的问题。在进行招商引资的活动时，投资商往往不喜欢将大量时间浪费在听合作对象的长篇大论上，他们其实不想知道你的计划有多宏伟，你的目标有多远大，你的这个项目将来会有多大发展，他们想要了解的重点其实只是能够获得多少利润。如果招商时，投资商总是抱怨"什么时候能够讲完？你们能不能尽快作出决定"等，你就应该注意要变换谈话的方式，否则就很有可能失去这次获得资金的机会。例如，当你与投资人进行商谈的时候，可以预先将谈话的内容作一个大体概括："在与您进行商谈之前，我想为您介绍下这次谈话的大体内容。我将用五分钟的时间向您介绍一下这个项目目前的发展状况和未来的投资前景；然后用十分钟的时间为您介绍这个项目的风险率和投资回报率；如果您有兴趣，那么最后我还会用十几分钟的时间跟您详细报告一下这个投资项目当中的主要事项和注意问题。"这种方式一般不会令投资者产生厌烦情绪，可以使其很耐心地听完项目介绍。因为预先通知已经让他内心对项目产生了期待。除此之外，预先通知还有另外的效果，比如可以让对方感觉受到了尊重。当你能够预先对谈话内容作出概括，告知给对方之后，不仅能够使对方感受到你的诚意和尊重，还可以拉近彼此间的距离，有利于开展更深层次的谈话。

第四章

故弄玄虚，深不可测——
FBI虚张声势的心理战术

FBI认为，攻心术的目的不仅是为了让自己在处理问题和与人相处的时候占据有利地位，更是为了要瓦解对手的心理防线，解读一个人的内心变化过程，然后加以运用和控制对方的思维方向，以达到掌控大局的目的。

虚张声势的心理技巧，可以让对手摸不清你的底细，进而因为怀疑而产生动摇，借由对手动摇之后的心理缝隙，就能够很好地将自己的观点、意见灌输到对方的思想当中，从而对其思想进行有效控制，获得自己需要的信息、情报，最后获得想要达成的结果。下面，我们就介绍一些FBI在审讯中常用的虚张声势的心理技巧，希望这些技巧能够对我们日常的学习、工作和人际交往有所帮助。

1 表现出自己的"强势",给对方施加心理压力

FBI提醒人们,人类都具有躲避危险的心理本能,而这种本能发展到心理学上,即自觉躲避压力的行为。也就是说,当两个人进行心理博弈的时候,双方都处于比较平和的对抗状态,而这种状态可能会持续很长时间。但是如果其中一方突然发难,强势进攻,另外一方则很有可能会因为突如其来的改变而自乱阵脚,最终因为承受不了这种心理压力而败下阵去。这就是利用了人类的"趋利避害"的心理。要知道,人心就像是韧性极大的弹簧,越压就会越缩,但当压到一定程度,超过了弹簧所能承受的极限的时候,"强势压力"的效果就会非常明显地表现出来。

在此方面,FBI会采用如下的方法:

(1)步步紧逼,连续发问

FBI多年的实践经验告诉人们,步步紧逼式的连续发问方法在审理案件当中往往能够起到良好的效果。当调查人员在审讯犯罪嫌疑人的时候,往往会提出许多让嫌疑人猝不及防的问题,一旦嫌疑人表露出迟疑或者犹豫,调查人员就会揪住这点不放,直到将事情问个水落石出。

FBI调查人员曾经处理过一起杀人案件。犯罪嫌疑人已经被捕,但是由于找不到案件的关键——杀人工具,而使得审讯进入到僵持阶段。嫌疑人坚持声称自己没有杀人,而众多的辅助性证据都将矛头指

向了这名嫌疑人。最后，FBI调查人员决定采用连续发问的形式来对犯罪嫌疑人进行审讯。

审讯由两名调查人员进行，一名不停发问，而另外一名则注意观察犯罪嫌疑人的面部表情和情绪变化。

"你认识死者吗？"

"是你做的吧？"

"你使用的武器是枪吗？"

"你使用的武器是铁棒吗？"

"你使用的武器是剪刀吗？"

"你使用的武器是西瓜刀吗？"

"你使用的武器是扳手吗？"

……

调查人员注意到，当问到武器是不是扳手的时候，犯罪嫌疑人的回答速度比其他问题要慢，虽然不明显，但是却已经被调查人员捕捉到了这一变化。而死者的死因正是硬物打击头部，所以调查的重点就放在了扳手上。最后在犯罪嫌疑人房间的地下贮藏室里，调查人员找到了作案用的扳手。虽然扳手已经被清洗干净，但是经过检测还是发现了上面残留的血液成分。

在社会生活当中，每个人的性格特点都存在一定的差异，有些人乖巧活泼、开朗外向，在朋友当中极容易受到欢迎。这些人善于与人交往，重视友谊和亲情，在与别人的交往活动当中往往能够充当调节气氛的角色。他们靠着聪明的大脑想出各式各样有趣的主意，然后让聚会或者活动变得活跃和欢乐，让参与活动的每个人都非常开心。相反，有些人表面上看起来沉默寡言，实际上内心世界的活动却异常活跃。这类人心智成熟，意志坚强，不论身处怎样恶劣的环境当中，都能够以乐观开朗的态度去面对。表面看似乎非常脆弱，实际上内心却坚定强大，拥有顽强的生存能力和适应能力，懂得默默无闻地努力工作和埋头奋斗，从不咄咄逼人，但是只要有了想要达成的目标就会坚定前进，毫不畏惧艰难和阻碍。

　　另外一类人，他们常常都以自我为中心，生性自由，不喜欢束缚，但是对他人又多有挑剔。这种人本身不具备做领导者的潜质，但是又心有不甘，常常会利欲熏心，见利忘义，做出有悖于道德的行为。这类人一般处世比较圆滑，所以人缘还算不错，而且通常都具有非常敏锐的直觉，只要察觉到危险的存在，就会立刻行动，远离危险的处所。还有一类人，却喜欢冒点小风险，然后从中体味到刺激和快感。这样的人在职场上有一种显而易见的毛病，那就是说别人的坏话。他们往往会自我感觉与哪个同事关系比较好，于是就跟这个同事说其他同事的坏话，而殊不知"隔墙有耳"，"世上没有不透风的墙"，这些话一旦被传到同事的耳朵里，对于同事之间的和谐相处就会带来很大的阴影。所以，这类人需要克服的最大问题就是管好自己的嘴，少评论他人的是与非。如果感觉把话憋在肚子里很难受，那么可以将这些牢骚带回家去说，虽然这样自己的家人可能会因此而饱受话语袭击的折磨，但是这样既可以发泄心中的不满，又不会因为影响与同事的相处而断送自己的职场生涯。也有这样的一类人，他们在做事情之前喜欢列出详细的计划和行动程序，具有明确的目标定位，打点好事情的细节，尽量做到未雨绸缪。他们的最大特点就是抓住一切机会积累财富，年轻时就已经计划好了自己中年时、老年时的生活，为了以后能够幸福、安逸而努力奋斗。这种人一方面有超强的自制能力，能够及时掐断萌生出的各种欲望，而另一方面又极度缺乏安全感，事情只要有一点超出了其预料的范围，他就会感到彷徨无助，对未来产生不确定感。

　　FBI认为，具有以上这些性格特点的人都属于喜欢提出问题的人，一旦让这些类型的犯罪嫌疑人掌握了话语的主动权，他们就会开始喋喋不休地说话或者提问，这在FBI看来是非常麻烦的情况，被嫌疑人牵着鼻子走是审讯当中最忌讳出现的情况。所以，为了对付这些人，防止他们掌握说话的主动权，FBI常常会在他们毫无防备的情况之下对他们采取"连续发问"的手段，率先获得话语权，然后对犯罪嫌疑人施加压力。

以强势的姿态连续提出问题，与蜜蜂在飞行时翅膀抖动发出高频率的声响有着许多相似之处，都能够趁着对方毫无防备或者神游外空的时候乘虚而入，以聒噪连续的声音击破对手的心理防线，从而在对话当中占据优势地位。在对方完全没有心理准备的情况下，突如其来的问题往往会使其显得呆滞迟缓和语无伦次。如果他们表现出明显的慌乱，这就说明他们已经"中计"，快要彻底放弃抵抗了。

FBI在实际审讯的过程当中，常常遇到这样的情况：调查人员在向一个犯罪嫌疑人提出问题时，最开始嫌疑人大多对答如流。这个时候，FBI调查人员就会继续向对方发问，而且问题天南地北，甚至可能与案情毫不相关，而在适当的时机出现时他们就会在其中插入重点想要获得答案的问题，然后一直问到对方哑口无言、焦急慌乱为止。当发问继续下去，犯罪嫌疑人会越来越焦躁和不耐烦，最终，对方会在这种连续不断的强势压力之下，受不住内心的煎熬而选择低头认罪，然后如实回答问题。

美国的多位心理研究专家通过大量实验也证明了这种心理现象：对一个立场坚定的人使用连续快速高强度提问模式对于驳倒一个人是一种相当有效的方法。这种方法的典型运用在律师的身上尤为突出。很多律师在进行法庭辩论的时候，由于手中没有掌握足够的证据，这个时候，他们就会向对方提出一连串的问题，甚至是在对方稍加犹豫或者没有回答完问题的时候，就又开始进行连续提问。显然，他们这样做的目的就是让其在说话的过程当中露出破绽，然后从中寻找到有价值的信息。而让对方张口讲话，并且说出自己想要听的话，这正是律师的工作所要得到的结果。

FBI的众多审讯经验告诉人们：在谈话或者审问陷入僵局的时候，可以连续提出问题以打乱对方的思考，使对方产生不耐烦情绪，从而丧失继续周旋下去的信心。而在日常生活的人际交往和商务谈判当中，这种方法的运用也颇具成效。例如，在谈判的过程当中，对手是经验丰富的谈判能手，这个时候不妨试试用"连续发问"的方法来打破僵局。然后寻找出对方的破绽，以其作为突破口，控制谈判局势，使事情向着对自己有利的方向发展。

(2) 从气势上压倒对手

FBI认为，想要让别人能够认真听你谈话的内容，就要想方设法地让听者产生兴趣，而说话时候的气势实际上对于感染听者和带动情绪能够起到非常重要的作用。讲话时抑扬顿挫的语调和铿锵有力的声音，这些不仅仅能够增加说话者的信心，增强气势，还能够长时间地吸引听者的注意力。

每个人由于性格脾气以及声音条件的限制，在说话时表现出来的气势会有很大差异，而根据声音的不同，可以判断出人们的情绪的不同和气势上的差别。

①说话时语调低沉的人

对于这种人，大多数人都不会产生好感。因为从声音上听，就会判断出这种人性格阴险、难以把握和捉摸其思想，所以这种人会令人感到恐惧。

一般情况下，这种性格阴郁的人都会独自行动，完全按照自己的判断做事，不愿意与其他人进行过多的合作和交流。这是因为这类人本性具有多疑的特点，所以才对任何人都保持高度的戒备心，而且具有强烈到甚至令人难以理解的占有欲，对他人和自己的要求都非常高。他们不会完全信任别人，总是会抱有某种程度上的怀疑，同时也绝对不会原谅毁约的行为，对于曾经受到过的危害会长久记忆，可怕的是这种人热衷于报复行为。

实际上这种人天生都具有聪慧的大脑，有着超强的记忆能力，比其他人接受新事物的速度更快，而且观察更加细微和仔细。由于具有过人的才华，所以愿意与有能力、有权势的人结交和来往，而对于地位卑微的人则不屑一顾。

当你与这类人交往的时候，则要懂得适当示弱，不要引起对方的怀疑和反感，这样才能顺利与之沟通，快速解决所面临的问题。

②**语速较快，语调短促有力的人**

在说话时语调有力、语速较快的人通常都精力充沛，具有高度的自信心，处事精明果断，但有时也会因为鲁莽行事而闯下大祸。

这一类人不仅仅有远大的目标，而且能够脚踏实地不懈奋斗，并且待人和善，精通理财，敢于创新和突破，所以他们当中的大多数在最后都能够获得令人满意的成果。他们以积极乐观的态度来对待人生，待人热情大方，办事干脆利落，又具有超强的洞察力，所以就算是面对十分困难的处境，也能够扛起压力，凭着自己的努力和与他人的协调合作解决问题。

由此来看，不同的语调和音量不仅可以表现出说话者的气势，更能够从侧面反映出一个人的性格特点和处世态度。

在与人交往的过程中，要用强有力的语言和气势来感染他人，使别人能够感受到你饱满的精神和激动的情绪，然后才能够引起心理的共鸣，达到最佳的说话效果。

FBI认为，在谈话过程当中声音非常小、语调平淡无变化的人，难以展现出自己的气势，更不可能从气势上就让他人折服，这样就很难占据主导地位。想要让别人因为你的气势而改变对某一事情的看法，在讲话的时候就要始终保持嘹亮的声音，坚定有力的语调。就算是非常简短的话语，也要讲得生动有力，让对方感受到你的气势，并且被这种气势感染，从而达到自己的既定目的。

2 心理交锋的秘诀——
想方设法调整和控制对话

一个人的语言对于吸引他人的注意、控制他人的思维有至关重要的作用。良好的口才可以将一个人的思想完整、清晰地表达出来，从而起到影响他人思维、增进人际交往的作用。所以在与他人的交往和处理问题的过程中，要学会掌控谈话内容，这样才能掌握主动，更容易达到自己的目的。

在此方面，FBI经常采取如下方法：

(1) 利用声调调控他人情绪

FBI的心理专家认为，人们在说话过程当中，不断变换的语调、声音大小以及声音的起伏，能够很强烈地影响听者的情绪，这说明不论内容如何，人的说话声调本身就具有强烈的影响效果，对人际沟通能起明显的作用。一个人所表现出来的态度，到底是友好还是充满敌意，是冷静还是激动，是十分诚恳还是虚伪做作……不仅仅是从他的动作和表情当中，从他说话时候的情绪，声调的节奏、停顿，声音的高低上都能够表现出来，而这就是所谓的"听话听声，锣鼓听音"。所以当我们在判断一个人说话时的情绪、态度时，不仅仅是要听其讲话的内容，更要注意听其讲话时的语气、声调。也就是说，从讲话时的声音高低和音量大小变化等，以及说话时的转折、停顿当中，领会其真正要表达的"弦外之音"。同样，在与人的交往中，或者在工作当中处理事物时，也可以故意使用某种声调，让别人产生误解，从而使事情按照你原本计划的方式进行。

第四章
故弄玄虚,深不可测
——FBI虚张声势的心理战术

有一次,意大利著名的悲剧表演大师罗西应邀出国参加一个大型宴会,席间的客人都是来自世界各国的名流。在宴会进行到一半的时候,许多客人想要在现场领略罗西表演艺术的精彩技巧,于是这些客人要求他表演一段最擅长的悲剧。罗西没有推辞,他想了一下,然后站在宴会大厅中央,开始用意大利语"深情"地背诵一段"台词"。现场的大多数客人都听不懂他到底在背诵什么,但是看到了他悲怆的表情,听到了他痛苦低沉的声调,都以为他在讲述人世间令人心碎的大悲剧,于是不少人被罗西的悲伤情绪感染,流下了同情的泪水。可是,其中有一位同样来自意大利的客人,他从一开始就在努力忍笑,最后实在忍受不住,就跑到宴会大厅外面狂笑不止。对其举动,人们都觉得非常奇怪,于是走过去问他到底在笑什么,然后这位意大利客人说出了让所有人都很无奈的关于罗西表演的"真相"——原来,这位著名的悲剧表演艺术家并不是在背诵什么经典台词,而只是在念这次宴席餐桌上的菜单而已。

从以上的例子我们就可以明显看出声调对控制人情绪和思维的巨大作用。其实,不只是声调、节奏、音量高低等,在说话的同时发出来的一些无固定意义的声响,像是叹息、呻吟、哭喊、笑声等,对于听者的感染作用也十分明显,能够对所说出的语言起到补充作用,使话题更加明确和真实。甚至同样的一句话,如果运用不同的声调说出,然后再加上含义不同的象声词,就很可能表达出类似讥讽、赞扬这种完全相反的意义。

由此看来,在生活和工作当中,如能正确地使用象声词作为辅助语言,加强说话时的声调运用,就能够很好地改善人际关系,推进事情的顺利进行。

(2)"交往空间"的运用

美国FBI的调查人员在审讯案件的过程中发现,不少犯罪嫌疑人都具有这样一个特点:当你紧紧逼问的时候,他会显得紧张无措,而且追问得越紧，嫌疑人越会感到浑身不自在，尤其是当被问及有关其私生活的细节的时候，他们甚至会表现出思维混乱、破绽百出的状态。后来经过心理专家的研究发现，犯罪嫌疑人会产生这种现象是因为调查人员的问题不断深入，逼近了他们的心理底线，不断压缩他们内心可以接受他人进入的空间，以至于使他们到了无路可退的境地，只能放弃抵抗，低头认罪。针对这样一种心理现象，美国著名人类学家爱得·霍尔就曾经说过："空间会说话。"也就是说，每个人都有一个能够接受他人接近的独立空间，不论是心理上还是身体上。霍尔曾经做过这样一个有趣的试验——让一个热情开朗的南美人与一个内向羞怯的北美人在一个空旷大厅的一端进行交谈。南美人按照自己觉得与人相处时应该保持的最适宜的距离不断向北美人靠近，而北美人则按照自己的习惯应与人保持的距离不断向后倒退。就这样，当谈话结束之后，两个人已经在不经意间从大厅的一端转移到了另外一端。而这就是人类心理学上的"交往空间"效应。

人们在与他人交往的过程中，大多会主动保持一定的距离。因为每个人的性格不同，所以符合每个人内心合适距离的标准也就不尽相同。当我们与其他人进行谈话的时候，会在无意间与对方保持固定的距离，这就反映出一个人与其他人之间已有关系的亲疏或者希望达成怎样的关系。人与人之间距离的不同，显示了两者之间互相了解的程度。通常，这种距离被分成四种类型：亲密区、个人区、社会区以及公众区。全世界范围之内，由于各个民族国家之间存在文化传统上的差异，因此每个人在心理上和身体上所需要的独立空间也有所不同。例如，法国人和英国人交谈时，法国人更加热情，喜欢与人保持较为亲近的距离，以呼吸能够喷到对方脸上为标准，而这样的方式就让相对冷淡的英国人非常不习惯，为了保持自己需要的距离而步步后退。这样就容易出现霍尔所做试验中的南美人与北美人谈话中的有趣现象：一方"步步紧逼"，而另外一方则"节节后退"。

所以，FBI提醒人们，在日常生活的人际交往当中，要注意观察和尊重他人所需要的空间，根据与他人的亲疏关系，决定在对话时应该保持的适当距离。如果距离过远，很可能会让对方误认为你不愿意亲近或者进一步交往，给他人留下冷漠、孤僻、不好相处的印象；但是如果距离过近的话，也可能会使对方感到不舒服而认为你不够礼貌，对他人不尊重。尤其是在进行商务谈判的时候，与对方之间的距离更应该把握得当，不仅仅是身体上应该保持适当的距离，在谈话过程当中也要注意拿捏用词，不要给对方留下轻浮的印象，尤其是说话时不能涉及私事。如若不然，往往会让对方从心理上接受不了你的言行，进而难以接受你所提出的要求，不利于所谈事情的顺利发展。

如果想要了解某些他人不愿意透露的信息，也可以用这种压缩对方"独立空间"的方法来使对方就范。当你的追问触及到对方能够接受的心理底线时，对方就会出现焦虑、烦躁等症状，以致由于感情上的冲动而做出一些不恰当的行为，而这些行为当中的破绽就很有可能间接地透露出你所需要的信息。

由此看来，能够了解和熟练掌握"交往空间"的运用技巧，对于改善人际关系和顺利处理各种问题都具有重大意义。

(3) 施加压力，说服顽固对象

人们在日常的人际交往当中，有时候会遇到对自己说话的内容完全不感兴趣，甚至是反感的人，而一旦这些人顽固起来，无论你再怎样劝说，他们都难以听进去或者为之所动。**FBI**认为，当你面对这样的人时，就有必要从对方的心理角度出发，揣摩出对方的真正意图，然后运用心理战术对对方施加压力，以促使他们发生改变。

设定时间界限给对方施加压力的手法是**FBI**常运用的手法之一。当与他人在沟通当中遇到阻碍，使事情没办法顺利进行的时候，可以尝试用"施加压力"的方法来解决问题。例如，你可以对对方说"时间差不多了，我想我们五分钟之后结束谈话"，"你考虑一下吧，一个小时之后请给我答复"或者是"这件事情暂时先搁置起来，一个月以后我们再重新讨论"之类的话，通过给对方一定的时间界限，让他们感觉到压力，然后重新审视和判断与你所进行的谈话内容的价值，认真思考你提出的意见。

还有一种情况，那就是谈话陷入僵局的时候，如果这时候你还是坚持想让对方在短时间内给出答复，这很可能让其对你更加不满甚至恼羞成怒，使事情陷入更加尴尬的局面，甚至难以处理的状态。FBI认为，在这种时候就要学会退让，给对方留出一定的空间和时间。此时，你可以这样说："我们还是暂时不讨论这个话题，双方都仔细考虑一下再作决定吧。"这样一来，就可以缓解因为沟通受阻而产生的紧张情绪，有利于事情下一步的顺利发展。

人们在沟通的时候，尤其是在商务谈判的时候，常常会因为双方利益出发点不同而产生分歧使谈判陷入僵局，这个时候步步紧逼并不会带来好的结果。如果能够换一种方法，比如说："既然现在不能达成一致意见，那我们还是以后再合作吧"，或者说"改天我的同事会继续就这一问题与你协商"。用这样的方式，既是以比较柔和的方式给对方施加了一定的压力，同时又给谈判留下了缓冲的余地，有利于日后谈判重新顺利开启。

除了给对方施加压力的方法之外，FBI还提醒人们，在谈话的过程中还要学会有意识地向对方提及已经达成的共识或者双方共同的利益所在。很多时候，双方在谈话的初期可能对某一事情已经达成了共识，但是经过了一段时间之后，由于其中一方出尔反尔，可能又不同意之前的意见，在这种情况下就要不断提醒对方。而且，当双方的意见达成一致之后，就应该尽快签署协议或者履行达成的义务——只有这样，才能够控制事态发展的方向和进程，使目标尽快实现。

(4) 控制对话，直入主题

通常人们都会有这种体会，当你在与他人交谈时，如果进行到了不感兴趣的话题时，就会用表情或者肢体动作表现出情绪上的不耐烦。其实这是一种有效的心理暗示，通过这种表达方式可以有效地控制对话的进程。

第四章
故弄玄虚，深不可测
——FBI虚张声势的心理战术

FBI认为，当对话进入到僵持阶段的时候，就好像是要进行一场足球比赛，在这个竞技过程当中，如果总是打偏门的话，很容易因为队友接不到球而引起不满；如果因为自己球技出众而不注重与团队之间的配合的话，那么也会难以赢得比赛的胜利。日常生活当中与他人的谈话道理也是如此。FBI认为，在谈话的时候，调整和控制谈话的内容是一件必须要做的事情，这样才能够在言谈之间获得需要的信息。

在对话过程中，如果遇到了与自己的思维方式相抵触的语言时，就要使用表情或者肢体动作向对方提出暗示，或者是在接下来的谈话当中特意放慢语速或者放低声调，引起对方的注意，通过这样的方式让对方改变谈话内容或者直接结束谈话。那么，人们具体要如何做才能够有效控制谈话内容和进程呢？FBI在总结审讯经验的基础之上，提出了在不同情况之下的几种利用面部表情和肢体姿势来控制对话的方法，给人们的有效谈话提供了范例。

①加快谈话速度，使对话直入主题。

由于性格的关系，有许多人在谈话的时候总是慢条斯理，甚至不停变换对话的内容，不能直入主题，白白浪费时间而使人备感无奈。因为人们没有过多的精力去听那些毫无用处的废话或者客套话。当遇到这种情况的时候，可以利用向对方快速点头的方式来传递信号。当说话的人看到你做出的这种动作之后，也会在无意识之中感受到应该加快说话的速度，直接奔入主题，尽快结束谈话。

还有一部分人，在谈话的过程当中语速会变得越来越快，说话内容会变得越来越广泛，让人捉摸不透对方到底想说什么。这种类型的人大多都有强烈的自我优越感，不太懂得尊重别人的感受。他们常常自私、虚荣，做一切事情都首先考虑到自己的利益，不顾及他人的感受和得失，而且又具有很强的嫉妒心理，当看到别人取得进步或者获得了很好的成绩的时候，常常会难以抑制地说些具有挑战性的话。因此，他们在与别人的谈话过程当中常常会滔滔不绝，唾液横飞，满口大道理，而实际上只是为了能够给自己多争取一些利益，完全不顾他人是否愿意继续倾听。当遇到这种情况时，你可以做出不耐烦的表情，或者是频频看手表或手机上的时间。虽然对方极度自私，而且不尊重他人，但是实际上这类人本身却极其看重别人对自己的看法，所以当他们发现你已经不耐烦的时候，会知道应该主动放慢谈话的步调，或者暂时中止谈话的内容，留下缓冲的余地。这样，对方一旦暂停了说话，你就可以接过话语权，开始说出自己的意见。但是要注意的是，不能接着对方的意思将谈话进行下去，而是应该另起炉灶，改变谈话的内容，明确让对方知道你对刚才的谈话内容完全不在意或者不感兴趣，不想再继续下去。

还有一些人，天生聪明灵巧，性格开朗，爱出风头，具有一定的领导能力。但是因为对自己的才能过于自信，所以常常会锋芒毕露，表现出自傲矫情的样子，这样反而很容易引发周围人的反感情绪。尤其是当这一类人在与别人进行谈话的时候，很难做到把握谈话时间和内容，而是会一直表述自己的意见，这样更会给他人留下自以为是的印象。FBI认为，当这种人完全没有要停止说话的意思时，你就一定要给出明确的动作或者表情，让对方知道你对谈话没有兴趣，想要结束谈话，甚至是可以直接与对方说出你的想法。比如："对不起，打断一下，我对你所说的事情完全没有兴趣，我们还是换个话题或者改天再谈吧。"或许很多人会觉得这样很没有礼貌，但是如果你没有给出控制谈话的动作或行为的话，那么他人根本不会想要主动停下来或者是听取你的意见，而是自以为是地认为谈话内容很吸引人，别人都很乐意继续倾听下去。所以，为了不委屈自己的内心和使耳朵饱受摧残，在遇到这种人的时候还是不要顾及面子问题，而是直接想办法让对方明确了解你"不想倾听"的意愿为好。

②对方表述意见过多时，让其停止说话的技巧。

根据FBI的观察，有这样一种人，他们具有强烈的社会责任感，对许多事情都有自己的观点和看法，自认为有思想，有深度，而实际上对他人来说那些观点和看法都毫无现实意义。这种人在与他人谈话的时候基本上会有两种表现：一类是极其爱说话，对谈话主题不停发表意见；另一类虽然具有较强的观察力和理解能力，善于察言观色，但是过于敷衍和顺从。所以总体来说，这两类人的性格和表现都难以被他人接受，而且最令人反感的地方就在于其絮絮叨叨，没完没了地提建议。

对于这种类型的人，FBI认为，如果想要让他们停止无休止地发表意见，可以明确摆出"你应该停止说话了，我已经不耐烦了"的动作，来传递信息。比如，将手指放在嘴唇前方，伸出中指或者故意调整手表的时间。这样的手势或姿势会向对方传递出信息，让对方感觉到正在进行的谈话应该停止了。

③适当交出话语权，倾听对方的声音。

谈话和沟通不应该只是其中一方观点的表述，而应该是双方观点和意见的互换和融合，应该由谈话的双方共同参与到其中，尽量保持沟通时的和谐和顺利。

FBI认为，如果在谈话过程当中，你发现自己表述的意见比较多，而对方说话较少，你对其想法的了解还不够深入，那么你要知道，其实这种情况对于事情的发展并没有太大意义。所以你想方设法也要让对方开口说话，这样才能够找到双方的利益共同点，促使双方达成一致意见，完成谈话的最初目的。这时候，你可以尝试慢慢降低说话的速度和频率，降低说话时候的音量，可以故意将眼光放在周围环境当中而不是直视对方，或者可以直接说："对于这个问题，你的想法是怎么样的？"通过这些方法，都可以适当地使自己退出谈话，将话语权顺利交给对方，然后倾听和了解对方的意图，增进彼此的了解，使彼此所谈的事情能够顺利进展。

3

抱有"善意"之心，
用鼓励代替批评

在日常的人际交往当中，由于其中一方会给予奖或者惩、恩或者怨，这样一来，另外一方就自然而然地会承受相应的奖或者惩、恩或者怨的情感回应。而这种情绪交换所造成的情感效应即"人际互动"效应。由于有这种效应的存在，处处得理不饶人或者常常对他人批评、恶言相向的人都难以维持良好的人际关系。相反，如果你能够宽容对待他人，用善良和积极向上的语言去鼓励别人，而不是一味批评，这样一来，对方反而更加容易接受你的言行，甚至会因为对你心存感激而加入到你的"阵营"当中。FBI认为，想要做到此点，必须要运用如下的方法：

(1) 得饶人处且饶人，让对方对你心存感激而不是心怀怨恨

FBI提醒人们，日常生活当中遇到很多磕磕绊绊的事情是非常正常的现象，如果因此而心生怨恨那么就很有可能造成心理的不平衡，从而做出许多超越正常行为规范的事情，甚至会触犯法律、危害他人的生命安全。由此可以得出一点结论，那就是怨恨是极不正常的心理现象，也是很危险的事情。因为社会当中存在种种冤冤相报，所以人与人之间的仇恨才会越来越深，这种心理效应就会严重影响社会的安定、和谐以及稳定。

"怨恨心理"来源于古希腊的一个神话故事。这个故事的主角是一个叫做海格力斯的古代大力士。他被当时的人们奉为英雄，被崇拜，被尊敬，所以自视甚高。一天，他在一条崎岖不平的小路上行走，走了一段时间之后，忽然他发现脚边有一个圆滚滚的东西，像是一个因为装满了东西而鼓起的袋子。出于好奇,他顺便就踩了那东西一脚。谁知道那个鼓鼓的袋子一般的东西,因为被海格力斯踩了一脚,不但没有瘪下去,反而是比被踩之前还胀大了一点。这下"英雄"大力士海格力斯的怒火一下子就被燃起了,他顺手抄起旁边的一截大粗木棒,用尽全身力气开始敲打这个圆滚滚的"袋状物体"。但是令他没有想到的是,这个原本看似弱小的东西随着海格力斯的敲打,不断胀大,而且敲打得越猛烈,胀大的速度就越快,最后终于胀成了一座小山。海格力斯气愤难当,但是又对它无可奈何。这个时候,走过来了一位智者,智者指着眼前的"小山"告诉海格力斯:"朋友,不要再管它了,这个东西叫做"怨恨袋",你不招惹它,它就只是原本的一点点,但是你越是侵犯它,它越会膨胀变大,和你对抗到底!"

这一则古希腊的神话故事想要告诉人们的道理非常简单:人们心中都抱有一点怨恨,开始的时候很小,不会对日常生活和人际交往造成影响。只要你能够自动忽略它,矛盾自然而然就会消失,事情会顺利进行;但是如果你刻意与它为敌,紧紧抓住心中的怨恨不放,那么就会遭到加倍的报复行为。这就是心理学上著名的"海格力斯效应"。也就是说,心理上的怨恨很可能会导致事情更加不可收拾。

所以,在人际交往的过程当中,对于奖惩和怨恨的交换与互动,既可以是积极性和肯定性的,也可以是消极性和否定性的。从人与人之间沟通的角度来讲:你对我有帮助,那么我日后自然也会帮助你,这就是正面的、积极的互动;如果你处处与我为敌,与我过不去,让我心存怨恨,那么我也会让你不痛快。显然,这种互动就是消极的、负面的,极容易产生摩擦和矛盾。

在日常生活当中,出现摩擦和矛盾实际上是常有的事情,如果我们都保持着"以牙还牙、以眼还眼"的心态,那么心中的怨恨就会像是一只在被不断充气的气球,最后很有可能会膨胀到无法控制的地步而引起混乱。相反,在遇到不平之事的时候,假如能够"得饶人处且饶人",适当地放对方一马,对方会在心里对你产生感激之情,而这种感激很有可能在日后对你有所帮助。FBI在审讯某些罪行较为轻微，或者是初犯，没有太多经验的犯罪嫌疑人的时候，通常会寻找其心理弱点，然后以"情感互惠"的方式对其进行攻心战术。当犯罪嫌疑人因为调查人员在某方面对其"宽容"或"网开一面"的时候，会从心底产生感激之情，然后为了报答这种网开一面的恩情，往往会为调查人员提供出重要的情报。

安妮·斯韦钦曾经说过："人的心灵，总是具有宽容的力量。"所以这种宽容之力在人们日常生活当中的强大之处就在于，能够轻易消除人与人之间存在的隔阂、轻视等，变惩罚为奖赏，变怨恨为感恩，清洗人们的心灵，消除沟通当中的诸多误会和矛盾。

(2) 慎用批评语言，鼓励与批评相结合

FBI认为，人们在行动之后，如果对于自己行动所造成的后果有所了解和评价，那么这种了解就会进一步强化之前所进行的行为，从而促使人们出现更多的类似之前的行为。这就是鼓励所产生的心理效应。受到鼓励的行为如果是积极行为，那么就会继续进行以求得更大进展。与这种情况相反，人们的某种行为所受到的评价如果是负面的、消极的，即受到他人的批评，人们也会积极对自己的行为作出调整，使之向着正确的方向前进。由此可见，适当地进行鼓励和批评都能够使人进步。

而在心理学的研究上，也有以"鼓励"和"批评"为研究对象的案例，即"经典反馈实验"：当你面临两种选择，一个是受到他人的表扬，一个是遭到他人严厉批评，你会更倾向于选择哪一种呢？很显然，正常状态下的人，大多数都会选择接受表扬；那么换另外一种情况，在遭到他人严厉批评和被其他人忽视这两者之中，你会选择哪一项呢？或许有许多人会认为，避免被批评应该是大多数人的首要选择，但是实际上结果与人们的预测却截然相反。

为了证明以上的结论，心理学家赫洛克设计了经典反馈试验。实验的对象是某一所学校的106名小学中年级学生。心理学家将这些孩

第四章
故弄玄虚，深不可测
——FBI虚张声势的心理战术

子分成了四组，这四组实验对象每天要进行的实验任务都是相同的，即每天进行15分钟的加法练习，而且四组的练习题难度相同，然后持续进行5天时间。这期间唯一不同的是，在每次练习之后，心理学家都会查看四组孩子的完成情况，然后给予完全不同的评价方式。

第一组参加实验的小学生在做完每日的练习之后，不论结果如何都会受到心理学家的表扬，所以被称为受表扬组。

第二组参加实验的小学生不论练习题目做得多么出色，都会受到不同程度的批评，所以被称为受批评组。

第三组参加实验的小学生，所做的练习题虽然会被检查，但是却不会接受到任何的评价，而只是让他们静听其他两组的学生受到的表扬或者批评，所以这一组被称为受忽略组。

第四组参加实验的小学生作完每天的练习之后，不但作业不会被检查，也不会得到任何关于好坏的评价。另外，他们也不会听到关于其他几组受到的任何表扬或者是批评的消息，所以第四组被称为受隔离组。

经过了五天连续练习之后，心理学家对这四组学生的学习成果进行了最后的测验。最后的测试结果表明：前三组的成绩进步都比最后一组要明显，并且在这进步的三组之中，第一组，也就是受表扬组取得的成绩是最高的。但是也有令人不解的情况，那就是受批评组的成绩，与另外两个被忽视的小组相比，进步速度竟然要高于这两组。

对于这种现象，实验的设计者赫洛克作出了这样的解释：心理学家对学生的练习成果作出评价，这种评价是对他们每天辛苦学习的反馈，不论受到表扬还是批评，对小学生来说都是一种反馈效果，而被忽视组和被隔离组，都没有直接接收到评价，所以就没有反馈现象。因此，由于接收到了反馈，所以这部分学生能够对自己的学习作出一定的了解和自我评定，而这种自我评定则能够对自己的行为产生进一步的推进作用，这就是心理学中的"反馈效应"。

从这个经典反馈实验当中我们就可以得知：表扬所起到的作用明

显要优于批评，但是批评也比忽视所起到的效果更加明显。这样的结论应用于人们的日常人际交往当中，也就是多多鼓励和表扬他人，适当进行批评，不要忽视他人的感受。

FBI认为，在人际交往过程当中，沉默实际上是生疏、冷漠的表现，对于增进与他人之间的交往实际上是毫无益处的。比如，当你身边的朋友言行欠妥的时候，如果你奉行"沉默是金"的信条，当做没有听见或者没有看到而不作出任何评价的话，那么你们之间的关系很可能因为这种生疏而越走越远，最终形同陌路，或者是你有一天终于难以忍受而爆发，然后使双方之间陷入水火不容的境地。无论如何，沉默都不是一种好的方式，所以，当面对这种情况的时候，你应该勇敢提出不同的意见，对其不当行为提出质疑和批评。这样，朋友会感到你的真诚，进而改善自己的行为，双方之间的关系也会更加密切。同样的道理，如果朋友有你值得学习的行为，你也应该明确提出鼓励和赞扬，这样也能使双方的感情有更进一步的发展。

所以，人际交往当中，不论是积极的还是消极的反馈，都是人们之间进行互动和情感交流的重要途径。鼓励与批评是反馈的常用手段，能够使交流双方明确彼此的优点和不足，增进共识，加深感情，建立起稳固的人际关系。所以，FBI提醒人们，在日常人际交往过程当中，要多运用鼓励的手段，以赢得对方的好感，同时也可适当运用批评，以赢得他人的信任感。要知道，这两种方式相互结合，恰当运用，都能够使对方放下戒心，更容易接受自己的意见和观点，从而帮助你完善人际关系，建立广泛人脉。

4
FBI运用攻心策略的招数，巧妙化解对方排斥心理

很多时候，FBI遇到的嫌疑犯都是相当狡猾和顽固的凶悍之徒，劝说和讲理对他们来说一般毫无用处。每每遇到这种情况，FBI就会采用攻心策略方面的招数，从而巧妙化解掉犯罪嫌疑人的心理障碍和排斥感，进而获得破案需要的宝贵信息。

通常，为了达到此目的，FBI会采用如下的方法：

(1)适当示弱

FBI的心理专家认为，在人类社会当中有一种现象，那就是对弱者自然而然产生的同情感。成年人使用语言进行交流，而婴儿时期的人则用哭声来表达自己的情感。

婴儿的哭声就是他们示弱的有力武器，这不仅仅是在说"我饿了"或者是"我不舒服"，更多的时候他们是想要让成年人陪着玩耍，抱他们，或抚摩他们，让他们感受到浓浓爱意。这种"哭"的语言，是他们向大人宣告自己柔弱的方式，告诉大人自己需要别人的抚慰和温暖。相反，不会哭或者很少哭的婴儿，可能会较少引起大人的关注。很多时候成年人也会认为婴儿不哭、不闹是令人省心的好事，但是也正因为如此，大人很有可能会忽略或者忘记这些婴儿的状况。所以人们才常常说："爱哭的孩子有奶吃"。也就是说，爱哭的孩子能够引起他人的注意，能够勾起成年人保护和照顾的欲望，从而获得更多的关爱和慰藉。

不仅仅是人类世界存在这种现象，在自然界当中，与"弱肉强食"的铁定规则相反的是"弱者生存"的现象。

在澳大利亚的海滩上，有两种蓝甲蟹，一种比较凶猛，通常它们在遇到危险的时候不知道躲闪和避让，只知正面迎击，而另外一种相对而言则比较温和，在遇到强敌的时候少有抵抗，尽量躲避或者翻过身子，装死到底，就算敌人再怎么咬、踩，它们都一动不动地瘫在那里。这两种蓝甲蟹就这样一直经历着千百年的演变，现在出现了一种有趣的现象：比较凶悍的那种蓝甲蟹因为不懂躲避危险，数量已经越来越少，成为了世界濒危物种；相反，比较柔弱的蓝甲蟹却得到了很好的繁衍生息，如今不仅遍布澳大利亚的各个海滩，还跨海越洋地在世界各地安家。动物学家对这种有趣的现象给出了解释：身强力壮的那种蓝甲蟹因为好斗，所以在与同伴的相互残杀当中数量锐减，首先就自行灭亡了近一半的数量，然后又因为不知道躲避危险，所以又大量被天敌消灭或者吃掉，导致数量越来越少，处于灭绝的边缘；与之相反的是，另外一种蓝甲蟹虽然柔弱，但是这种"弱势"却很好地保护了自己，使得其能够繁衍生息至今。

心理学家就将这种现象解释为"示弱优势"。即如果凡事都争强好胜、一味追究到底，很容易让你撞得头破血流而又取得不到任何实质性的成果；在适当的时候向对手示弱，则反而更加容易被他人接受。因此，在做事的时候，能够懂得抓住时机适当示弱的人，才会是最后的赢家。

为了进一步确定人类的这种礼让柔弱者的心态，美国心理学研究协会做了这样一个试验：让一名体格健壮、身形巨大的彪形大汉横穿车流穿梭的拥堵马路，这个时候愿意主动给这个大汉让路的车辆还不到50%，这种情况之下显然极容易发生车祸；随后，心理学家又让一名年老的志愿者同样横穿车来车往的马路，却有许多车辆能够主动减速甚至停车，给老人让出行走的道路。针对这种情况，心理学家对路过的司机进行访问，以了解他们的心理状况。司机普遍认为，彪形大汉身形矫健，自己能够应付突发的意外状况，所以不必太在意去主动给其让路，而避让年长者，人们在心里会觉得是在做善事，所以这种情况下会出现车祸的概率几乎为零。

由此可以看出,"强"与"弱"的两种现象,在人际交往当中,往往会收到截然相反的效果:遇到难以应付的对手时,太过强硬则会使自己落入被动的地位,并不一定能够获得自己想要的结果;而在适当的时机里向对方示弱,则可能会使对手内心有所不忍而手下留情。如此一来,就可能获得预期的成果。

试想一下,你与朋友的关系是处于怎样的状态呢,你是否曾经主动向朋友哭诉过自己内心的焦虑和苦恼呢?在你哭诉的时候,朋友会感觉到你的柔弱和不安,你内心的孤寂和被他人安抚的渴望,所以朋友不但不会嫌弃和嘲笑你,反而会因为能够宽慰你而感受到快乐和满足,从而更加拉近了你与朋友之间的距离。

能够给予他人心灵的安慰,抚慰别人的创伤,这是令每个人都会感到快乐和满足的事情,因此,不少人正是利用人类这种同情弱者的天性,而获得了原本可能得不到的利益和成就。

正所谓"大树易折,弱草坚韧"。人心也是如此,因为人们对于那些看似强悍或者能力突出的人往往都会抱有强烈的戒备心,而对柔弱的人却抱有同情心态。所以,在日常生活的人际交往当中,不要总是处于强势的状态,千方百计、想方设法地显示自己的过人之处,这样实际上很容易树立敌人,引发周围人对你的抵触情绪。相反,如果你能够主动放低姿态,向他人示弱,反而能够削弱他人对你的防备,使你更容易获得别人的同情和认可,赢得支持和帮助,使自己可以获得更多的利益,取得丰硕的成果。

(2)借用"自嘲"摆脱困境

在日常的学习、工作和生活当中,人们的交往有时会处于尴尬或者进退两难的状况。那么,当我们不幸遭遇到了这种情况之后,应该怎么应对才能使自己摆脱难堪局面,又能显得大方得体呢?对于这种情况,FBI从对付各种类型的罪犯当中总结出了一条经验,那就是运用自嘲——可以有效地帮助你潇洒,甚至是不露痕迹地摆脱困境。

第一，自嘲其实是一个人自信的具体表现。

自嘲就是对自己开玩笑，拿自身的缺点或者弱项来"开涮"，以博得众人的欢笑，来化解尴尬、紧张的气氛。如果一个人不具备乐观的性格和豁达的心胸，以及能够超然处世的态度的话，绝对没有办法做到拿自己当做工具以娱乐众人。能够自嘲、敢于自嘲的人内心非常清楚，不论如何调侃自己，自己本身的优越性都是众人皆知的事实，绝对不会使自身的能力有所削减，所以才敢于"自揭伤疤"。因此说，这其实是一种豁达、自信的表现。

第二，借助自嘲可以增加自身的幽默感。

据说著名古希腊哲学家苏格拉底的妻子是远近闻名的泼妇，经常对苏格拉底大发脾气，而苏格拉底一点儿都不介意。有一次，他的邻居笑话他，说他老婆太凶悍，他是怕老婆的懦夫。苏格拉底没有因此而生气，而是对邻居说："这说明我讨到了一个好老婆，这样可以锻炼我的忍耐能力，提高自身的修养。"

显然，在这种被他人直接戳中要害的时刻，苏格拉底应该是相当难堪的，但是他却接过邻居的话，用自嘲的口吻讽刺自己，这不但使他自己从尴尬的气氛当中脱离了出来，更显示出了他宽大的胸怀和机智幽默的良好个性。

第三，自嘲能够迅速化解尴尬气氛，转换交流氛围。

在日常的学习、工作和与他人的交流过程中，难免会出现一些尴尬场面。如果出现了这种场面，在周围的人都难以帮你处理的时候，借用自嘲往往可以很顺利地让你找到台阶，用轻松幽默来化解掉尴尬的气氛，使人们的注意力重新回到原本的话题上。不仅如此，通常人们在自嘲的时候都会将自身的缺陷进行放大和夸张，这样还能够表现出一个人诚恳、坦率的品德，更容易赢得别人的支持和信任。

美国前总统林肯，相貌比较丑陋，但是他并不以此为耻，反而常常利用这一点来巧做文章，将他人对他的人身攻击一一化解。

一次在一个群众性集会上，林肯总统被邀请发言，他不好意思拒绝，就勉强讲了一个小故事：一天，他正走在街上，迎面过来了一位夫人，她仔细地端详着林肯的脸，然后对他说："先生，你应该是我见过的最丑的男人了。"林肯没有生气，而是回答："夫人，我也没有办法啊，你看看能给我提出什么建议吗？"那位夫人仔细想了半天，才说："那你总可以待在家里吧。"

讲完这个故事之后，林肯就坐下了，这时候在场的人都愣了一下，然后就开始鼓掌，对林肯的机智回答表示赞赏。

还有一次，林肯因为一件事情与道格拉斯意见不同，两人在白宫办公室里吵了起来。道格拉斯非常气愤地指责林肯办事作风有问题，说一套做一套，表里不一，完全是一个有两张脸的人。这时候，林肯一边用手指着自己的脸，一边回应道："道格拉斯说我有两张脸，那么大家请看，如果我真的有两张脸的话，我还需要顶着这样一张丑脸来与大家见面吗？"说完，在座的人便哄堂大笑起来，连道格拉斯也忍不住笑出声来。

由此可见，在日常生活当中，自嘲的作用实在是不小。但是要注意的是，任何事情都应该在一定的范围之内，不能做得过度，自嘲也是如此。虽然自嘲能够缓解紧张气氛，化解尴尬的场面，甚至能够为自己赢得他人的认可和好感，但是如果频繁自嘲，或者自嘲的时候过于刻意，反而会给别人留下你对自己不够尊重的恶劣印象。而一个不尊重自己的人，当然也不可能得到别人的尊重。

心理专家提醒人们，当利用自嘲的技巧时，一定要注意自嘲与自贬的区别，特别是不能拿自身具有的优点开玩笑，否则很可能被他人认为你是在刻意贬低自己，或者是否认他人对你优点的判断能力，这样反而会引起别人的尴尬，使气氛更加不和谐。

(3) 用"冷处理"的方法让对方放松

大家都知道，当金属工件被加热到一定程度的时候，一定要被浸入到冷水里进行冷却处理——只有这样，最后生产出来的金属工件才能具有稳定的性能和更好的品质。这种方法应用的就是物理学当中的"冷处理"原则。而这种"冷处理"的方式也可以被引申到处理问题的方式上。也就是说，当人们遇到棘手、难以应付的问题时，可以暂时不去管它，将其放置在一边，搁置一段时间之后，再进行处理，所取得的效果可能会比穷追猛打要更好。

FBI的调查人员曾经遇到过这样一个案例：

在逮捕了贩售毒品的犯罪嫌疑人之后，由于缺乏直接性的证据而不能将其定罪，在关押了一段时间之后，FBI不得不将犯罪嫌疑人放走。但是为了将案件彻底调查清楚，FBI并没有转移对这个嫌疑人的关注和调查，只是一切都在暗中进行，并没有让嫌疑人自身感觉出来。刚被放出来的一段时间，犯罪嫌疑人非常注意自身形象，时刻保持高度警惕，害怕在不经意间露出马脚。但是经过了一段时间之后，他发现没有FBI的调查人员找上门来，甚至他的周围安静得连警察都不曾出现过，于是渐渐他就放松了警惕。又过了一段时间，他终于确定自己已经完全自由，没有外力可以限制和干涉他的行为了，于是他终于又再次行动，开始出入夜店贩卖毒品了。但是当他将毒品交给交易对象，手还没有接触到现金的时候，FBI调查人员的手铐就已经将其铐住——人赃俱获。

显然，FBI调查人员就是利用了"冷处理"的方法。

在日常的人际交往过程当中，我们也常常会陷入到矛盾和争吵当中。就一般情况来说，对方因为感情冲动而与你争吵，其目的往往有三个：一是想要从气势上压过你，使你由于惧怕而后退；二是想要激怒你；三是想要借机发泄自己心中的怒气。在这种情况之下，如果争吵的双方都非常激动，情绪难以控制，这种争吵就会一发不可收拾，甚至最后可能会出现武力斗殴事件。这时候，如果其中的一方能够用冷静的态度来对待，那么争吵的情况就不会发生，事情也能够尽快得到解决。

伟大的思想家恩格斯的妻子玛丽过世后，恩格斯十分悲痛，渴望得到他人的关爱和支持，于是他写了一封信给自己的老友马克思，抒发自己内心的苦闷和悲伤，字里行间都透露出希望马克思能够安慰一下他的情绪。当时马克思自身的处境也非常不好，各种难缠的事物弄得他焦头烂额，所以在他给恩格斯回信的时候，仅仅写了一句话来表达他对玛丽过世的悲痛，然后就开始大为抒发自己的痛苦，讲述其窘迫的境况。恩格斯收到回信看了以后，心里异常气愤，又写了一封信给马克思，表示要与这位共同战斗了二十多年的老朋友绝交。马克思看完这封信之后十分生气，但是他按捺下内心的怒火，开始冷静思索原因，然后写信向恩格斯道歉，诚恳地表达了对恩格斯妻子的悼念和对恩格斯的同情。恩格斯看过信之后被马克思的真诚所打动，于是两个人重归于好了。

从上面的例子，我们可以得出这样的结论，当争吵发生的时候，最需要的是冷静和克制，而不是将"争吵"看做对对方进行攻击的武器。矛盾如果真的已经发生，那么就可以适当留下"空白"，当做缓冲的部分，让正处于情绪激动的双方冷静平和下来，过一段时间之后，再以清晰的思维去思考和探讨问题，如此就很容易将矛盾化解。

实际上，这种"冷处理"的方法不仅适用于人与人之间的交往，而且是我们在处理各种棘手问题时的一种缓冲方法，一个有效的心理技巧。尤其是在职场之中，这更是一种处理问题行之有效的好方法。

就升职这一事件来说，你作为主管，想要提升某一个人的职位，这时候有其他职位高于你的人来说情，或者推荐某某人，甚至是直接利用手中权势逼你就范。虽然你心目中的人选并不是这个人，但是你又不愿意得罪自己的上司。这个时候"冷处理"就是最好的方法。换句话说,你可以暂时将要提升的职位冻结,暂时搁置不提,等到过一段时间之后,再自己挑选几个合适的候选人。

人们在处理事情的时候,一般可以分为两种类型,一种是冲动型,这种人反应迅速,但是处理事情的时候犯错会较多;另外一种人就是深思熟虑型,反应虽然比较慢,但是错误较少。这两种类型人在工作的时候会各有利弊,但是运用"冷处理"这一方法,就可以平衡这两种类型人的优点,达到最完美的平衡状态。所以,有些时候,人们不妨运用一下"冷处理"这一方法。

不断重复、强调,回击不合理的请求和行为

可以说,在日常生活中,人们难免会遇到别人提出的不合理的请求和行为。对此,FBI建议人们采取如下方法,坚决给予回绝:

(1)对过分行为绝不姑息

FBI的心理专家认为,人们在社会生活当中的人际交往圈子是越来越大的,而圈子变大之后,交往的人自然会增多,而如此就会遇到各种各样的人和事。职场上爱打小报告的同事、小气多疑的主管、恋爱时候虚假的情话、生活当中蛮横不讲理的人……有些时候,你选择妥协和让步,或许会使事情变得海阔天空,矛盾得以解决,还能落得个"心胸宽广"的美名。但是更多的时候,其实妥协更像是一种纵容,会使对方的气焰更加嚣张。如果你总是想着"息事宁人",那么你可能会变成生活和工作上的"软柿子",容易受到别人的打压和欺负。所以在这种时候,解决矛盾最好的方式应该就是——坚决回击,绝不姑

第四章
故弄玄虚，深不可测
——FBI虚张声势的心理战术

息。

在人们的日常生活当中，尤其是职场上，很有可能需要面对各种意外状况，比如同事或者上司的辱骂、身体上的故意侵犯、频繁的骚扰等。当面对这种过分行为的时候，许多人为了保住工作或者不破坏同事关系而情愿选择息事宁人，一味地忍让退却。但是在2004年的《哈佛商业评论》当中，斯坦福大学教授罗伯特·萨顿却提出了一个截然相反的观点，那就是："干掉他们！那些职场上的浑蛋。"这成了现代职场上具有突破性的观点。

曾经有这么一个网站作过关于"职场上，如果你遇到了小人你会怎么办？"的调查，根据调查的结果显示，有24.78%的人选择了"默默忍受"，而有23.78%的人选择了"直接向老板澄清事实"，这两项的得票率竟然如此接近，这能够充分说明这两种方式是现在职场上人们应对小人问题的主要解决方式。另外，有14.06%的受调查者认为，应该对这种小人的行为进行反击，绝对不能姑息和容忍这种有损自身利益和声誉的事情发生；有13.66%的人认为，凭借自己的力量对付小人可能不是很稳妥，应该集合其他人，发挥群体的力量来对抗小人，这样才能彻底杜绝小人的阴险行为，创造出一个安全、单纯、良性的竞争氛围和工作环境；大概有12.14%的人秉承中庸之道，认为小人之所以被称为小人，是因为他们总是躲在暗处，不容易被别人抓住把柄，所以不好对付，惹不起就躲，不与小人斤斤计较；有0.92%的人表示，迫于环境压力，有可能也沦落进小人的行列。从以上的调查可以看出，罗伯特·萨顿所提出的"干掉职场浑蛋"的新一代工作原则已经被越来越多的人所认可和接受，并准备随时付诸行动。

其实，这个原则并不仅仅只适用于职场上，在日常生活当中也同样可以运用。比如，从事服务性行业的人员可以利用此方法对付无理取闹的顾客，明确拒绝为其服务。全美航空公司的一位副总裁曾经看到一位乘客无故咒骂其员工，而且还带有身体上的威胁和碰撞，于是他上前对顾客说，你可以去乘坐其他航空公司的飞机，这样所有人都开心。然后，这位副总裁就将这个乘客带到了另外一家航空公司，然后为他购买了一张等额的飞机票。这就是一种坚决回击的方式，既保护了自己的员工，也打击了无理乘客的嚣张气焰。

人是群居动物，在社会上生活都离不开与他人的相处，而人又有各种各样的性格和脾气，所以就应该作好与"犯浑"之人打交道的准备。有时候，强势地维护自身的利益确实是一种很好的自我保护行为，能够为自己赢得他人的尊重，更能够打击不良风气，有助于形成良好环境氛围。

FBI解释说，人们在进行某种选择性行为的时候，都会受到趋利避害的心理的影响，这并不代表所有人都是吃软怕硬的懦夫，但是每个人在潜意识当中都会形成这种类似的动机和思想意识。当面对他人的过分行为时，你的退让并不会使他人有所顾忌，反而可能会滋长他人作恶的勇气，使他们的气焰更加嚣张。所以，对于他人的过分行为要进行坚决反击，绝不退让，这样才能让那些习惯了欺压他人和行为不端的人对你刮目相看，甚至是充满敬畏。

(2)利用挑衅的借口，顺势还击

FBI在调查案件的过程当中，会遇到各种各样难以应付的犯罪嫌疑人，这些人中的大多数都是一些喜欢闹事、挑衅的滋事分子，常常对FBI的调查人员出言不逊或者利用肢体动作相威胁。对付这些人时，FBI的调查人员通常采取的办法就是利用对方挑衅的借口，顺势给予还击，让对方彻底安静和服从。

我们在生活当中也是如此，常常会遇到一些与人为敌、说话不当或者行为过激的"刺猬"，或者你在学业当中成绩取得了进步而开心自豪的时候，或者你努力工作想要取得突破的时候，同学、同事、上司在嫉妒心的作用下恐怕就会突发冷箭，几句挑衅的话或者酸酸的语调会让你半天不舒服，心情压抑，难以再集中精力学习和工作。在那些闲言碎语和恶语攻击面前，或许很多人显得毫无办法，只得默默忍气吞声，这真的就是处理问题的最佳方法吗？其实，"以子之矛，攻子

第四章
故弄玄虚，深不可测
——FBI虚张声势的心理战术

之盾"，借用他人对你进行挑衅的借口，回击回去，能够使对方自感无趣和尴尬，从而化解当下的难堪。

讲话夸张，言语之间透露出对他人的不尊重甚至是侮辱的人，就是喜欢滋事挑衅之人。对付这种人的最佳办法就是在与他们的对话当中抓住其话语中的某一项，然后针锋相对地进行反击。这样一来，不但可以维护自身的尊严，还可以顺势打击对方强烈的嫉妒心和邪恶欲望，粉碎他人对你的恶语相向，打击其自信心，将其嚣张的气焰打压下去，让其下次再想对你出言不逊的时候要多加考虑，知难而退。

从心理学的角度来看，通常爱挑衅、滋事的人在人际交往当中不注重社交礼仪和对自我形象的塑造，而且大多内心自私、恶欲横流，不能对自我进行正确的认识和评价。在这类人的内心当中，要么就是自我粉碎，要么就是去攻击他人。切记，对这类人的行为绝不能姑息纵容，而是应该顺势还击，维护自己的利益和权利。

（3）重复强调，坚定拒绝

FBI在审理案件的过程中，发现了这样一种心理现象，给予的刺激越多越强，而且时间越长，越能够引起对方心理上极度不耐烦和反抗的情绪，这种现象被称为心理上的"超极限现象"。尤其是当犯人在受到审讯这种压力的不利情况之下，这种极度不耐烦的情绪就会被无限放大，使其难以抗拒调查人员的审讯。比如FBI就曾经利用过这样一个审问模式审讯过一个杀人案件的犯罪嫌疑人。

调查人员问犯罪嫌疑人："你叫什么名字？"

嫌疑人回答："你们找错人了，我什么都不知道。"

调查人员问："你用的是左轮手枪吗？"

嫌疑人回答："我说过了，你们找错人了，我真的什么都不知道。"

调查人员接着问："你叫什么名字？"

嫌疑人回答："……"

嫌疑人没有回答他的这一问题，调查人员也并不追究，接着问："你使用的是左轮手枪吗？"

嫌疑人说："没有，没有，我说了我不知道。"

调查人员又问："你叫什么名字？"

嫌疑人……

调查人员："你使用的是左轮手枪吗？"

……

如此循环往复了三个多小时之后，犯罪嫌疑人终于崩溃，承认了自己使用的杀人工具是左轮手枪，然后供出了其他犯罪证据的隐藏地点。

这则案例在FBI的调查过程当中属于极限心理控制的典型例子，利用对方心理上的"超限效应"，使对方失去对抗的耐心和韧性，最终使对方放弃了顽强抵抗的决心，承认自己的罪行。

这种"超限效应"运用在案件审理过程当中，看似有些残酷和不近人情，但是当运用在现实生活的人际交往当中时却能够很好地拒绝他人不合理的要求。

在现实生活当中，我们可能常常会遇到一些不达目的誓不罢休的人，这个时候，大多数都很难拒绝对方的要求，而使其目的能够一次又一次达成。这个时候，如果你没有其他更好的办法来拒绝的话，就可以使用该方法。也就是说，当你并没有太多或太充分的理由去拒绝对方的请求的话，或者你所列出的所有借口都完全不起作用的话，这个时候你就可以利用该方法——不断对其重复同一个理由。这样一来，反而会更加容易拒绝对方的不合理要求。

这就是利用了心理学上的"超限效应"。人们在生活和工作当中要接受众多的信息、任务和刺激，但是这种接受能力存在一个容量，当接收到的信息超过这个容量的时候，人们就会从心理上产生反感，这个时候不仅不会按照信息、指示去行动，反而会适得其反地产生出强

第四章
故弄玄虚，深不可测
——FBI虚张声势的心理战术

烈的不耐烦。大多数情况之下，利用这种超限效应就是不断重复某一句话，或者是下达某个指令，让对方反感强烈，然后完全按照与指示相反的方式去做事，或者是迫不得已，只好按照指令去行事。也就是说，当我们想要拒绝别人的无理请求之时，就可以巧妙地运用这种心理学效应来让对方知难而退。

这种不断重复的方法非常简单，你不需要与对方着急上火，也不需要提高声音，只需要语气坚定地重复同一个理由就可以了，甚至都不用多说一句解释的语言。运用这种方法的基础就是要让对方感觉你立场坚定，理由数量不多，但是却真实、充分、有力，然后等对方听多了你的这一同样的理由时，心理上的"超限效应"机制开始启动，就会收回请求，自动离去。

胡尔德和迈凯伦是大学时的室友，经常一起外出吃喝游玩。但是在毕业之后两个人进入了不同的两家软件开发公司工作，二人之间的往来次数明显减少。一天，胡尔德突然邀请迈凯伦出去用餐，酒过三巡之后，胡尔德对迈凯伦讲出了自己的真实目的：原来胡尔德在工作上遇到了瓶颈，所以想借迈凯伦公司的一些机密数据和软件程序作为参考资料，好帮助自己渡过这个难关。

迈凯伦听了之后自然不会同意这种不合理请求，于是明确拒绝，并开始讲述自己的理由。

"公司的保密文件只有少部分人才能够看到，我是接触不到的，所以不能帮你带出来。"

"我虽然参与过资料的讨论，但是没有直接参与开发，我手里也没有资料。"

"我们公司制度很严格，如果这种盗窃数据的事情被发现，我的工作就不保了。"

……

这次聚会不欢而散。

虽然迈凯伦罗列出了各种理由，但是胡尔德仍然不肯罢休，又再一次请迈凯伦外出吃饭,并又一次提出了那个过分的要求。

  这次迈凯伦没有再给胡尔德罗列理由,他对胡尔德说:"我上次说过了,保密文件我是接触不到的。"

  胡尔德说:"你可以想想办法,你在公司工作,总认识一些能接触到保密文件的人。"

  迈凯伦说:"那些都是管理层人员,我不可能向他们要文件和数据,所以我真的接触不到。"

  胡尔德恳求道:"帮忙想想办法。"

  迈凯伦:"想不出来,公司制度严格,戒备森严,我接触不到保密文件,肯定没有机会接触。"

  胡尔德:"……"

  迈凯伦:"那些都是公司机密,我真的接触不到,完全接触不到。"

  ……

  于是,迈凯伦就将这一个借口坚持到底,最后终于拒绝了胡尔德的不合理请求。

  由此看来,当你想要拒绝某件事情的时候,将理由条条罗列、多多益善并不一定是让你屡试不爽的好方法。也就是说,比起绞尽脑汁地搜刮许多理由,反复重复同一条理由反而更容易让对方放弃原本的坚持。

第五章

从旁枝入手，迂回找孔——
FBI迂回攻击对手的心理策略

FBI并不仅仅是一个安全组织，更多时候它像一个超级心理组织。因为FBI能够以各种方式去解读人的内心，并且在窥视别人内心密码的同时，找到事实的真相。而在FBI的"攻心术"中，"从旁枝入手，迂回找孔"的方式更是其中最重要的一个——从别人最不注意的话题入手，在别人警惕性不高的地方展开侦查，从而在别人毫无预知的情况下掌握对方的心理，解读对方的内心世界，从而搜寻到自己想要的信息。而对于我们普通人来说，掌握"从旁枝入手，迂回找孔"的FBI"攻心术"更是一种不错的生存技能——它能够帮助我们读懂别人的内心，从而让我们明白别人对我们的态度，进而更好地保护自己。

FBI攻心策略：迂回找孔，寻找共同的"敌人"

一个男人正坐在审讯桌的对面，他的脸上一点表情都没有，显得有点木讷，过去的两个月内他接受数次审讯，但是一直都这个样子。男人的对面坐着一个身穿黑色职业套装的女子，她正在拿起一沓案卷，梳理着自己的思路……

这个男人叫做罗伯特·诺里斯，他是一起毒品交易案的犯罪嫌疑人。但是这会儿，没有人能够肯定他就是这起毒品交易案的真正犯罪者。因为警察仅仅抓住了他一个人，查到的毒品有360克，可是并不是人赃俱获——罗伯特是在一家酒店被抓住的，而毒品是在一家超市的仓库里被查出来的，他们之间唯一的关联就是罗伯特是那一家超市的卸货工。

负责审问罗伯特的女子叫做朱丽娜，是联邦调查局的高级特工。朱丽娜看着面无表情的罗伯特说道："我知道你和这些毒品有关，但是你是不会被起诉的！"

刚才还一脸木讷的罗伯特在听到这句话之后，眼睛里立刻闪过一丝不易被察觉的光亮。而这丝不易被察觉的光亮一点都没有逃过朱丽娜的眼睛。朱丽娜接着说："我觉得应该起诉的人是那些一直假装是你的好朋友，却一直让你替他们承担风险的浑蛋。对吧，罗伯特？他们不是你的朋友，而是我们这些无辜的人的共同敌人，我想你真的是无辜的。"

第五章
从旁枝入手，迂回找孔
——FBI迂回攻击对手的心理策略

"我恨死他了，那个婊子养的，他总是把钱拿走，给我很少的一部分，而且每一次我都负责拿货，最危险的活儿总是交给我。"罗伯特终于开口说话了，而这正是朱丽娜想要的。

"哦，喝杯咖啡，将你不幸的遭遇说出来，让他得到他应该得到的报应。"朱丽娜将一杯咖啡推到罗伯特的面前……

二十分钟之后，朱丽娜起身离开了审讯室，而她已经拿到了自己想要的一切——罗伯特交代了自己的犯罪事实，而且供出了一个多达37人的贩毒团伙。两天之后，轰动一时的"超市藏毒"案告破，罗伯特供出的那37个同伙全部被抓获。在警长劳伦斯问起朱丽娜为什么能够在短短的二十分钟内就将难度很高的案件侦破这一问题时，朱丽娜一脸微笑地回答："我和罗伯特成为了朋友，我们都找到了共同的敌人，所以他愿意告诉我，我们共同敌人的一切。"

这是一场经典的FBI心理战：高级特工朱丽娜先是打消罗伯特的戒备心理，然后再一点一点地拉近自己与罗伯特的心理距离，直到彻底地击溃罗伯特内心的最后一道防线，让其相信朱丽娜并不是直接审讯他的人，不是那个站在自己对立面的人，而是一个正在帮助自己走向光明的人。如此一来，就让罗伯特觉得自己就是被自己的同伙愚弄了，这使他希望从朱丽娜那里找到让自己内心的不满得到宣泄的方式。

很明显，这个案例中的主要人物罗伯特是一个心理抵抗力很强的人，他能够在警方的审讯下坚持两个月，让警方一筹莫展，致使警方最后请来FBI的高级特工朱丽娜来审讯。从这个案件中我们可以看出，罗伯特只要继续坚持下去，不向朱丽娜妥协，他就能够成功出狱，继续逍遥法外。因为警方并没有太多的证据能够证明他就是一名贩毒分子。

但是，非常不幸，对于罗伯特而言，他碰上了心理战高手朱丽娜。从他们的对话中我们可以看出，朱丽娜和之前那些审讯的警察一样，她也是没能直接突破罗伯特的心理防线，但是聪明的朱丽娜却并没有选择和之前那些审讯的警察一样的做法。因为她知道那样做一点效果都没有。因此，朱丽娜选择了另一种方式——迂回找孔，寻找双方之间产生交流的共同点。

朱丽娜先是让罗伯特高度戒备的心理得到了一定程度的放松——"我知道你和这些毒品有关，但是你是不会被起诉的！"这话中的最后一句让罗伯特看到了一丝希望，自己还有可能被免除起诉。这对于任何一个犯罪分子来说都是非常具有吸引力的一句话，因为绝大多数的犯罪分子在接受审讯的时候都有一个共同的心理，那就是尽可能地减少自己的犯罪事实。而朱丽娜的这一句话就恰好抓住了罗伯特希望减少自己犯罪事实的心理。其实，他在之前的数次审讯中都没有招供，也就是为了有效地减少自己的犯罪事实。所以，在罗伯特听到这句话之后，他的心理就产生了一个非常大的变化——这个警察能够让我减少刑罚。

在"这个警察能够让我减少刑罚"的心理基础上，罗伯特的眼睛中产生了变化，而这一变化在被朱丽娜发现之后，她立刻顺势而下，继续消除罗伯特的戒备心理，同时一点一点地增加自己在罗伯特心中的好感。结果是，朱丽娜逐渐让罗伯特的戒备心消除，并且让其觉得自己现在要做的不是继续抵抗，而是说出自己和团伙的犯罪事实。因为他感觉到自己就像朱丽娜所说的那样，是一个无辜的人，是受到同伙的蒙骗才犯罪的。所以，他将自己的犯罪事实和同伙向朱丽娜交代得清清楚楚……

在我们的现实生活当中，如果遇到非常棘手的事情和难以沟通的人，我们不妨向FBI的特工学习一下，采用迂回找孔的方式，找到双方继续合作的共同点，然后解决棘手的难题。

迂回找孔这一"攻心术"其实非常实用，它的关键之处就是找准双方合作的共同点，巧妙的地方就在于以旁敲侧击的方式去打动对方，消除对方的戒备心理，从而让彼此成为站在同一战线的朋友，而不是双方都站在对方的对立面上。

迂回找孔这一"攻心术",在实施的过程中一定要注意以下几点:

(1)迂回找孔"攻心术"一定要突出"迂"的手法。

这里的"迂"就是旁敲侧击的意思,通过一点一点旁敲侧击来搞清楚对方的心理状态,然后再一点一点地将自己的真实意图表露出来,告诉对方我们可能有着同样的心理。比如说,有两个做生意的人,一个是收购货物的,一个是卖出货物的。收购货物的人开出的价格比卖出货物的人开出的价格要低,这个时候收购货物的人就可以从货物的成色、质量、当前市场行情等各个方面去进行比较,然后让卖出货物的人逐渐接受自己的意见,从而产生心理动摇。所以,在迂回找孔"攻心术"的实施过程当中,一定要突出这个"迂"字,以"顾左右而言他"的样子让自己的意见产生作用,消除对方的敌对心理,从而让其作出有利于自己的判断。

(2)迂回找孔"攻心术"的关键点就是找准双方的共同点。

迂回找孔"攻心术"的重点不是"迂"而是"孔","迂"只是消除对方戒备心理的一个手法,这只是"术"而不是根本。所以,迂回找孔"攻心术"的关键点就是要找到那个双方都满意的共同点。只有双方都找到了能够满足对方利益或需求的共同点,才能够达成合作。比如说,在一场谈判中,甲公司希望和乙公司签订5亿元的合作项目,但是乙公司只愿意签订一个3亿元的合作项目,因为乙公司的资本有限。在这个时候,甲公司就可以去替乙公司做个项目投资调查报告,是站在双方的立场上去做,而不是单纯地站在乙公司的立场上去做,最后通过调查分析得出一个结论,5亿元的项目因为乙公司的原因是不可能展开的,而3亿元的项目利润又太小,那么双方可以再将合作项目的金额降为4亿元,在乙公司能够承受的最大基础上实现双方合作的利益最大化。这样一来,相信甲公司和乙公司在4亿元这个双方都能够接受的共同点上会完成合作。

2 学会寻找与对手之间的共同意向

可以说，每一场竞争都是一场战争。这是因为，竞争都是残酷的。而我们要想在激烈的竞争中实现自己的目标，最好的方式就是化对手为合作伙伴——在竞争中读懂对手的内心，找到双方的共同意向，达成合作，从而顺利实现自己的竞争目标。当下，可以说这是赢得竞争的最好方式。

1997年，美国联邦调查局破获了一起凶杀案，案犯的主角叫做唐·托马斯。托马斯是一位律师，他在阿拉斯加州的一个律师事务所工作，生活非常优裕却很抠门儿，在被抓获之前根本没有人认为他就是凶手。

1996年10月12日凌晨3点27分，托马斯潜入好朋友斯利姆的家中，用一把切面包的刀杀了斯利姆一家三口，然后他清除掉自己在案发现场的所有痕迹，转身离开。可以说，托马斯的手法非常干净，警方在斯利姆的家中整整搜寻了40多个小时，结果仅仅是在卫生间里找到了一个托马斯的指纹。但是，在斯利姆家的卫生间里同时发现了二十多个不同的指纹。显然，托马斯的指纹只是其中的一个。更令警方感到泄气的是，托马斯有充分的证据证明自己在案发当晚不在案发现场。

当时，FBI的调查员哈瑞·蒂斯克在案件迟迟不能告破之时被派去负责破获这起凶杀案。蒂斯克在调查了几天之后，只能确定：在留下的二十多个指纹中，只有托马斯的嫌疑是最大的，因为他发现斯利姆家的草坪上有汽车碾轧过的痕迹，而这个痕迹和托马斯的汽车的轮

第五章
从旁枝入手，迂回找孔
——FBI迂回攻击对手的心理策略

胎痕迹相吻合。但是，仅仅凭借汽车轮胎的痕迹无法证明托马斯就是凶手。

多年来的办案直觉告诉蒂斯克，托马斯就是凶手，只是现在证据还不够充分。蒂斯克在接下来的调查中发现，证明托马斯当晚不在案发现场的只有人证而没有物证——一家夜总会的六名女侍和两个经理证明，在案发当晚，托马斯10点钟来夜总会消费，直到第二天早上6点才离开。

"很肯定，这八个人都说了谎，或者他们也参与了这场谋杀。"蒂斯克这样对自己说。但是怎么证明这些人都说了谎呢？蒂斯克认为，最好的方式就是让他们自己证明自己说了谎。那么如何解决这个难题呢？蒂斯克认为很简单——他找到那八个证人，给他们看了一样东西，结果是八个人全部都承认自己说了谎。蒂斯克给他们看的是托马斯的存款记录，他的记录单上清楚地记录着他只有26.7美元的存款，而这意味着他们做的伪证得不到任何回报……

看完这个故事，我们不得不承认，蒂斯克是一个非常老道的办案高手。在一起看似根本无法破获的凶杀案前，他表现得非常冷静，没有固执地去苦苦寻觅那些能够证明托马斯就是凶手的物证，而是从本案最大的"铁证"也是最大的"疑点"，即八名人证的身上打开了缺口。因为蒂斯克知道，那八名人证之前之所以在警方凌厉的审讯下能够保持统一的口径，都有一个共同的原因，那就是被托马斯花重金收买——他们就是托马斯请来的"伪证人"。

不得不说，蒂斯克就是一名不折不扣的心理战高手，因为他在给那八名"伪证人"看托马斯的存款记录之前，根本就不能确定这八个人都是"伪证人"。但是他之所以这么做，就是因为他了解那八个人的心理——他们都害怕托马斯不给钱。蒂斯克之所以作出这样的判断，就是因为他在了解托马斯的过程当中，大家都有意无意地提到他是一个很抠门儿的人。

蒂斯克知道，在案发之后，托马斯一直被当做重点嫌疑人来侦查，他是不可能在这个时间关口去给"伪证人"支付报酬的，既是抠门儿之人，其提前支付报酬的可能性自然也不是很大。所以，蒂斯克认为，拿出托马斯少得可怜的存款记录单就能够让"伪证人"开口说出真话。因为他们都有着共同意向：拿到钱，继续将秘密隐藏下去；拿不到钱，那就立刻翻供。结果是，蒂斯克成功了，那八个"伪证人"本身就对抠门儿的托马斯能不能支付报酬有点疑心，所以在看到托马斯的存款记录单之后，他们立刻便说出了"真相"。

事实上，蒂斯克成功的关键就在于他是一个非常善于使用"攻心术"的人——在美国联邦警察的培训中，善于阅读别人的内心，从人的内心世界的变化中找到罪犯犯罪的蛛丝马迹，一直都是美国联邦警察的培训技能中的关键一项。在这个案例中，蒂斯克成功寻找到了他与"伪证人"之间的共同意向，即"拿不到钱，那就立刻翻供"，结果他成功地破获了这起暴力凶杀案。

在我们的生活、工作当中，通过阅读别人内心找到双方的共同意向也是非常重要的，因为这能够让我们在竞争中胜出——我们现在生活在一个竞争异常激烈的社会当中，不但要与对手竞争，而且还要从对手的手中拿到想要的东西。显然，这单单依靠实力上的竞争是无法完成的，所以我们更多的时候还需要在竞争中与对手合作，即"竞合"制胜。

学会寻找与对手之间的共同意向，这本身并不是一件难事，因为只要我们向美国联邦警察那样去做，我们也可以像他们一样成为一个"攻心术"高手。如此一来，我们就能够从对手身上找到赢得竞争的共同意向。那么，美国联邦警察是如何从别人身上找到共同意向的呢？

（1）从别人的生活习惯上探求双方之间的共同意向。

从别人的生活习惯上探求双方之间的共同意向。这句话让人看起来有点百思不得其解——在激烈的竞争过程当中，我们怎么可能从别人的生活习惯上探求双方的共同意向呢？其实，这并不是大家想象得那么"风马牛不相及"。美国联邦调查局的犯罪心理专家尤德利说过:"一个人的生活习惯中有很多的内心密码,我们需要从他们的生活习惯中去分析解读他们的内心密码,这样有利于我们发现他们做事情的动机。"

在激烈的竞争中,我们应该留心竞争对手的生活习惯,从他们的穿衣、吃饭等生活习惯中挖掘出他们的"内心密码",解读出他们与我们之间的共同意向,从而以双方的共同意向为基本点,最后顺利完成合作,实现双方利益的最大化。

(2)共同意向往往等同于共同利益。

有句俗话说得好:"世界上没有永远的朋友,只有永远的利益。"在每一场竞争中,双方展开激烈争斗的目的就是为了获得自己想要的利益。换句话说,没有利益,世界上根本就不可能发生竞争。

在一场竞争的展开过程中,竞争双方都有一个彼此接受的利益实现的底线,而这个底线就是双方的"共同利益",即双方之间的共同意向。所以,当我们在日常生活工作中,在面对自己所面临的竞争时,千万不要去孤军奋战,而是应该学会"竞合"——在和竞争对手找到双方合作的共同意向的基础上,一边竞争一边合作,从而将风险最小化、利益最大化。

(3)从对方的谈话中捕捉到有关共同意向的信息。

人与人之间的每一次谈话都是内心想法的表露,而谈话的深度也是内心想法表露的深度。一般来说,两个人之间谈话时表露得越深入,双方就越容易捕捉到彼此之间的有关共同意向的信息。

美国联邦调查局的资深警官汤姆·诺维奇说:"每一次审讯就是一次和犯罪分子的谈话过程,你和他们的谈话越深入,你越能够得到更多的信息。如果你能够从一开始就找到双方之间的共同意向,那么你就能够获得更多的信息。"

在我们的实际生活工作当中,要想和竞争对手产生一种"竞争合作"的竞争模式,那么我们可以选择与竞争对手进行谈判,在谈判桌上从彼此的说话中找到双方之间有关于共同意向的信息,从而顺利找到双方合作的基点,在这个基点上达成合作意向。

3

扰乱对手的心神,分散对手的注意力

美国联邦调查局的心理专家斯图特·门德洛说:"每一次与犯罪分子进行较量后,最好的方式就是让他们分神,不要让他们集中注意力,因为这样他们通常会抵抗更长的时间,而分散他们的注意力,则能够用很短的时间从他们的嘴里获得更多的真相。"

每一个生活在这个世界上的人,都离不开竞争,在我们做生意的时候有竞争对手,在我们升职的时候有竞争对手……可以说,竞争在我们的生活中无处不在。所以说,我们要想从竞争中胜出,就必须做到像斯图特·门德洛所说的那样——分散对手的注意力,扰乱他们的心神,在最短的时间里知道更多的事情——只有这样我们才能够获得胜利。

午后的宾夕法尼亚州沉浸在金色的阳光当中,微风轻轻拂过脸庞的感觉非常舒服。在一个只有一张桌子和一个大灯的房间里坐着三个男人,其中两个是联邦调查局的警官法尔松·斯蒂文森和乔治·莫里斯,剩下的一个是正在接受审讯的犯罪嫌疑人杜契克·法玛尔。

法玛尔涉嫌一起偷窃案,他被怀疑与一起银行金库失窃案有关。只不过,警方掌握的证据实在少得可怜,有着多次犯罪记录的法玛尔这一次做得非常干净,他几乎将所有的证据都销毁了,除了自己在现

第五章
从旁枝入手，迂回找孔
——FBI迂回攻击对手的心理策略

场留下的一个和自己鞋码一样大的鞋印（警方却没有在法玛尔的住处发现这只鞋子），警察就再也没有发现任何有价值的线索。可以说，仅仅凭借着鞋码的大小是无法确定犯罪分子就是法玛尔的，因为同样鞋码的人有成千上万个。而法玛尔之所以被认为是这次偷窃案的嫌疑人，是因为其一直以偷盗银行金库而出名，被人称为"金钥匙法玛尔"，再有就是案发当日有人看见他在金库附近的一家酒吧喝酒。

"一只鞋印，你们就能够确定是我？在附近喝酒的人多了，为什么他们不是犯罪嫌疑人？"还没有等斯蒂文森和莫里斯发问，法玛尔已经率先发问了。很明显，他的反客为主就是想要在审讯中占据主动，从而让自己在审讯中获得胜利。

"你是我见过的最狡猾的人，法玛尔，不过我听说你养的那只狗最近发疯了，会不停地撕咬沙发。"斯蒂文森答非所问地说。

"哦，你们是打算和我聊两个小时之后放我吧？那好吧，你们想听什么，我养的狗有外遇了？哈哈。"

"不是，我听说你家的狗很喜欢吃AG67号大街上卖的狗粮，跟我家的狗一样，都很挑剔。"斯蒂文森说道。

"对对对，哈尼是很挑剔，他喜欢吃那家狗粮店卖的狗粮。"法玛尔一谈到爱犬，立马放松了警惕，话变得多起来了。

"我给我家的狗买红色的靴子穿，而我也会配上一双蓝色的运动鞋，蓝配红，很不错的颜色。"斯蒂文森一边说，一边给法玛尔扔过去一根烟，气氛进一步缓和。

"是吗？我也是，我喜欢给哈尼穿上布鞋，而我则穿上工装靴。"

"是'埃文'的工装靴吗？我有时候也穿。"

"是的，哦不是不是，我不穿'埃文'的工装靴，我没有品牌嗜好。"法玛尔已经意识到自己说漏嘴了，可是已经晚了。

"不要着急，我们已经找到了那双工装靴，上面有你的指纹，鞋印与案发现场的鞋印完全吻合。"斯蒂文森马上紧逼着说。

"不可能，你们怎么会找得到，我扔在了很远的地方，那双该死的工装靴。"法玛尔气急败坏地说。

"哦，谢谢，这下我们终于确定你犯罪了，你刚刚说'我扔在了很远的地方'，对吧？"

在这个故事中，狡猾的法玛尔很难缠，他能够在审讯一开始就主动发问，这说明他的心理素质非常过硬。再加上他有过受审讯的经历，说明他不是一个简单的小角色。但是，主审的警官斯蒂文森却没有让法玛尔得逞。他知道，像法玛尔这样的硬角色，常规的审讯方法可能已经无法奏效了，所以他选择了非常规的审讯方法——扰乱对方的心神，分散对方的注意力，在不经意间套出关键信息。

可以说，斯蒂文森做得非常棒，他在法玛尔主动发问之后，并没有让自己的思维跟着法玛尔设计的方向走，而是坚决地按照自己的思维方向走。为了让法玛尔能够跟着自己的思维去回答问题，斯蒂文森选择了法玛尔最意想不到的"突破口"——从法玛尔家的狗谈起。其实，斯蒂文森之所以选择这个突破口，是因为他在审讯开始之前就做了非常细致的工作，已经彻底了解了法玛尔。

为了分散法玛尔的注意力，斯蒂文森故意拿出一副拉家常的口吻，以闲聊的方式慢慢地打消了法玛尔的抵抗意识，并逐渐顺着自己的思维找出了法玛尔说话中的破绽，最终成功地破获了这起案件——斯蒂文森在整个谈话过程中，一直都注意分散法玛尔的注意力，这是破案的关键，也是我们在这个案件中需要学习的东西。

扰乱对手的心神，分散对手的注意力。这个方法在美国联邦调查局的审讯中是一个很常用的方法，而且能够收到不错的效果。而在我们的日常生活和工作中，扰乱对手心神并且迫使其注意力逐渐分散的方法也是我们必须掌握的一种方法，因为它能够帮助我们更有效地瓦解对手的心理防线，从而顺利拿下对手，实现自己的竞争目标。

可以说，以分散别人的注意力的方式来实现自己的目标这一方法在我们的生活、工作中很重要，但是这个看似简单的方法却不是很好

用。下面我们就向FBI学学,来看看美国联邦警察是如何使用这一方法的:

(1)谈一些对方感兴趣的题外话,让对方的注意力随着谈话的深入逐渐分散。

美国联邦调查局高级警员法尔松·斯蒂文森说过:"不管是多么沉默的嫌疑人,他都有感兴趣的事物,而那些感兴趣的事物往往是他们犯罪的来源,因为很少有人愿意为他们不感兴趣的事情去干傻事。"由此看来,每一个人都有感兴趣的事物,而感兴趣的事物恰好是最能够让人分散注意力的东西。

美国心理学家保罗·艾克曼在一项研究中发现:那些不能够静下心来思考一件事情的人,通常都是性格外向、个人兴趣非常广泛的人,这类人通常都会因为感兴趣的东西多,而在思考的过程中受到很多影响,所以很难静下心来思考一件事情。

在我们的日常生活工作中,一旦遇到激烈的竞争,我们就可以考虑用竞争对手感兴趣的事物去分散他们的注意力,从而有效地控制对手,实现自己的目标。

(2)旁敲侧击,不要过分地谈论具体事情。

要分散对手的注意力,那就必须掌握对手的心理,而通常在竞争中的具体事情都是双方所关注的焦点,因此不要过多地谈论具体事情就是一种有效地分散对手注意力的方法。在FBI的办案过程中,他们很少去直接审问案犯的犯罪经过,而是通过不同的侧面去了解,因为这样比强迫审讯要有用得多。

不能过分地谈论具体事情,又想要知道事情的具体情况,最好的方式就是旁敲侧击,通过多方面巧妙询问,在谈话的过程当中搜集自己所需要的信息。比如医生有时候不能够直接和患者谈论病情,他们往往就会采用旁敲侧击的方式去了解。

(3)提出反对意见,也能够有效地分散别人的注意力。

没有人愿意听反对意见,因为不论是多么棒的反对意见都会引起被反对者心理上的不舒服。美国联邦调查局警员乔治·莫里斯说:"我很喜欢去激怒犯罪嫌疑人,然后让他们在发泄愤怒的过程当中将犯罪事实交代得一清二楚。"

不可否认,很多人都有过这样的经历,自己认为一个非常不错的想法结果被人批得一文不值,这个时候通常都是很令人上火的。所以,我们在和对手竞争的过程中,有意识地去激怒竞争对手,也就是成功地分散了对手的注意力。比如说,在美国男子职业篮球比赛中,很多的选手都会互喷垃圾话,以此来激怒对手分散对手的注意力,让对手做出误判,从而让自己击败对手。在美国男子职业篮球比赛中,被称为"篮球上帝"的迈克尔·乔丹就是一个不折不扣的"垃圾话大王",因为他总是能够用垃圾话让对手怒气冲冲,从而使其做出误判,让他成为球场上的主宰者。

顺应对手的意愿,将计就计的心理策略

20世纪七十年代初,苏联向美国政府提出一个要求——驻华盛顿的苏联大使馆过于陈旧,而且空间越来越小,已经不能满足正常使用,所以苏联希望美国政府能够允许苏联新建一座大使馆。

苏联提出这一要求之后,立刻使美国国会炸开了锅,反苏派议员要求不答应苏联人的要求,而亲苏派议员则要求答应苏联人的要求。就在双方争得难解难分之际,FBI提出允许苏联人修建新的大使馆,但是必须是在苏联人之前要求的"阿尔托山"的地方修建。因为FBI发

第五章
从旁枝入手，迂回找孔
—— FBI迂回攻击对手的心理策略

现，这座位于威斯康辛大街的地方，非常适合给苏联人做点"小手脚"。

其实，FBI的目的非常明确，那就是给苏联人来个将计就计。最终，美国政府采纳了FBI的意见，同意苏联人在其指定的"阿尔托山"修建新的大使馆。

几个月之后，苏联人开始修建新的大使馆，而FBI和美国国家安全局则开始了一项美国情报史上最昂贵的工程——在苏联新建的大使馆下面挖一条窃听地道。结果是，苏联人在上面施工，FBI和美国国家安全局在下面挖洞，等到苏联的新大使馆建好之后，美国人的窃听地道也挖成功了。最后，就是这条隐蔽的窃听地道，让美国人在上世纪70年代到80年代期间，获取了大量的情报，而这些情报的价值远远高于这项昂贵的地道工程。

将计就计的策略一直都是一项使用率非常高的计谋，不论是在战争中还是心理对抗中，这一招一直被大量使用。美国联邦调查局的心理专家卡洛斯·梅奥说过："罪犯在招供的时候都有一个特定的心理，他们希望自己的思维不被左右，因而非常注意警察提出的每一个问题，如果警察能够按照罪犯的心理意图去说话提问，引导其在固守自己思维的状况下露出破绽，就应该很容易破案。"实际上，将计就计这一方式一直都是FBI最擅长使用的一种"攻心术"，它能够让罪犯在不经意间说出犯罪的事实。

在我们的日常生活、工作当中，如果自己想要达成某一项目的，那么就不妨采用将计就计的方式去实现。比如说，你是一名业务经理，在与客户谈判的过程当中，你自然不可能直接去拂客户的面子，那么在这个时候你不妨就采用将计就计的方式，先按照客户的意思来办，等到客户逐渐满意的时候，开始见缝插针，一点一点地将自己的意见写进合作协议中去，最终达到成功俘获客户的目的。将计就计其实就是一种心理引导的过程——先摸清对手的意图，之后按照对手的意图再去布局，最终成功地实现自己的目标。

在日常生活、工作中，我们都会给自己设立很多的目标，有一些目标自己可以直接实现，但是有一些目标就需要别人的配合才能够实现。而那些需要别人配合才能够实现的目标往往不太那么容易实现，因此我们可以采用将计就计的方式去得到别人的配合——在能够配合的人那里找到一个共同利益点，然后以这个共同利益点为"诱饵"，让别人一步一步地走进自己事先就布好的局中，从而实现自己的目标。

众所周知，将计就计的心理策略在很早之前就已经有了，历史上使用这条计策获得成功的人不在少数。但是在现代，使用这一计策最为广泛、获得成效最大的无疑就是FBI。那么，我们下面就来看看FBI是如何使用这一心理策略的。

(1)摸清对方的心理意图是关键。

将计就计，首先就得知道别人用的是什么"计"，不知道别人的计谋怎么给别人"就计"。换句话说，你连对方的心理意图都没有摸清楚就开始布局，那么你这个局到底是给谁布的呢？所以说，在将计就计的时候，首先一定要摸清楚对方的心理意图。

美国联邦调查局的高级探员托尼·西蒙斯说过："我在探究犯罪嫌疑人的心理意图之时会非常注意，一句话、一个动作，都可能导致对方的警惕性提高，增加审讯难度，让他的思维不再跟着你的思维继续下去。"可以说，探究对方心理意图的时候，最关键的是不能够让对方有所察觉，一旦对方有所察觉，那么无形中就增加了"将计就计"的难度，或者直接导致目标策略无法实现。

(2)切勿打草惊蛇，更不要暴露自己的意图。

能够成为你的对手的人，其智商肯定不会比你低很多，所以你不要将别人看得太愚蠢——在探究对方的意图之时，一定不能打草惊蛇，更为重要的是不能暴露自己的意图。因为在你试探别人的时候，别人往往也在试探你。

美国联邦调查局的高级探员托尼·西蒙斯说："我的意图总是藏

在最深处，我不会让他们知道我的意图，他们一旦知道我的意图肯定会隐瞒更多的真相。"正如托尼·西蒙斯所说的那样，如果我们在和对手博弈的过程当中，不慎暴露了自己的意图，那么实施将计就计的可能就是别人了。所以，在将计就计的过程中，切勿打草惊蛇，更不要暴露自己的意图。因为这是实施这一计策的关键点。

（3）环环紧扣，不能露出任何破绽。

美国联邦调查局的心理专家雷蒙德说："在你试图引导别人按照自己的思维去做某事的时候，最好设计出一套衔接性非常紧密的方案，不要给别人察觉的机会。"

在将计就计的方案实施的过程中，应该从一开始就设计好总体发展框架，在执行的过程当中做到随机应变，环环紧扣，不露出一点破绽。因为只有如此才能够达到自己的目的。当然，在这个过程中，还应该根据情况的变化调整目标结果——单纯固守一个既定目标结果，最终很可能无法实现。

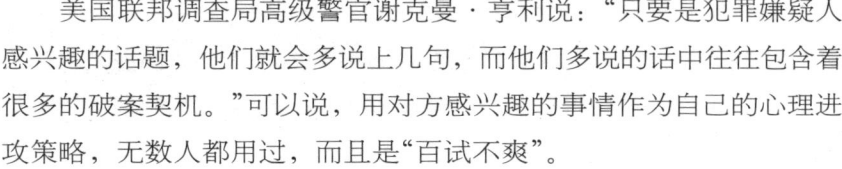

用对方感兴趣的事情作为自己的心理进攻策略

美国联邦调查局高级警官谢克曼·亨利说："只要是犯罪嫌疑人感兴趣的话题，他们就会多说上几句，而他们多说的话中往往包含着很多的破案契机。"可以说，用对方感兴趣的事情作为自己的心理进攻策略，无数人都用过，而且是"百试不爽"。

英国伯明翰大学的心理学教授西蒙·乔克曾经做过这样一个实验——他给十个人每人一张10元面值的英镑，然后让他们去买东西，看看谁买的东西价值最高。结果是，这十个人当中，没有一个人买的东西的实际价值超过10英镑，但是每一个人都对自己买的东西很满意，因为他们都买到了自己喜欢的东西。由此，西蒙·乔克得出这样一个结论：人在自己感兴趣的事物面前，其受损害的抵抗力是最差的。所以，当我们在竞争中需要实现某一个目标的时候，不妨"投其所好"，用对方最感兴趣的事情去麻痹对方，从而顺利实现自己的目标。

2010年2月，美国联邦调查局宣布抓捕了俄罗斯间谍安娜·查普曼。在抓捕查普曼之后，负责监视的FBI特工人员惊呼："查普曼真是太老练了，竟然在被FBI高度监视的六个月中没有露出一点的蛛丝马迹，这真是太不可思议了。"

为了让查普曼露出马脚，FBI专门设了一个"局"。美国联邦调查局先是派遣了一名特工，假装成为一个房地产商去接触查普曼，因为查普曼在美国的公开身份就是一家房地产网站的负责人。很明显，联邦调查局的目的十分明确，那就是用查普曼最感兴趣的事情作为"诱饵"，从而成功打开缺口，找到查普曼的罪证。

但是出乎美国联邦调查局意料的是，查普曼对这名FBI派出的"房地产商"一点儿都不感冒。最终美国联邦调查局得出了这样的结论：查普曼是一名接受过高等训练的特工人员。

一招不成，美国联邦调查局却还是决定继续使用这一招。只不过，在第二次使用这一招的时候，美国联邦调查局选择了换人——他们派出一名男特工伪装成为一名俄罗斯的驻外官员。在FBI看来，查普曼作为一名特工人员，她不可能对自己的上级不"感冒"，而且这名上级还给她带来了其非常感兴趣的新任务。

果然不出美国联邦调查局所料，查普曼在听说有新任务之后，表现得非常兴奋，当即给这名"伪上司"打电话，要求在纽约曼哈顿中心的一家餐厅见面接头。FBI的特工在和查普曼接头之后，交给查普曼一本假护照，让其交给另一位女间谍。

查普曼在拿到感兴趣的任务之后，立刻以假姓名和假地址购买了一部手机,准备实施行动。而这一切都没有逃得过美国联邦调查局的眼睛,还没有等查普曼进行活动,美国联邦调查局就立刻采取了"收网"行动,成功地抓获了查普曼。

从这件事情中我们可以看出,美国联邦调查局之所以能够成功地抓捕查普曼,一个最为关键的因素就是其找到了查普曼的致命"软肋"。于是,他们假意给查普曼一个她感兴趣的任务,最后让其在执行任务的过程当中暴露出来。

可以说,每一个人所感兴趣的事物都是其"致命死穴"。我们在竞争中完全可以采用投其所好的方式,用对方感兴趣的事物去诱导对方的思维跟着我们的思维发展,从而让自己更好地操纵对方的思维,实现自己的目的。

由此看来,用对方感兴趣的事情作为自己的心理进攻策略,无疑是人们赢得竞争的一个有力方法。但是,这个方法在使用的过程中还有许多的环节需要慢慢把握,如果把握不好就会收到相反的效果。那么,我们不妨来看看美国联邦调查局的警官是如何使用这一方法的:

(1)找出对方对什么事情最感兴趣。

美国联邦调查局的资深探员泰锡度说:"不要急着去审讯,最先做的应该是知道犯罪嫌疑人最喜欢什么。因为绝大多数的犯罪嫌疑人都是因为得不到自己最感兴趣的事物才去冒险的,这个关键因素非常有助于我们去破案。"

在竞争中找到对手最感兴趣的事情,这是我们成功地控制对方心理的一个关键点。关于如何找到竞争对手最为感兴趣的事物,FBI认为可以从以下几个方面去做:

①从研究对象的成长环境中去寻找其到底对什么事物感兴趣。

世界著名心理学大师西蒙曾经说过:"一个人有着什么样的爱好,他的成长环境几乎起决定性的作用。"一个人在成长的过程中,他的身边都有什么样的人,其有着什么样的阅历,都决定了他的爱好。比如说,一个出生在文化家庭中的孩子,在其成长的过程中,由于受到家庭中的文化氛围的熏陶，可能非常爱好文艺；一个出生在贫民窟的孩子，在其成长的过程中接触到了大量的犯罪事实，其身体中就会有一定的暴力成分，因此其潜意识中对犯罪或许就有着某种病态的喜好。由此看来，我们从了解竞争对手的成长环境中，就大概知道其喜欢什么，对哪些方面比较感兴趣，从而找出其感兴趣的事情，作为操纵其心理的"武器"。

②从研究对象的生活习惯中找到其到底对什么事情最感兴趣。

美国联邦调查局的心理专家雷蒙德说："每一个人的生活习惯就像一台投影仪，清清楚楚地反映出了一个人的真实面目，他喜欢什么，他不喜欢什么，都反映得淋漓尽致。"

一个人在生活中，总是被自己的习惯所支配。所以，我们要想了解竞争对手到底对什么事物最感兴趣，就应该去观察对手的生活习惯，找出其最喜欢的事物，从而利用对方喜欢的事物去操纵对方的心理，进而成功地实现自己的目标。

（2）利用对方感兴趣的事情作为自己心理进攻策略的目的——把握对方的沉迷心理。

美国联邦调查局心理专家雷蒙德说："你能够和犯罪嫌疑人很好地交谈，这是一种成功，但是仅仅获得这种成功说明你还不是一个出色的侦查员，因为你还没有找到让他出现沉迷心理的话题，任何人在沉迷心理状态下都是戒备心理最弱的时候。"

对于大多数人来说，找到别人对什么事物最感兴趣并不是一件非常困难的事情，但是能够把握对方的沉迷心理绝对是一件很困难的事情。不过，对FBI的警员来说，把握对方的沉迷心理其实是一件非常简单的事情。下面我们就来看看FBI的警员是如何把握别人的沉迷心理的：

①积极地利用对方感兴趣的事物去刺激对方，让其注意力尽量集中在自己最感兴趣的事物上，而不是最重要的事情上。

为了让犯罪嫌疑人在高度戒备的心理下放松，FBI的警员总是会

尽可能多地去和犯罪嫌疑人谈论其最感兴趣的事情。比如说，在美国联邦调查局的审讯中，警官通常在一开始的时候并不是直接切入话题，而是会先给犯罪嫌疑人讲个笑话，聊几句天，让其精神逐渐放松，然后才开始切入正题，审问犯罪过程。而且在整个审讯过程中，FBI的警官都非常注意尽可能地让犯罪嫌疑人从其感兴趣的事情中透露出犯罪信息，从而有效地掌握其犯罪事实。

所以，在竞争过程当中，我们也应该向美国联邦调查局的警官学习，努力地利用竞争对手最感兴趣的事情去分散他们的注意力，让其不要过多地关注双方竞争的焦点问题，从而在对方松懈的时候慢慢地让其沉迷进最感兴趣的事情之中，进而让我们获得更多的机会去实现自己的目标。

②主动示弱，彻底消除对方的戒备心理，让其逐渐陷入沉沦心理之中。

每一个人都是有自制力的，所以绝大多数人往往在面对自己最喜欢的事物和最重要的事物之时，都会坚定不移地选择后者。对这种现象，世界著名心理学家埃克尔的解释是："因为每一个人从内心深处对周围环境都是恐惧的，所以其在做每一件事情的时候都会受到危机意识的影响，所以人们总是捡最重要的事情去做。"

在竞争中，为了能够彻底消除对手的戒备心理，我们可以采用主动示弱的手法——主动示弱能够有效地降低竞争对手的危机意识，让其逐渐产生一种安全感，从而慢慢地消除戒备心理，最终在其感兴趣的事物上一点一点沉迷，从而成为我们手中的"猎物"。

6

面对对手时，FBI用感情投资的方式换取回报

已故心理学大师阿德勒（Alfred Adler）曾经说过："每一个人都是感情的宠物，他们获得的感情越多，他们就越希望获得更多的感情，而人在过多的感情宠溺中能够变得温和、善良，愿意和大家分享这个世界。"事实上，每一个人都是非常希望获得别人给予自己的感情的，因为获得感情对感情丰富的人类来说是一种最好的回报。

美国联邦调查局的心理学专家霍尔斯金·艾伯特说过："当你将犯罪嫌疑人当做朋友，愿意和他们倾心交流的时候，他们很少会拒绝你。因为每一个犯罪的人都是某一方面感情的受挫者，当你和他们一起面对挫折的时候，他们总是会选择对你打开心灵之门。"

在美国联邦调查局，几乎每一个工作人员都会认真地对待他们的同事、朋友和犯罪嫌疑人，因为他们觉得只要自己对待别人的态度足够好，别人也会对自己好。在FBI的犯罪审讯中，警官很少会采用刑讯逼供的方式，而是会像一个心理医生一样，一步一步地打开犯罪分子的"心门"，让其在忏悔的过程中将犯罪事实交代得一清二楚。

在竞争中面对对手之时，我们不一定要采用最激烈的竞争方式去击败对手，但是我们绝对应该有和竞争对手合作的意识。在竞争中合作，在合作中竞争，这样才是实现利益最大化的最有效方式。因为在竞争如此激烈的当代社会中，多一个朋友远远比多一个对手要好得多。所以，我们可以向FBI学习——用感情投资的方式换取回报，让竞争对手变成合作伙伴。

第五章
从旁枝入手，迂回找孔
——FBI迂回攻击对手的心理策略

上世纪80年代，苏联派遣了一批特工潜入到美国。在这批特工潜入到美国的第二天，美国联邦调查局就通过莫斯科的"线人"得到了潜伏名单，所以很快就将这批特工全部抓获。不过，幸运的契约维科夫逃脱了。

事实上，契约维科夫之所以能够逃脱，最关键的原因不是他的逃跑能力很强，而是美国联邦调查局故意放其"逃脱"。当时，没有被抓获的契约维科夫顺利地逃到了俄罗斯大使馆，如果不出任何意外，他将顺利地返回莫斯科。

契约维科夫到达俄罗斯大使馆之后，立刻得到了保护，负责他安全以及返回莫斯科事项的人是尼尔聂诺娃。尼尔聂诺娃是一个非常漂亮的女人，她是克格勃的高级特工，不过她的真实身份却是FBI策反后安插在俄罗斯大使馆中的卧底。

契约维科夫在尼尔聂诺娃的照顾下，竟然对尼尔聂诺娃产生了感情。作为一名克格勃出身的高级间谍，契约维科夫深知和同行谈恋爱是危险的——他们俩很有可能被处决。但是，坠入爱河的契约维科夫却爱得义无反顾，他向尼尔聂诺娃提出："我们可以将自己手头的情报卖给FBI，然后在美国快乐地生活下去。"虽然，尼尔聂诺娃也认为这个想法不错，但是他们的手头并没有什么值钱的情报。如此一来，投靠FBI之后可能就得不到很好的保护。因为提供不了高价值情报的人通常都会被看做是小角色。

于是，契约维科夫又有了新的念头，回到莫斯科窃取高级情报，然后返回美国和尼尔聂诺娃共度余生……其实，尼尔聂诺娃最希望的就是让契约维科夫这样去做，因为她现在的最主要任务就是帮助FBI在莫斯科安插一名新特工。

后来，返回莫斯科的契约维科夫成为了FBI安插在莫斯科的一枚重要"窃听器"——他在此后四年的时间内，为FBI提供了很多价值非常高的情报。直到其在四年之后的一次返美执行任务之时，以公开叛逃的方式走进FBI大门之后，苏联才发现自己一手培养出来的高级间谍竟然为美国人工作了四年……

从上面这个故事中我们可以看出：契约维科夫之所以会选择叛逃，就是因为他陷入了爱情之中。而对于一个特工来说，这无疑是非常危险的，他很可能是被另一个特工给欺骗了，那个和他相爱的人可能仅仅是为了从他的嘴中窃取更多的情报。其实，在世界间谍史上，这样的例子已经发生过很多——利用感情投资的方式去换取回报。其实，这对尔虞我诈的特工来说已经不算是什么新鲜事情了。同样，对于以培养特工而闻名的FBI来说，这也是一件非常常见的事情。

但是，我们却能从这个故事中得到这样一个结论——当遭遇激烈竞争的时候，面对强大的竞争对手，我们可以用感情投资的方式去俘获对手，成功地赢得竞争。那么，我们该如何才能够用感情投资的方式去俘获对手并成功地赢得竞争呢？答案是，我们不妨跟美国联邦调查局的特工学学，看看他们是如何成功地用感情投资的方式去俘获对手的。

（1）感情投资，贵在真挚。

对一个人来说，真正能够感动他的感情只有真挚的感情。如果有人幻想着试图用硬挤出的那几滴眼泪去感动别人，那么其欺骗的只能是自己。美国联邦调查局的心理学专家霍尔斯金·艾伯特还说过："世界上最锐利的武器就是真挚的感情，因为它能够在瞬间摧毁一个人的内心世界。"

美国联邦调查局的前特工埃利亚·特纳说："很多时候，我总以为我付出的那些感情都是假的，可是现在我发现，那些感情都是真的，因为我会在某一个时间段想起那些被我感动过的人，虽然他们最终可能非常恨我，但是我想那个时候我是认真的。"

事实上，很多特工在自己的回忆中都认为自己是欺骗了别人，但是自己付出的感情绝对是真挚的。试想一下，不真挚的感情能够换回别人的信任吗？要知道，获得不了别人信任的感情投资注定是不会获得任何回报的。

可以说，真挚的感情对任何一个人来说都是具有很大"杀伤力"的，当我们付出真挚的感情之时，就能够获得别人的信任与感恩，从而得到自己想要的回报。所以，我们在竞争中以感情投资的方式换回报，关键要做到感情真挚。

（2）凡事积极主动，更要经受得住考验。

美国联邦调查局的前特工埃利亚·特纳还说过："在做事情的时候积极一些，能够收到很好的效果，而在遇到困难的时候更不要放弃，我在每一次活动中都会遇到困难，但只要能够挺过来，那么接下来等待自己的就是成功。"

实际上，当我们在进行感情投资的时候，做到积极主动是必须的，但是光有积极主动而经不起困难的考验，你的这份感情投资就会打水漂。因为没有人相信一个在困难面前选择放弃的人是真诚的。所以，我们在竞争中使用感情投资换回报这种方式之时，一定要做到凡事积极主动，更要经受得住考验。

此外需要注意的是，在积极主动的过程当中要把握好度的问题，不要去过分地讨好竞争对手，以免让对手变本加厉，在竞争中提出更多的要求。我们要做的就是，像FBI的高级特工一样，在积极主动中让对手感受到自己的认真，感受到自己真挚的感情投入，从而使其愿意与自己合作，由竞争对手转变为合作伙伴。

7 有话慢慢说，不要急于得出最终的结果

有话慢慢说，这不仅仅是一种礼貌，更是一种心态的体现。通常我们都知道，那些说话较慢的人都是思路比较清晰，讲话能够讲到点子上的人，而这些人最突出的一个特点就是城府深，轻易不会暴露出自己的想法，在不动声色中达成自己的目的。

美国联邦调查局的警员汤姆·奇斯克说："在审讯犯人的过程中，你不要着急先说，而是让犯人多说，自己在说话的过程中尽量少说一点儿，慢一点儿，不要急于得出结果，这样才能够让罪犯将罪行交代清楚。"可以说，说话慢是一种有效的"攻心术"，它能够让你更好地抓住对方的心理弱点，在谈话过程中突出自己的优势，从而得出有利于自己的结果。

乔治·杰克逊是美国联邦调查局的一名探员，他和别人最大的不同就是说话很慢。其实，杰克逊并不是一个不喜欢说话的人，他之所以说话慢，都是在长期的职业生涯中所形成的一种习惯。

在杰克逊长达二十多年的警察生涯中，他做的最主要的工作就是审讯。在每一次审讯过程中，杰克逊总是以慢吞吞的口吻来刺激罪犯的烦躁情绪，等到其情绪烦躁、逻辑混乱的时候，他才开始展开审讯。

一次，杰克逊碰到一个非常难缠的犯罪嫌疑人，不论杰克逊和助手使用什么样的方法，对方就是死活不肯开口。最后，杰克逊让助手出去，他一个人审讯——杰克逊使用的绝招就是不说话，直盯着犯罪嫌疑人看。

第五章
从旁枝入手，迂回找孔
——FBI迂回攻击对手的心理策略

"你怎么不问了，我都有点儿饿了，要不你给我点儿吃的，再继续看我。"犯罪嫌疑人懒洋洋地说。

五分钟之后，犯罪嫌疑人又接着说："你怎么还不吭声，麻烦给我点儿吃的好吗？我真饿了。"

四十五分钟之后，犯罪嫌疑人对着还是不说话的杰克逊说："我饿了！"

这一次，杰克逊说话了："我也饿了，大家都饿了。"杰克逊之所以在这个时候开口，是因为他已经从犯罪嫌疑人的语气中听到了对方的不耐烦——对方的心理防线已经开始崩溃。

"你饿了，这不是什么大事，大事是你——马上——就要……"

杰克逊慢慢悠悠的语气让犯罪嫌疑人很是不安，他不知道自己将要经历什么。

"麻烦你能不能直接告诉我，我马上要经历什么？"

杰克逊知道，现在终于到了开始审问的时候了。于是他说："我想知道，6月13日晚上9点，你是不是在科威尔酒吧喝酒，与你一起喝酒的就是詹姆斯·科里森？"

"是的，是和詹姆斯·科里森在一起。我回答了你的问题，你接下来要回答我的问题是，我将要经历什么事情？"

"哦，你要经历的大——事——情就是，我们的审讯正式开始，伙计，从你和詹姆斯喝酒开始谈起吧！"

这个故事的结果就是杰克逊成功地破获了这起案子。其实，犯罪嫌疑人的心理防线就是在他慢慢悠悠的说话声中一点儿一点儿的崩溃的，致使他最后说出了所有的作案经过。

从这个故事中我们也可以看出，有话慢慢说，能够让别人变得急躁，却能够让自己变得更加冷静，然后以自己的冷静对待别人的急躁，那么获胜的往往就是自己。

在当前这个社会当中，越来越快的生活节奏让人变得过于浮躁，因此很少有人能够慢吞吞地去说话，结果是自己的心理意图总是赤裸裸地暴露在别人面前，从而让别人非常容易地利用自己的心理弱点去实现他们的目的。

习惯看政治新闻的人基本都有这样一个印象，那些叱咤政坛的大人物在讲话的时候都慢条斯理，显得一点儿都不着急。其实，这些政治人物之所以说话很慢，不是因为他们是慢性子，而是因为缓慢的语速有助于他们理清思路，也能够让他们的讲话更有气势，显得非常沉稳。

美国联邦调查局的资深心理专家布多克说："那些讲话不快的人，他们都有着一双睿智的眼睛，能够在别人说话的间隙中读懂别人的思维，并搞清楚自己接下来怎么说话更为妥帖。"实际上，说话慢除了能够理清讲话思路之外，最大的好处就是减少自己犯错的机会，从而让自己处于有利地位。所谓"言多必失"就是这个道理。所以，我们在说话的时候一定要注意语速，尽量比别人慢一点儿，这样就能够像FBI的特工一样，抓住别人说话中的漏洞，慢慢地了解别人的真实意图，从而作出最有利于自己的判断，实现让自己满意的结果。那么，我们怎么样做才能够像FBI的特工一样，在慢慢悠悠的说话过程中把握对方的心理呢？

（1）说话时要慢，但是思维一定要快。

美国联邦调查局的一位探员说："说话慢的时候，思维就要转动得快一点儿，这样才能够让你的下一句话问到核心问题上，从而获取更多的信息。"由此看来，说话慢一点儿是为了使人们显得沉稳一些，而不是让人们的思维也跟着自己的语速变得越来越慢。相反，要想抓住对方的心理变化，那么就应该说话慢一点儿，思维快一点儿。

在现实生活当中，很多人总是说话很快，但是思维上的变化却很慢，所以这部分人经常碰到这样的现象——一个人说了大半天，别人愣是没有听懂他在说什么。所以，我们应该说话慢一点儿，让别人听明白的同时，也将自己所要表达的重要信息完整地传递给别人——只有在别人明白了我们说什么之后，别人才能够作出相应的反应。换句话说，你的话如果不能够让别人作出反应，那么你的话就白说了。

(2)了解对方意图，就应该慢一点儿。

讲话慢一点儿，是一种聪明的表现，让别人觉得你是在"三思而后说"。说话慢的人通常都显得心理很成熟，面对问题的时候不会鲁莽、暴躁。他们能够从别人的话中听出哪些话是对自己有好处的，哪些话对自己是没有好处的。所以，要想了解对方意图，自己说话时就应该慢一点儿，最好理解了别人话里的意思之后再说。

(3)说话可以慢，但是不能不专心。

美国联邦调查局的警官托尼·库科奇说："说话慢一点儿总是有好处的，但是你在和另外一个人交谈的时候，你缓慢的语速总是会让对方说得更透彻一些，但是如果你总是不看对方的脸，显得很轻佻，那么别人肯定会终止和你的谈话。"

一个人说话慢，会显得比较睿智、沉稳，但是如果是因为不够专心而导致说话慢的话，就会给与自己谈话的人瞧不起人的感觉。所以，我们在和别人交谈的时候，语速可以放慢，但是一定要注意看着别人的眼睛，注意附和别人说话，这样才能够和别人继续交谈下去，从而获得更多自己需要的信息。

(4)说话慢的同时，要注意自己的肢体语言。

众所周知，身体语言是一个人身上的另一面镜子。所谓身体语言，就是通过手势、表情、站姿、空间距离等非语言行为所表达出来的内心意识。

著名心理学家艾宾浩斯说过："聪明的骗子不但是语言会骗人，而且是身体和心灵都会骗人，他们的一举一动在透露出真实的同时，也欺骗了其他人；那些不会骗人的人，就是那些总是被自己的身体语言给揭穿的人。"由此看来，我们在用说话慢的方式去掩盖自己的内心真实想法之时，也应该注意自己的肢体语言，以免让自己的身体出卖了自己。

8

换位思考，引导对方按照自己的方式进行心理思维

美国联邦调查局的资深心理专家爱德华·梅诺说："犯罪嫌疑人也是人，我们需要给予他们同情心，让他们感受到我们的善良与热情，懂得站在他们的立场上去思考，这样有助于我们和犯罪嫌疑人的沟通更顺畅。"可以说，换位思考在掌握别人的意图中具有很大的作用，而且换位思考对任何一个人来说都很重要——只有懂得站在别人的立场上去思考的人，才能够用自己的思维去引导别人的思维。

世界著名心理学家艾宾浩斯认为，换位思考就是人与人之间的一种心理相互体验的过程，而且这种设身处地、将心比心的心理转换是人与人之间达成理解之时不可或缺的心理条件。换位思考从客观上要求我们将自己的内心感受与对方联系起来，比如说思维方式、情感体验和对方联系起来，站在对方的立场上去思考问题、感受体验，从而为沟通奠定理解的基础。因此，我们要想和别人形成互相信任、互相理解的合作关系，就必须学会站在别人的立场上去思考，将心比心地对待别人只有这样才能够形成融洽的合作模式。

一位从越南战场上归国的美国联邦调查局的高级特工，从华盛顿给旧金山的父母亲打电话。电话打通之后他说道："爸爸妈妈，我现在已经到华盛顿了，我马上就能回家见到你们了。"

"孩子，你马上就要回来了吗？真是太好了，我和你妈妈想死你了，上帝真好，让你平安归来。"父亲在电话另一端带着激动的哭腔说。

"爸爸妈妈，有件事情我必须告诉你们，我的一个战友在战场上

第五章
从旁枝入手，迂回找孔
——FBI迂回攻击对手的心理策略

受了重伤，他不幸地踩到了一颗地雷，失去了一条胳膊和一条腿，他现在无处可去，我希望我能够把他带回家，和我们一起生活。"儿子在电话那端高兴地说。

"哦，很遗憾，听到这件事情我深感抱歉，孩子，我们也许能够给予他更多的帮助，帮助他再找一个住处，但是和我们住在一起的想法你还是打消吧。毕竟他是个严重残疾的人。"

"可是，爸爸，他是和我生死与共的战友啊，那天他不踩地雷的话，现在我已经不可能与你们通话了。我还是希望我们能够收留他，让他和我们一起生活。"

"不，不，不，孩子，你听爸爸说，我们都很同情他，但是我们也有我们的生活。你要知道，这样一个严重残疾的人肯定会给我们的生活带来非常沉重的负担，我们不能够让这样的人影响我们的生活。"

"爸爸，你们真是这么决定的吗？"电话那边的儿子突然哭了起来，听起来很是伤心。

"别哭，孩子，我们都很难过，我们希望你现在快点回来，把这个不幸的人直接忘掉吧，他自己肯定会找到活路的。"

父亲在电话里安慰儿子，可是他话还没有说完，儿子就挂断了电话。

此后的几天里，父亲和母亲再也没有接到儿子的电话，而他们打给儿子的电话总是无人接听。就在其父亲和母亲准备去华盛顿寻找儿子的时候，他们接到了警察的电话——"你儿子从十六楼坠地而亡，警方初步认定是自杀。"悲恸欲绝的父亲和母亲立刻飞往华盛顿，他们在医院的停尸间里看到儿子之时，惊愕地发现儿子只有一条胳膊和一条腿。

从这个故事中我们可以看到：一对不会换位思考的父母亲，在儿子提出带一个残疾人回家一起生活的时候，毫不犹豫地拒绝了，而他们的这一次拒绝彻底断送了残疾儿子继续生活下去的希望。由此看来，不懂得换位思考，不会站在别人的立场上去思考问题，往往会带来非常坏的结果。

上世纪90年代初，五个FBI的探员乘坐一辆吉普车外出执行任务。在走到半路的时候，有两个探员突然肚子痛，无奈之下只能下车去附近的医院接受治疗。为了不使任务失败，那三个身体健康的探员将那两位肚子疼的探员送到医院接受治疗，然后他们继续去执行任务。

然而，非常不幸的是，那三个探员开着车经过一座山坳的时候，不幸被山顶上滚落的巨石砸中，最后车毁人亡。在听到三个同事都不幸遇难的消息之后，那两个留在医院的探员都陷入了哀思之中，谁也不说话。就在两个人都沉默了很久之后，探员A开口说话了，他说："我真的为他们感到悲哀和惋惜，他们那么年轻，那么优秀，没想到他们却以这样一种方式离开了我们。"

探员B说道："是啊，今天早上我们还一起吃的早餐，可是现在他们却都躺在冰冷的停尸房里了，生活真是让人无奈啊！"

"不过，在悲伤之后，我觉得我们两个是非常幸运的。如果我们和他们一起出发的话，很可能我们这会儿也和他们一样，都躺在冰冷孤独的停尸房里了。"探员A用一种庆幸的口吻说道。

"不，我认为不是这样的。如果我们两个不因为肚子疼进医院的话，就不会耽误他们的行动时间，他们也就不会在巨石滚落的那个时间点正好经过。"

从这个故事中我们可以看出：换位思考就是一种体谅，能够让人意识到自己的不足，从而使自己换一种角度重新审视自己。而换一个角度重新审视自己，就是对自己的一次再认识，能够让人更加深刻地了解自己，观察到自己身上的不足，并且能够找到自己应该改变的方向，重新定位自己。

第五章
从旁枝入手，迂回找孔
——FBI迂回攻击对手的心理策略

美国联邦调查局高级特工谢普杜拉说："很多时候，当你是这样想的时候，别人也是这样想的。所以在有了一个自以为很不错的想法之后，千万不要扬扬自得，而是先站在别人的立场上重新审视一下，看看别人是不是也是这样想的。"

在日常生活中，学会换位思考对我们来说具有很重要的意义——当我们做一件事情的时候，能够替别人着想，处处为别人考虑，我们就能够获得别人的信赖与尊重，使别人更愿意与我们一起做事。由此看来，一个人要想让别人信任自己、尊重自己，就必须得先学会换位思考。那么，我们如何才能够学会换位思考呢？下面我们不妨来看看美国联邦调查局的警员是怎么做的。

(1)换位思考，更多的是一种职业习惯。

美国联邦调查局的警官汤姆·诺维奇说过："凡是我们想方设法去做的事情，在做之前总应该想想，这样做的结果对别人有什么影响，而且这种做事之前替别人着想的方式，应该成为一种习惯。"

当任何一种行为形成习惯的时候，它就很难从我们的生活中被剔除出去了。试想一下，如果我们不能将换位思考的方式形成一种习惯，那么我们能够在什么情况下将这种方式一直坚持下去呢？答案无疑是否定的。

让换位思考成为一种习惯其实并不是一件特别困难的事情，只要我们让自己多一点同情心，多一点善良，那么我们在做任何一件事情的时候就会去替别人着想，会站在别人的立场上看待问题，从而让自己养成在做任何一件事情之时都会换位思考的好习惯。

(2)换位思考，思维应该先到位。

换位思考，思想意识应该先到位。可以说，一个人拥有正确的思想意识是进行换位思考的基础和前提条件。在生活中，首先要明白换位思考能够给自己带来什么。比如说，当我们考虑到别人的痛苦而不去做某一件伤害别人的事情之时，别人会对我们的这种做法心存感激，他反过来就会给我们更多的回报。如果是这样，我们就应该站在别人的立场上去做事,既不让别人受伤害,也能够让自己获得更好的回报。其次,应该明白,站在别人的立场上去做某件事情,会不会给自己带来巨大的不利影响,如果能够给自己带来巨大的不利影响,就应该坚决放弃(损害自己有利于集体事情除外)。可以说,只有思维意识到位了,我们才会意识到换位思考的必要性和重要性,从而让我们更加有效、更加合理地进行换位思考。

(3)换位思考要有"度"。

世界上任何一件事情在做的时候都要把握好度。著名心理学大师弗洛伊德说过:"当真理向前迈进一步的时候,它自己可能也会向后退回一步。"可以说,换位思考也是一样的——离开了应有的角度,不分时间、对象和场合地去换位思考,结果往往可能会形成"错位思考"。换位思考在某一些事情上根本不能进行。比如说,一个穿着破破烂烂的小偷正在偷窃时,我们换位思考之后认为小偷肯定是因为生活所迫才出来盗窃的,那么就要任由小偷偷窃吗?很明显,这一种换位思考就是一种错误的"错位思考"。

换位思考要有"度",这个"度"的关键就是好与坏。当一件事情明明是坏事情时,在换位思考之后我们可能就会产生强烈的同情心,导致错误的事情发生。因而,换位思考要有度,即以好坏作为区分。

隐藏自己的真实意图,
FBI是这样操纵别人心理的

美国联邦调查局的资深心理学专家里奇·蒙德说过:"隐藏自己的真实意图,不被其他人看懂,这是我们在社会上生存下去的关

键。"诚如此言，在当前这个异常复杂的社会当中，我们既要看懂别人，也要懂得去隐藏自己，不要轻易被别人看透——在这个竞争异常激烈的社会中，我们越是显得高深莫测，别人对我们的顾忌就会越多，这样我们往往就会在竞争中占据优势地位。

在现实生活中，总有很多的人性格非常急躁，动不动就火冒三丈，往往很小的一点事情都会触动他们敏感的神经。可以说，这样的人就是最不会隐藏自己真实意图的人，他们往往非常容易被别人操控心理，因为别人总是利用他们不懂得隐藏自己真实意图的弱点去操纵他们。由此看来，隐藏自己的真实意图，是保护自己的最好方式。

狄珊娜·科勒是美国联邦调查局高级特工奥里克斯·科勒的女儿。狄珊娜·科勒在大学毕业之后，进入了一家大型企业工作。在进入公司之初，作为新人的狄珊娜·科勒在工作中非常认真努力，因而深受上司的青睐。

一天，和狄珊娜·科勒一同进入公司的新人卡琪娜非常热情地邀请她出去吃饭。在餐馆里吃着吃着，卡琪娜便将一些自己在老同事口中打听来的"小道新闻"告诉了狄珊娜·科勒。起初，狄珊娜·科勒对卡琪娜的话并不是很相信，但是随着话题的逐渐深入，她渐渐相信了卡琪娜的话。更为重要的是，心地善良的狄珊娜·科勒在卡琪娜的故作神秘中将对方当做了自己的知心朋友，于是她毫无任何防备地将自己对公司的一些不满告诉了卡琪娜。

在与卡琪娜吃饭后没几天，狄珊娜·科勒就发现周围的同事都用很奇怪的眼神看她，这让她非常不舒服。终于有一天，公司的一位大姐偷偷地告诉狄珊娜·科勒："卡琪娜已经将你对公司和同事的不满写进一封邮件里，发给了公司的每一个人。"

听了那位大姐的话，狄珊娜·科勒的心里难受极了。在难受过后，狄珊娜·科勒觉得自己在公司中工作非常尴尬——同事和上司都有意地疏远她。没过几天，狄珊娜·科勒就自动提出了辞职，因为她感觉自己已经待不下去了。

从这个案例中我们可以看出：狄珊娜·科勒的失败就在于她太过于轻信别人，不懂得隐藏自己的真实心理，以致别人跟她说了几句"掏心底的话"就使其轻易说出了自己的秘密，结果导致自己成为了别人偷袭的对象。由此看来，不论别人有多么值得信任，我们都不应该将自己的真实意图全盘托出。因为我们永远无法保证别人不会伤害我们。

世界著名心理学大师艾宾浩斯说："欺骗就是对事实的歪曲，但是隐藏并不是欺骗，隐藏只是让别人不了解你，二者的性质可以说是完全不同的。"有时候，"隐藏"这个词语听起来不够光明磊落，然而不可否认的却是，隐藏自己的真实意图却是我们保护自己的最好方法。就像战争中的士兵穿着迷彩服，他们的目的就是为了隐藏好自己，不被敌人发现，从而达到保护自己的目的。

事实上，隐藏自己的真实意图既是保护自己的最好方式，也是操纵别人心理的一个重要方法——当别人无法了解你的真实意图之时，就会作出错误的判断，从而让你抓住别人的错误发动反击以实现自己的目标。

既然隐藏自己的真实意图有这么多的好处，那么我们怎么才能够成为一个隐藏自己真实意图的高手呢？我们不妨来看看美国联邦调查局的心理训练课是如何上的。

（1）隐藏自己的隐私，不给别人抓住自己任何把柄的机会。

美国联邦调查局的资深心理专家里奇·蒙德说："每一个人都有隐私，而这些隐私往往都是一个人内心深处最难言的痛楚，而且这些隐私还是别人攻击我们的最有力的武器，就像一柄匕首，可深深地插进我们的心窝。"

对大多数人来说，都会将自己的隐私很好地隐藏起来。但是不能否认的是，很多人总是头脑一发热，或者阅人不够，在不经意间就将自己的隐私告诉给别人，结果是引来了一些小人利用该隐私的狠狠攻击。所以，平时人们应该将自己的隐私隐藏在内心深处，不要给别人留下任何攻击自己的把柄。

（2）隐藏自己的目标，不要让自己的"底牌"外露。

在当前这个复杂的社会当中，我们无时无刻不身处竞争当中，而我们在自己的内心深处都有一张"底牌"——我们的最低目标，这也是我们和竞争对手博弈的底线。

美国联邦调查局的高级探长奥斯里克说："你的底牌就是你的底气，是你在和别人博弈之时的一切力量的源头。如果你在博弈中没有底气，那么你肯定是个输家。"可以说，很多人在博弈的一开始，就因为自己不够谨慎，让对手很轻易地就摸清了自己的真实意图，清楚地让对手知道了自己在竞争中的目标，结果是对手直接攻击了你的目标，从而使你输掉竞争。

（3）控制自己的情绪，情绪是泄露自己真实意图的关键因素。

任何一个人，几乎每时每刻都被情绪所掌控着。用著名心理学大师弗洛伊德的话来说就是，"每一个人都是情绪的奴隶"。在日常生活中，几乎每一个人都因为对情绪的控制不够，犯过一些错误。

美国联邦调查局的高级探长奥斯里克说："你要学会控制自己的情绪，不然敌人就会从你的情绪中获取情报。"事实上，很多人之所以不能够隐藏自己的真实意图，就是因为无法控制自己的情绪——很多人总是故意激起别人的愤怒情绪，在别人的愤怒中了解对方的真实意图，从而达到成功操纵对方心理、实现自己目标的目的。所以说，我们在竞争中一定要学会控制自己的情绪，隐藏好自己内心深处的真实想法，从而很好地保护自己，并且能够让竞争对手作出错误的判断，达到操纵别人心理实现自己目标的目的。

第六章

先礼后兵，给足面子再摆条件——
FBI后发制人的心理战术

　　FBI作为攻心方面的高手，总是能以心理战术取得对敌胜利。在他们看来，掌握后发制人的心理战术可以有效扭转战局。

　　后发制人简单来说就是FBI为了迎合对手的心理，故意使用的一种心理战术。比如，他们为了麻痹对手，博取到对手的信任，能够做到恰到好处地赞美对手，并从对手角度出发，让对手自己权衡利弊。经过与对手多次的交谈，让对手将他们视为"自己人"，从而打进对手内部，成为对手的朋友，进而为攻心策略的实施奠定坚实基础。

　　通过这样的方式FBI不仅在实战中积累了相当丰富的经验，还在心理上占据绝对优势地位。当问及到FBI是如何运用后发制人的心理战术时，他们直言："先礼后兵，给足面子再摆条件才能成功实施攻心术。"

心理攻击也真诚：
先礼后兵，获得对方的信任

有实战经验的FBI在给新加入FBI的成员培训时经常会说的一句话就是，"与对手展开较量时首先要与对手就某一个观点达成共识，并获取到对方的信任，这样才有利于摸清对方的心理"。

的确，在FBI实战中的经典案例中很多都是来源于获取到对手的信任。

2001年9月13日一个平静的午后，美国大毒枭詹姆斯·霍普金终于在墨西哥落网，那么是什么原因使逍遥法外数年的大毒枭落网的呢？后来有媒体爆料称，他之所以会落网，与在抓捕的过程中，FBI分散其注意力并获取到他足够的信任有非常大的关系。那么，FBI是如何获取到他的信任的呢？

克斯森是个有十多年从业经验的FBI，他的办案经验非常丰富且能应对任何环境下可能出现的险情。大毒枭詹姆斯·霍普金在美国警界可谓"家喻户晓"，因为他是美国警察局重点通缉的要犯之一。虽然警察对他展开了严密追查，但大毒枭总能成功逃脱。而为了能尽快将他缉拿归案，警察可谓使出了浑身解数，可大毒枭詹姆斯·霍普金仍然逍遥法外。

因而，FBI总部接到了警察局的求助电话。随即，FBI对其展开了抓捕方案的讨论。克斯森看完大毒枭詹姆斯·霍普金的卷宗后发表了

第六章
先礼后兵，给足面子再摆条件
—— FBI后发制人的心理战术

自己的观点："很显然，詹姆斯·霍普金是个异常狡猾且做事谨慎的人，他不仅对外界的风吹草动保持着很高的警觉性，还对别人保持着高度的警惕性。对付这样的人，唯一的办法就是要取得他的信任。"

此言一出，立即引起了其他FBI的质疑："想取得他的信任谈何容易？"

"取得大毒枭詹姆斯·霍普金的信任不是一天两天可以办到的，但我坚信随着与他接触的深入定能取得他的信任。我愿意去执行接触大毒枭詹姆斯·霍普金并充当其信任'诱饵'的任务。"克斯森冷静地说。

接触大毒枭并没有想象中那样顺利，但克斯森还是通过广泛的社会关系与交际能力成功联系到了一位可以直接与大毒枭进行毒品交易的人。在金钱的作用下，克斯森成功取得了"中间人"的信任。在这位中间人的印象中，克斯森完全就是一位出手阔绰的商人，于是在他的引荐下，克斯森可以近距离地接触到大毒枭詹姆斯·霍普金，这就为日后成功抓捕他提供了便利条件。

虽然克斯森有了直接接触大毒枭詹姆斯·霍普金的机会，但大毒枭詹姆斯·霍普金并没有对这位出手阔绰的商人放松警惕，每次两个人会面前他都会认真检查对方是否带有录音或拍照设备等。在大毒枭詹姆斯·霍普金如此警惕的情况下，克斯森深知只能耐心等待完全取得对方的信任后才能实施抓捕。

为了取得大毒枭詹姆斯·霍普金的信任，克斯森与大毒枭詹姆斯·霍普金成功进行了数笔让其获利颇丰的毒品交易，且每一次合作都非常顺利。在这种状态下，渐渐地，大毒枭詹姆斯·霍普金也认为克斯森是个喜欢作毒品交易的商人，而完全没有想到他的另外一个身份——FBI。

克斯森每次与大毒枭进行毒品交易都会故意将毒品以低于市场价的价格卖给他，以彻底消除其内心对他的警惕。于是，大毒枭詹姆斯·霍普金的警惕意识逐渐消退，最后他甚至与克斯森称兄道弟。对此,克斯森心中窃喜,因为他知道离成功抓捕大毒枭已经近在咫尺。

于是,这天他与大毒枭詹姆斯·霍普金约定好在一家餐馆洽谈一笔大生意,大毒枭詹姆斯·霍普金并没有多想,只身一人来到与克斯森约定的餐馆洽谈生意,而克斯森还像往常一样对大毒枭嘘寒问暖,大毒枭并没有意识到隐藏在背后的危险。当大毒枭正在为此次生意能赚取到惊人的收益扬扬得意之时,克斯森面带微笑地说道:"恭喜你,詹姆斯·霍普金。"

大毒枭詹姆斯·霍普金被这句突如其来的话惊呆了,因为很少有人知道他的真名,即使他的家人都没人知道他叫这个名字。随即他便反问道:"兄弟,你认错人了吧?"

"如果我没记错的话,你就是那个让警察苦苦追寻的大毒枭——詹姆斯·霍普金。"

大毒枭詹姆斯·霍普金猛然地意识到自己已经陷入到危险处境中,于是拔腿想跑,可却被动作敏捷的克斯森一脚踢翻在地,并戴上牢固的手铐。

对此感兴趣的人认真分析了FBI实施抓捕的整个过程,并向克斯森讨教是如何对大毒枭詹姆斯·霍普金成功实施了心理攻击的。对此,克斯森总结出了一些能够博取到对手信任的攻心术:

(1)适当作出必要的"牺牲",让对手愿意和你做"朋友"。

FBI认为,必要的牺牲可以在一定程度上取得对手的信任或减轻对手的警惕性。比如,牺牲金钱。很多时候,舍弃金钱是减少对手顾虑最直接的办法。"人为财死"这个道理也许可以充分说明这一点。当一个视金钱为生命的人看到金钱后,很容易对其产生极强的欲望,但同时他不会轻易表露出来。此时,如果你能做到"顺水推舟"牺牲一部分金钱的话,这个人很可能在最短时间内对你敞开心扉,并表现出内心世界最真实的想法。

FBI解释道:"当一个人愿意把你当成'朋友',或愿意把自己内心

第六章
先礼后兵，给足面子再摆条件
——FBI后发制人的心理战术

深处的想法说给你听时，说明你对这个人的心理攻击已经达到了效果。这样你很容易随时掌握对方的心理动态。"

(2)尽量答应对手的要求。

FBI在实战过程中，经常会遇到一些穷凶极恶的歹徒和犯罪分子，一般人都会想尽快将其绳之以法，而结果往往是事与愿违。但FBI却不会如此草率，他们不会轻易激怒犯罪分子，而是尽量满足他们的要求，以获取到他们的信任。

犯罪心理学研究表明，对于正在实施犯罪的歹徒来说，在进行犯罪活动时，如果对方激怒了他们，他们实施犯罪的速度会加快，同时实施犯罪的决心也会进一步增强。FBI认为，对待这样的犯罪分子最好的办法就是"以柔克刚"——从心理上瓦解他们。

那么，FBI是如何做到的呢？为了防止犯罪活动进一步扩大以及可能伤及无辜，FBI会对犯罪分子提出的要求满口答应，并尽快满足他们的要求。也许有人会对FBI这种近乎懦弱的行为嗤之以鼻，但从事态最终的结果来看，这些人的想法明显是错误的——当FBI答应了对手的要求后，对手在心理上会感到一些安慰，从而放松了对其的警惕。殊不知，FBI就是有效抓住了对手短暂放松警惕的机会，对其采取措施，从而达到借助心理战术取得胜利的目的。

由此可见，先礼后兵，获得对方的信任，最终让对手败在心理战上就是FBI从实战中总结出的攻心术。

在与对手竞争时，人们不妨借鉴一下该方法——运用得当的话，它可以帮你实现既定目标。

恰到好处地赞美对方
——能洞悉对方的心理

很多时候,适当地赞美对手可以很容易摸清对方内心究竟在想些什么——这是FBI从实战中总结出的心得。

的确,在日常生活中,经常会碰到一些人,明明是好意地赞美别人,但却由于混淆了赞美时的用语及赞美对象,结果适得其反,甚至与人不欢而散。那么,怎样才能让人欣然接受来自于别人的赞美呢?

FBI认为,让对方欣然接受赞美不仅要做到恰到好处地赞美,还要时刻注意说话对象的身份。也就是说,赞美不同的对象要采用不同的方法:

(1)真诚地赞美同事,可以了解到同事内心的真实想法。

人们在工作中都会与同事相处,恰到好处地赞美同事不仅可以增加彼此间的友谊,还能使团队凝聚力进一步增强。

工作中,不可避免地要与同事相处,与同事相处的好坏不仅可以影响到彼此间的关系,还可能给整个团队带来一定的影响。因此,用人企业在招聘时都会在应聘要求上注明"有团队合作精神",这也许就是从这个角度出发的。

那么,该如何赞美同事呢?在FBI看来,赞美同事有一个很重要的原则:赞美不要虚情假意,而是要具体详细。因为与同事通过长时间的观察与相处,可以发现对方细微的长处,此时,如果能以此为基点作为赞美契机的话,往往会使赞美恰到好处,从而使彼此的关系更加融洽。

例如:如果外出时错过了电话,同事帮你转达;工作繁忙时,同事递给你忘记冲泡的咖啡，在这些情况下，你若能真诚地对同事表达感谢并由衷地赞美同事乐于助人，不仅可以增加两个人之间的友谊，还可以为进一步深入了解对方打下良好的基础。

而尤为重要的是，当同事在工作中不断做出优异的成绩时，要大方赞美并真诚祝贺，更为关键的是将对同事的赞美发挥得恰到好处。

当一个人得到别人赞美时，即便是能感觉到该赞美是一种客套话，但在他的潜意识里，对你的印象也会是好的，从而有可能使其愿意与你袒露心声。

人们为什么会有这样的心理呢？FBI指出，很多人在与人交往的过程中都会以自我为中心。如果一个人在与另外一个人交往时适当赞美对方的话，那么得到赞美的人会自然而然与之成为朋友。由此看来，赞美一个人，可以使自己在别人心目中有个好的形象，从而使别人乐于与你相处。

因而，在FBI日常训练的过程中，就将赞美当成了一项训练科目。

(2)让赞美洞察出孩子心理发展的晴雨表。

很多家长也许会说："孩子小，辨别能力不是很强，没必要赞美他们。"这种说法显然存在一定的误区。FBI认为，孩子表面上看似认知能力低，实际上其已经有一定的"心眼"，在必要时同样也需要赞美与鼓励。如果一个孩子在成长过程中缺少必要的赞美，那么他很可能出现人格方面的障碍。

因此，FBI建议，为了能让孩子健康快乐地成长，家长就不要忽视对他们的赞美，因为孩子在赞美的激励下能增加自信心，同时家长还能以此捕捉到他们内心世界最真实的想法。

需要注意的是，对孩子进行赞美同样也需要讲究一定的技巧。

当表扬孩子写的字不错时，孩子也许会问："哪些字我写得好啊？"如果只是简单地说"你写的字都非常好"，可能就达不到最佳的赞美效果。而你如果能具体地告诉孩子哪些字写得好，孩子才可能心满意足地接受你的赞美。

对孩子的赞美不能仅表现在口头上，还可以表现在肢体语言上。例如：当孩子在短跑比赛中取得优异的成绩时，可以用拍肩膀或抚摸孩子头的方式对他们进行赞美，这样无形中就增加了孩子的自信心，从而使他们更愿意努力表现自己，也愿意将他们内心的故事讲给你听。

在美国新泽西州的一所儿童教养所中存在很多"问题儿童"，令人很难想象这些看似稚嫩的儿童与抢劫、凶杀案有关。的确，在人们的印象中，这些儿童正处于父母的呵护中，生活应该是无忧无虑的。可他们却因为犯下了过错而被强制送到儿童教养所中接受处罚与改造。那么，是什么原因导致出现了如此多的"问题儿童"呢？

约翰·杜拉斯是一位经验丰富的FBI，她奉命来到该教养所调查"问题儿童"。当她看到这些与自己孩子年龄相仿的"问题儿童"时，不免为这些儿童感到惋惜。因为与自己孩子健康成长的环境比起来，这些儿童在一段时期内必须要在教养所中接受劳动改造，这样在他们幼小的心灵中必定会留下阴影。

出于FBI职业习惯的特点，约翰·杜拉斯每询问一名儿童时都会将他们的个人及家庭信息记录下来，并深入地与"问题儿童"沟通。起初的沟通并没有想象中那样顺利，原因在于当"问题儿童"看到约翰·杜拉斯身穿FBI制服时，不免会极度紧张与不安，回答问题时也不免会哆哆嗦嗦，吞吞吐吐。约翰·杜拉斯敏锐地意识到了这一点，她决定要换个新方式与他们进行沟通。

于是，再与"问题儿童"见面时，约翰·杜拉斯就换上了一身便装，以家长式的形象出现在了这些儿童面前。

约翰·杜拉斯认为，致使这些"问题儿童"犯下错误的背后一定存在某种因素，如果找不到这个致命的因素，可能还会出现新的"问题儿童"。

与这些儿童交谈的过程中，约翰·杜拉斯问得最多的话就是："你的父母疼你吗？""你的家庭成长环境怎么样？"

第六章
先礼后兵，给足面子再摆条件
——FBI后发制人的心理战术

"问题儿童"的答复几乎都令约翰·杜拉斯非常吃惊——在这些儿童中，超过90%的儿童都有诸如此类的抱怨："我的父母根本不懂得如何关心我，即使我在学校中或其他某些方面取得优异成绩时也听不到他们的赞美，真不明白他们为什么对我的学习和生活表现得如此冷漠？起初我总认为父母也许工作忙而无暇顾及我，可每一次告诉他们我取得优异成绩时，他们总是无动于衷。对此，我非常无奈，同时也失去了继续努力的信心，于是我便从一名好学生逐渐沦落成如今的坏学生了。"

从这些儿童的倾诉中，约翰·杜拉斯可以很真切地理解"问题儿童"的内心想法。

由此可知，他们正是由于得不到哪怕一点点的赞美而导致犯错的。

显然，约翰·杜拉斯找到了导致"问题儿童"犯错误的根本原因——缺少赞美。因此，她总结出：在孩子人生成长的过程中，家长不仅要担负好抚养孩子长大的重任，更不能忽视对孩子的赞美，一句简单的赞美足以令孩子感觉到有成就感，更增强了其继续努力的动力与信心；相反，如果家长对孩子的成长不闻不问、缺少赞美，是不能给孩子营造出健康快乐的成长环境的，从而会使家长很可能摸不清孩子内心的真实想法。而孩子出现问题的概率就要远远高于在健康快乐环境下成长的孩子。

试想，如果家长能赞美这些"问题儿童"，并与他们及时沟通，并知道他们内心的想法的话，那么就能从源头上扑灭他们发生错误的"火种"。

（3）对老人发自内心的赞美，是拉近双方距离的有效方式。

FBI通过观察发现，老人同样需要得到别人的赞美，但赞美不应掺杂虚假的成分，否则就不会起到赞美的效果。

现代的年轻人思想比较开放，在与老人交谈时也很随意，这样就会使老人感到不快，而如果能多注意说话的态度和语气的话，所收到的效果可能完全不一样。

比如，当一个年轻人遇到难题向老人讨教时，说"老伯，您真聪明"的赞美效果可能比"老伯，通过您教授给我的经验我得到了成长，您就是我成长道路上最好的老师！"这句话要逊色许多。

再比如，当一个人赞美老人学识渊博时，脱口而出："您真是个聪明的人！"虽然老人没有持否认态度，但在他内心里往往并不能体会到被别人赞美的自豪感。而如果此人这样对老人进行赞美："在我认识的人当中，您的学识可谓数一数二，非常希望能得到您的指点。"老人必定会欣然接受，并愿意将自己的学识不遗余力地传授给这个人。

印第安纳州的一座老人疗养院中，一名在其他人眼中不合群的老人引起了FBI的关注，据福利院表示，这是个参加过太平洋战争的退伍老兵。

从别人的口中得知，老人对别人的赞美非常反感。FBI表达了不同意见："没有人能拒绝别人的由衷赞美，如果一个人对别人的赞美感到反感的话，可能就是赞美的方式不正确所致。"因此，FBI对该老人产生了极大的兴趣，很想找到这位老人一探究竟。

当这位老人出现在FBI面前时，丝毫看不出别人口中老人不合群的形象——老人非常健谈，性格也十分直爽。FBI本能地与这位参加过太平洋战争的老兵握手，并亲切地说道："每当回忆起那场惊心动魄的战争时，总是会牵起无数人的感叹，正是那些像您一样为了保卫家园而敢于献身的斗士才换来了今天的和平，对此，我对您表示崇高的敬意！"

听罢此话，老人激动地说："这是我人生中听到的最真诚的赞美，对此我非常感动。也许在有些人眼中我是个不合群的老人，甚至有些时候脾气会很暴躁。其实，我之所以那样，只不过是我听不惯别

人对我的一些虚伪赞美而发泄的情绪而已。"

由此可以看出，FBI将恰到好处地赞美对方作为了洞悉对方心理的秘密武器。显然，这种攻心术才能收到理想的效果。

给足对手面子，伺机给予对手打击

美国心理研究学会的研究表明，大多数人对面子问题都非常看重，希望别人能给自己面子，这样才不会使自己陷入尴尬的处境中。事实上，一些人在与人交往的过程中总是得不到别人的尊重，也就是他们所说的"没面子"。为此，他们非常苦恼，同时也会对不尊重他们的人予以反击，最终使双方的关系陷入僵持状态，甚至会出现更坏的结果。

"既然对方要面子就给他们，不要做出让对方没有面子的事情。"这句话在FBI看来意义非同寻常。他们认为，面子对于一个人来说至关重要，如果让其面子上过得去，那么这个人在心理上也会感觉别人与自己是同一条战线上的朋友，从而增进了解，使彼此的关系更加融洽。相反，如果某人没让一个人面子上过得去，那么这个人很可能会恼羞成怒，并做出对此人不利的事情。

FBI在实战中，无论面对何种类型的对手都会给予对方足够的面子。而正是通过这种看似"被动"的方式，FBI才成功摸清了对手的心理，从而为实施攻心术提供了便利。对此，以下便是一个很好的例子：

每天都有成群结队的游客到伦敦大街购物，这里是个拥有世界众多品牌的商业聚集区。

约翰伯格是位负责该地区经济和社会稳定的联邦警察，凭借丰富的实战经验，他使该地区总体治安状况远远优于其他地区。有不少媒体记者想探知究竟，于是问道："约翰伯格先生，您确实是名非常优秀的FBI，我们对您取得的成绩深表钦佩，希望您能告诉我们您是如何取得如此成绩的。"

听罢此话，约翰伯格不紧不慢地说道："给别人面子，别人还能不给我面子吗？"但记者没能理解这句话的真正含义，于是约翰伯格紧接着对记者讲述了这样一件事情：

2008年美国爆发经济危机，商业区也失去了往日繁荣的景象。这天，一则爆炸性新闻传到了约翰伯格耳中：商业区的一家大型珠宝店被盗，丢失珠宝的总金额高达300万美元。闻讯后，约翰伯格飞速赶到被盗的珠宝店。从案发现场的情况看，该店的防盗窗并没有明显被砸毁的痕迹，而现场也没有遗留下任何可疑的痕迹。对此，约翰伯格感到案件并没有想象中那样简单。

约翰伯格经过三天的调查并再次对现场进行技术分析后，初步判定是珠宝店内部人员作案。但一时却还找不到证据。在珠宝店案发后的第五天，珠宝店店长向约翰伯格提供了一个重要情报："我店一名叫做比特的员工在盗窃案发生后就不见了踪影，而且他的手机还一直处于关机状态，据其他员工反映，比特最近两个月的情绪非常低落，好像发生了什么大事一样。但他没有向任何人提及究竟在他身上发生了什么问题，整天总是闷闷不乐的。"

约翰伯格敏锐地意识到，比特极有可能就是珠宝失窃的嫌疑人。于是约翰伯格翻阅了比特的个人信息档案，想确认比特目前所在的具体位置，以便尽快破案。当约翰伯格来到比特在伦敦郊外的一处公寓住所时，发现已经人去楼空。从该住所附近邻居的口中得知，比特在两天前就已经搬离了这里。这让约翰伯格意识到，比特极有可能是带

第六章
先礼后兵，给足面子再摆条件
——FBI后发制人的心理战术

着被盗的珠宝潜逃到另外一个城市去销赃了。

经过认真分析后，约翰伯格认为，纽约的一家大型珠宝交易市场极有可能是比特进行销赃的场所，于是他马不停蹄地赶到纽约寻找比特的行踪。当约翰伯格来到在纽约甚至是全美国规模最大的一家珠宝交易市场时，从通缉照片的对比中他发现一名男子与盗窃珠宝的犯罪嫌疑人非常相像，于是他走到了这名男子的面前。此时经验丰富的约翰伯格决定给比特面子，以便首先做到从心理上占据优势，于是他对比特说道："比特先生，您吩咐我给您叫的出租车已经在门外，我来帮您提东西吧。"说完他弯下腰便将一整袋的珠宝背在身上。而比特原本想对眼前的这个陌生人的要求予以拒绝，但他却被约翰伯格突如其来的举动弄得不知所措，只能按照约翰伯格的意思跟着走出门外。

约翰伯格将比特带上车以后，并没有揭穿比特的盗窃事实，而是继续对比特说说道："比特先生，您的这些珠宝这样放在身边很不安全，我帮您介绍一个高价回收珠宝的市场吧，而且我不会收取您的任何费用，您看如何？"

此时的比特由于想尽快将珠宝卖掉兑现，根本没有想到这位帮助自己联系高价出售珠宝的人就是如雷贯耳的FBI，甚至对约翰伯格说道："兄弟，实话告诉你，这些珠宝是我盗窃来的，如果你能高价把它们卖出去，我给你40%的提成。"

为了稳住他的情绪，约翰伯格假装对比特的提议表示接受。当约翰伯格将车开进警察局时，比特猛然意识到自己已经落入了法网。

在对比特的审讯中，比特对盗窃珠宝的犯罪活动供认不讳，同时他表示他对FBI对自己所进行的攻心策略深感意外，而且还这样评价了FBI："为了能抓获我，你们故意给足我面子。这样就让我在心理上有所放松，当我的警惕性逐渐降低时，你们伺机将我缉拿归案。此种攻心术果然让人防不胜防。"

从这个案例中，FBI告诉了人们给足对手面子的重要性。那么，他们在实战中究竟是怎样与对手展开攻心战的呢？

（1）满足对手好面子的虚荣心。

很多人都希望别人能给足自己面子，当他们得到面子以后，会极大地满足自己的虚荣心。在他们眼中，能给予他们面子的人是自己的朋友，是与自己站在同一条战线上的人。如此，显然更容易接近对手，从而洞察到对手的心理特征，实现一些目的。

FBI在实战中经常会遇到一些思想顽固的对手，起初在审讯过程中他们通常会用常规的方法，可始终得不到有价值的信息。为此，FBI认真总结研究，决定用心理战术对付对手。具体做法就是满足对手好面子的虚荣心。比如，当对一名盗窃犯进行审讯时会这样说："你盗窃的手段非常高明，如果能用在其他方面的话，我敢保证你将是个不错的人，你这样认为吗？"

当盗窃犯听完这些话以后，原本想负隅顽抗的决心往往会出现松动，于是FBI随即会对其进行攻心策略，最终使盗窃犯供述出自己的犯罪过程。

（2）抓住对手感兴趣的话题，以分散他们的注意力。

对手希望别人能完全按照自己感兴趣的想法思考问题，FBI认为，这样的人是非常要面子的人，对待这样的人最好的办法就是要找到他们感兴趣的话题，而且在他们谈论自己感兴趣的话题时还要耐心听下去，从而达到伪装自己真实身份的目的，以便最大限度地分散他们的注意力，对其进行攻心策略，进而实现自己的终极目的。

以上两点便是FBI通过在实战中的摸索总结出的攻心技巧。由此我们就不难理解FBI这样评价道："其实对一个人实施攻心策略非常简单，那就是要抓住他的性格特征，满足他好面子的虚荣心，从而对其实施出其不意的心理攻击，达到自己的目的。"

4
实现攻心术的最高境界
——FBI让对手"后院起火"

FBI经常会这样说:"在实战中,无论遇到多么狡猾的对手,对其进行攻心措施都必不可少,但对其进行攻心的最高境界就是让对手自己搞定自己。"

在实战中,FBI非常善于运用攻心策略与对手展开对抗,而对抗的结果往往是FBI取得胜利。对此,人们不禁要问:"FBI为何能如此娴熟地运用攻心术?他们究竟是用什么样的方法实现攻心术的最高境界的呢?"

对此,FBI总结出了一些实现攻心术最高境界所必须使用的方法:

(1)假装认同对手的观点,以换取到对手的信任。

从心理学角度来看,每个人都希望别人认同自己的观点,这样不仅能增强他们的信心,还能拉近彼此间的关系。FBI认为,日常生活中人们认同别人的观点可以有效获取到别人的信任,这样一来,才有利于此后双方的交往。随着时间的发展,当彼此间建立起足够的信任时,如果对其进行"攻击"的话,必定能收到预期效果。

(2)秘密潜入到对手的"后院"。

当博取到对方足够的信任后,接下来就要秘密潜入到对手的"后院"了。后院也就是对手的内部。在潜伏过程中要时刻留意对手"后院"的情况,做到心中有数。但值得注意的是,潜伏时一定不要暴露自己的真实身份,否则此前的努力很可能会前功尽弃。

(3)迫使对手自己将"后院"点燃。

得到对手足够的信任以及成功潜入对手的"后院"以后,最重要的一步就是在适当的时机迫使对手自己将"后院"点燃。这样，整个计划才算全部实施完成。

有人也许要这样问："如何迫使对手自己亲手点燃'后院'呢？"在FBI看来，迫使对手亲手点燃"后院"的方法有很多。其中，蛊惑人心、从中作梗、挑拨离间是非常有效的方法。也就是说，在对手的"后院"中多用一些挑拨离间的手法。比如，故意挑拨两个人的关系；将本来不严重的事情故意夸大；多散布一些蛊惑人心的消息等。当这些消息在"后院"传播开来之后，这把大火便会在"后院"中熊熊燃起，致使对手内部出现混乱，从而达到不攻自破的目的。

美国纽约市中心广场接连出现了数起持枪抢劫事件。据目击者称，持枪抢劫人员的年龄在二十岁上下，虽然该团伙成员年龄普遍偏小，但作案手法却非常老练，且有着非常强的组织纪律。据多位被抢劫人员称，这个抢劫团伙每次抢劫得手后很快便会消失得无影无踪。据不完全统计，这个团伙累计抢劫次数高达两万次，对此FBI将其戏称为"抢劫专业户"。

FBI意识到这个团伙并非等闲之辈，背后一定有强硬的靠山。于是，FBI对该团伙的调查便展开了。在一位FBI特工扮演为一位"小混混"之后，通过介绍，他成功接触到了该组织的一位负责人。在与该负责人谈话的过程中，"小混混"假装对他的讲话内容非常感兴趣，并认同对方的观点。这样一来，该组织的负责人对"小混混"非常器重，于是决定把他留在自己身边重用。

而这只是FBI实施整个计划的第一步，在接下来的一段时间内，"小混混"凭借过人的胆识和勇气，为该组织创造了很多价值。在这种情况下，"小混混"也逐渐得到了该组织其他负责人的信任。最终该组织经研究决定，将"小混混"正式提拔为该组织的一员，并给他一定的职位。

"小混混"得到该组织的信任后，便混入到了该组织的内部。他表现得非常谨慎，因为在没有取得最终的胜利前，他不敢有半点疏忽，

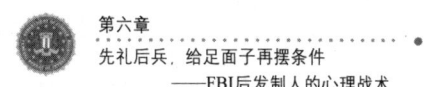

而是细心地观察着该组织内部的情况。在观察中，他逐渐将该组织的地形以及人员分布情况摸了个透，为以后的工作作好了准备。

当"小混混"将该组织内部的情况摸清楚以后，他并没有寻求FBI的帮助，而是开始用挑拨离间的方法挑拨该组织内部成员之间的关系，尤其是几位负责人。这天，他跑到一位负责人的面前说道："听说有人将我们的藏匿地点告诉了警察。"

这名负责人连忙问道："是谁干的？"

"我怕……"

"你不用害怕，也不用担心，我会为你保守这个秘密的。"于是，"小混混"将另外一位负责人供了出来。

"小混混"用这种方法成功挑拨了好几位负责人之间的关系。一周之后，几位负责人彼此之间的关系变得非常糟，致使他们都产生了对他人的不信任，而随着矛盾的进一步深化，几位负责人之间的关系彻底破裂，甚至发生了冲突，致使该组织最终宣布解散。

由此可以看出，FBI将攻心术用到了最高境界，没费一枪一弹就将对手严密的组织击破，达到了让对手"后院起火"的目的。这样的攻心策略确实值得人们借鉴，难怪很多美国心理学家对FBI运用这种攻心术大加赞扬："这种攻心术在众多攻心技巧中确实有其独特的地方，因为它是攻心术中的最高境界。"

5
FBI从对手角度出发，让对手权衡利弊

FBI善于捕捉对方的心理动态，达到攻心的目的，这与他们在日常训练中注重攻心方面的训练密不可分。因此，大多数人都对FBI这支带有神秘色彩的组织肃然起敬，并希望从他们在实战中总结出的经验中学习到对一个人的攻心方法。

FBI认为，攻心的目的就是要彻底了解对方的心理特征，以便及时采取相应的措施。如果在实际中不能做到对一个人的心理了如指掌，又怎么可能做到彻底地了解对方呢？为此，FBI将对一个人的攻心作为重要的训练科目。

攻心在很多人眼中也许非常深奥，因为面对错综复杂的社会环境一般人想要摸清另外一个人的心理不是件容易的事情。而FBI通过不断实践与总结，在了解对手心理状态方面总是略胜一筹。那么，他们是如何做到这一点的呢？

可以说从对手的角度出发，让对手权衡利弊——是FBI对别人实施攻心策略的一个重要方法。

在FBI看来，彻底了解一个人内心的真实想法，首先要为对手考虑。也就是说，从他们的利益角度出发，当事实摆在对方眼前时，接下来，对手就会主动权衡利弊，以达到洞悉对手心理的目的。

比如，当一个人心血来潮想要去挑战一项危险活动时，如果某人想劝其放弃，仅仅对其说："这样做太冒险了，不要去！"这样的话时，对方放弃挑战的决心可能不大；如果换个方式表达——"挑战这个活动出现风险的概率高达90%，据统计，每年因为挑战该活动致残

的人高达5万。"如此，被劝之人极有可能放弃冒险。

从这两种说法的对比中可以看出，虽然两种说法的出发点都是不希望这个人去冒险，但第一种表达方式明显有些生硬，别人可能不会接受，而第二种表达方式并没有用生硬的言语刺激对方，而是从对方个人安危的角度出发，通过讲道理的方式将冒险可能出现的风险告诉他，让其权衡利弊后再作决定。正常情况下，最终那个想要冒险的人往往会放弃冒险。

当一名罪犯想要满足自己不断膨胀的欲望，即将要实施抢劫时，不同的话可能会在此人身上产生不同的结果：

"你是个抢劫犯，简直太没人性了，居然对弱小者实施抢劫。如果你不停手的话，我将把你送到警察局。"从FBI多年的经验来看，此话一出，罪犯不仅不会收手，还更容易被激怒，而且很可能会做出其他更为疯狂的举动。

"嗨，朋友，你肯定是遇到什么难处了，如果你愿意的话，我愿意帮你想办法解决。抢劫可不是个好办法，你要知道，联邦政府规定，抢劫成功的话，会面临3－5年的监禁；如果抢劫数额特别巨大的话，还可能面临终身监禁的结果。不过，我相信，你和我一样，也是不想看到这种情况的，对吧？立刻停下抢劫行为，也许会改变你的人生，自由与否完全掌握在你的一念之间。"可以看出，这对抢劫犯实施的就是攻心策略。因为从言语中可以听到，这完全是从抢劫犯的角度出发，为他分析出抢劫后可能出现的后果。相信一般的抢劫犯听完这些话以后内心肯定会动摇，从而失去继续抢劫的勇气。

而在实际办案过程中，FBI将这种攻心术运用得极为自如。

2008年，美国新泽西州的一座生活原本平静的小镇上，人们被接连发生的动物谋杀案搅得不得安宁。据小镇市民反映，每个星期五，该镇的野生动物园中都会出现一起驯鹿被杀的案件。据动物园负责人表示，罪犯好像幽灵一样神出鬼没，根本见不到他的影子，每逢周五，一只驯鹿就会被杀害。为了尽快找到杀害驯鹿的凶手，动物园管理处报了案。

当FBI走到案发现场时，不由得大吃一惊。因为他们不仅看不到罪犯留下的痕迹，并且现场也没有留下任何有价值的信息。这样的结果显然出乎了FBI的意料，使他们感到案件的复杂。

即便如此，FBI还是对案发现场作了DNA抽样检测，并在动物园附近实施了24小时的布防，以便能抓住凶手。

被小镇市民称为"黑色星期五"的一天又如约而至，为了找到杀害动物园驯鹿的凶手，FBI早已在附近作好了准备，只等待罪犯的到来。当钟表指针在零点晃动的刹那，一个黑影从树林中蹿出来，FBI借助先进的监控设备看到，这是名身穿黑色外套、光脚走路、头戴面具、手拿尖刀的罪犯，随即FBI就派人从黑影的背后渐渐地接近他……

正当黑影想要对一只驯鹿行凶之时，FBI探员猛地出现在了黑影的面前，用平和的语气对黑影说道："老弟，也许你在经济上陷入了困境，想用杀害驯鹿获取鹿茸的方式得到钱，你可曾想过这样做已经触犯了联邦政府的法令。"

说完，FBI探员发现对方的手脚在不停抖动。FBI意识到，对黑影实施的攻心术已经显现出了一定的效果。于是FBI探员随即继续说道："有困难可以找联邦政府，用杀害驯鹿的方式解决问题显然不是个好办法。因为驯鹿是联邦政府重点保护的动物之一，如果你还继续对它们行凶的话，联邦政府怎么可能会放过你？"

当FBI探员说完这些话以后，只见罪犯将尖刀立即扔在地上，而且自己还瘫坐在了草地上。就这样，FBI借用心理战术抓获了罪犯，从而使小镇又恢复了往日的平静。

FBI这个经典的案例被人们广为传诵，同时也有越来越多的人向FBI学习如何运用好这种攻心术。于是，FBI作出了如下总结：

第六章
先礼后兵，给足面子再摆条件
——FBI后发制人的心理战术

(1) 晓之以理，动之以情。

与对手周旋时，尽量用言语打动对手。此时首先要注意说话的语调不能太高。据美国心理学会的一项研究，一个人实施犯罪的时候，大脑完全处于高度紧张的状态中，如果声音很大、很生硬时，会直接刺激他们的大脑，进一步激怒他们，使他们的情绪失控；但如果罪犯听到的语调平缓，其大脑皮层紧张的程度也会有所放松，情绪失控的概率就会大大降低。

其次，不要说刺激罪犯神经的言语。比如："你是个大坏蛋"、"简直没有人性"、"没有道德感的家伙"……因为，这样的言语是激怒罪犯的"重磅炸弹"。

(2) 从罪犯的切身利益出发，顺着他们的话说。

FBI认为，每名罪犯实施犯罪的背后一定有不可告人的目的。可能是为了金钱、地位，也可能是为了自尊等。无论哪种目的，站在罪犯的角度出发，顺着他们的话说才是对其攻心的好办法。

从FBI多次对犯罪分子成功运用攻心术来看，大多数犯罪分子都希望别人能顺着他们的意思说，这样他们的内心才会感到安慰。假如，某个人不懂得"顺水推舟"，瞬间就可能引爆犯罪分子心中的"炸弹"，从而使事态发展不容乐观。

(3) 以事实为依据讲道理。

以事实为依据讲道理是FBI对罪犯实施攻心的最后一步。也就是说，向罪犯讲明实施犯罪可能带来的后果及影响，让他们自己决定是否还继续实施犯罪。从FBI众多攻心术的案例中可以看到，如果做到了这一步，那么对犯罪分子实施攻心策略就已经取得成功——大多数犯罪分子意识到实施犯罪可能带来高昂的犯罪成本后都会乖乖地停下来。

由以上内容，人们可以很清晰地看到FBI在实战中是如何运用好这个攻心术的。相信，从对手角度出发，让对手权衡利弊会成为FBI乃至越来越多人学习并不断运用下去的攻心法宝。

6
处处反驳不是好方法，顺水推舟才是硬道理

某个人发表自己的观点之时，如果遭到别人的反驳，这个人可能会感到气愤，感觉反驳自己的观点的人丝毫没有顾及自己的面子，于是这个人与反驳之人的矛盾由此产生。

FBI认为，当某个人表达某些观点，尤其是当着众人的面儿发表演说时，切不可盲目地对其展开反驳，要知道，明智的做法应是顺水推舟。也许有人会对此表达出不同的观点——"别人发表的观点不正确时不当面指出他的错误，不等于纵容他继续犯错吗？"

按照常理来讲，能当面指出一个人的错误固然难能可贵，但在FBI看来，虽然每个人口头上可以说自己能够"接受别人的批评指正"可这些人背后真实的想法往往是"当面一定不要反驳我，这样会使我感到很难堪，可以私下里将错误告诉我，这样我才能欣然接受别人指出的错误。"

善于研究人们心理的FBI心理专家继续说道："每个人表面上可以将接受批评之类的话挂在嘴边，可一旦有人当面揭露他们的错误时，此前所表示的能够接受别人批评的承诺就会被抛在脑后，而是对批评他们的人怒目而视，甚至当面产生矛盾。如此一来，彼此间继续交往的难度大家就可想而知。"

对口头承诺能够接受批评，可实际上对别人的反驳或批评反感的人，人们将他们称为"虚伪的人"。但是，对此FBI有不同的观点。因为从FBI实战的过程中得出的经验来看，那些处处反驳别人，非要与别人争出个高低的人与那些懂得退让，能够顺水推舟的人相比，双方

第六章
先礼后兵，给足面子再摆条件
—— FBI后发制人的心理战术

与人相处的融洽度存在着很大差别。也就是说，懂得退让，做到顺水推舟的人才能得到别人的爱戴，别人也愿意向他打开心扉。

洗钱犯罪在美国社会非常普遍，它会直接给美国经济带来一定的冲击。为此，美联储决定与联邦调查局合作展开一项名为"亮剑"的行动，以打击洗钱犯罪活动。

但想要在短时间内对这些隐蔽性很强的洗钱犯罪予以打击并不是一件简单的事。据传闻，美国一些实力雄厚的财团也参与到了其中。为了获取到准确的情报，找到这只隐藏在背后的"黑手"，FBI虽然在暗中对参与洗钱犯罪的财团进行了侦查，但却始终得不到有价值的信息。FBI意识到，只有得到这些财团的信任，并打入其内部后，才有可能得到有价值的情报。

可是想要打入这些财团内部谈何容易？为此，FBI绞尽脑汁，通过特殊关系，一个精通金融管理的FBI进入打击洗钱财团的行动中。

由于这名FBI对金融管理和财务方面非常精通，因而这名FBI很快就得到了该财团的重用。一次在进行财务操作时，这名FBI明知财团董事对其下达的操作指令有误，可他并没有当面进行反驳，而是按照他的指令去操作。事后他得知，财团董事其实对这个操作指令有误早已心知肚明，他这样做的目的有两个：一是迷惑外界，向外界传递一个假象，以达到暗中洗钱的目的；二是为了考验他们雇用的这名财务官(FBI)是否可靠，而心思缜密的FBI早已料想到这些，于是假装按照指令执行操作，从而使自己为赢得财团董事的信任作好了铺垫。

在接下来的一段时间内，FBI又相继接到了好几次"错误的指令"，但FBI却"揣着明白装糊涂"，始终不反驳财团董事，而是按照他的操作指令进行操作。逐渐地，这名FBI在财团董事眼中便成为了"识时务"的人，从而被提拔为财团执行财务师。也就是说，该财团一切与洗钱有关的交易都会交由这名FBI负责。

显然，FBI就是通过不当面反驳、顺水推舟的方式赢得了财团的信任的。FBI用这样的心理战术麻痹了对手，将该财团的财务情况调查得一清二楚，并将该财团此前进行过的数十笔洗钱交易秘密地发给了FBI总部，这无疑对打击洗钱犯罪活动提供了必要的条件。

接下来，FBI总部派遣FBI以迅雷不及掩耳之势将该财团的办公大楼包围，并对其负责人展开了调查。起初，该财团负责人矢口否认参加了洗钱犯罪活动，并用轻蔑的语气说道："你们对我的调查完全是不合法的，更缺少证据，请你们拿出我财团参加过洗钱犯罪的证据，否则我将状告你们。"当FBI将该财团在此前5年之内的洗钱犯罪记录拿到财团负责人面前时，他瘫坐在地，低下了原本高傲的头。

就这样，FBI将这个隐蔽的洗钱财团一网打尽，还顺带牵出了其他一些有过洗钱犯罪活动的团体和个人，极大地打击了该地区洗钱犯罪的活动，为维护该地区经济的稳定作出了贡献。

此事一经媒体披露，很快便在美国社会传扬开来。因为大多数人都非常想知道FBI在实战中是如何向对手实施攻心术策略的，为此FBI总结出：

(1)揣着明白装糊涂。

FBI认为，想要探知对手的心理，即使自己对某一件事情了解得非常透彻，也不要过分卖弄，最理智的办法就是要"揣着明白装糊涂"。因为从FBI多年来的心理分析发现，大多数人潜意识里希望别人无论是工作能力，还是个人素质都不要超越自己。因而如果一个人在某人面前卖弄学识或显露才能时，可能会引起另外一个人的不满，双方甚至还会产生矛盾。如果某人想得到别人的信任，FBI建议，即使能力真的比另外一个人强，也不可声张，要知道装糊涂才是赢得别人信任，从而达到彻底摸清对方心理目的的最重要的方法。

(2)顺水推舟，顺势而为。

FBI认为，很多时候做到顺水推舟，不仅能为自己赢得良好的人际关系，还会使对方主动拉近与你的心理距离，从而为你的攻心术的实施奠定下良好的基础。

比如：当领导在进行工作指导时，说道："从该产品的市场反馈来看，消费者对该产品已经认可，但美中不足的就是产品包装还有待提高。"此时也许会出现两种不同的声音，第一种声音："您是知道的，该产品包装已经换过很多家设计公司去做了，他们也提出过对产品包装的创新。可是，从目前产品销量的情况来看，消费者认同的是产品而不是产品包装，所以，没必要对包装作调整。"

第二种声音："经理说得没错，产品销量确实非常乐观，但从长远角度出发，为了提升产品的竞争力，有必要对产品包装进行更新换代，这样才能更加吸引消费者。所以，我建议公司所有部门要认真贯彻落实好产品包装更新的工作，为公司的发展作出努力！"

从中可以明显看出，从领导的角度出发，其更愿意接受第二种声音。因为在领导看来，第二种声音响应了自己的意愿，还维护了自己的威严。试想，有哪个领导不喜欢工作执行力强、能维护自身威严的下属呢？而这样的下属自然也会得到领导的提拔和赏识。

(3)将自己的想法隐藏在内心深处。

FBI认为，那些习惯于在别人讲话时予以反驳的人是很难得到别人的尊重的。相反，那些将自己想法隐藏起来的人往往更能得到别人的关注。因为从一定程度上来讲，与别人针锋相对的人在此后与人交往的过程中也很难建立起友谊，而那些真正的攻心高手大多都会含蓄地表达出自己的意见，从而使双方建立起相互信任相对就会容易很多。

当很多人正在为日趋复杂的国际形势叹息时，FBI却能做到从容不迫，而当人们问及他们是如何镇定自若地对别人攻心时，FBI常常会告诫人们："在与对手进行攻心之术时，就要掌握一定的攻心技巧，如果能作到不轻易反驳对方，并顺应对方的意思的话，你攻他人之心的目的才可能顺利完成。"

7 贬低自己，捧高对手

"如果想要更加透彻地了解对方，就必须懂得这一心理策略——贬低自己，捧高对手。"这是FBI经常挂在嘴边的一句话。的确，在FBI的实战过程中，他们也将这句话运用得十分娴熟，甚至达到了炉火纯青的地步。

FBI认为，在与人交往的过程中，适当贬低自己，捧高对方，这样就能让对方在心理上有一定的优越感，从而放松对自己的警惕心理，以便使自己更容易掌握对手的心理。

当某人听说儿时与自己一起长大的伙伴升官发财，想确认此事的真伪时，于是便问道："几年不见，听说你的仕途一片光明，可喜可贺！"

"哪里，都是为了混口饭吃，和你叱咤商场比起来简直是九牛一毛。"

"听说你在生物科学领域有新的研究？"

"虽然取得了一点儿小成绩，但还是无法和您在该领域取得的成就相提并论，还是应该向您讨教。"

可见，这些话都是人们采用贬低自己捧高别人的心理策略而说出的话。

FBI研究发现，每个人都喜欢得到别人的激励或赞美，所以在与人相处的过程中人们需要时刻激励或捧高对方，以满足或迎合别人的虚荣心。毕竟这样能拉近自己与别人之间的心理距离，从而使自己实现对别人的心理特征了如指掌的目的。

但对那些性格内敛，特别是性格变化无常的人来说，过分地抬高他们很可能会令对方有被羞辱的感觉，进而使其产生排斥抗拒的心理。而这就要求人们在激励或赞美他人时要格外注意"火候"。

实际上，在某些特殊的时间或场合是不能直接用言语对别人说出激励或赞美的话的。在这种情况下，不妨换个思维方式去表达你对别人的激励或赞美，这样说不定会让你收到意想不到的效果。很多人也许会问："要换用什么样的思维方式表达对别人的激励或赞美呢？"

贬低自己——这是FBI给出的答案，而且FBI经常会借用跷跷板来说明这个问题。

跷跷板对很多人来说并不陌生，当跷跷板一头贴地时，它的另外一头肯定会被悬在空中。FBI认为，"跷跷板效应"同样可以运用在与人交往的过程中。如果一个人总是将跷跷板的一头紧贴在地，那么另外一头的人可能就会被高高举起。这不仅使这个人感到愉快，更重要的是他的内心能体会到一种被尊重的感觉。也就是说，通过贬低自己抬高别人的方式能使别人得到心理上的满足，从而使自己得到别人的信任和爱戴。如此一来，人们自然就能达到洞悉别人心理的目的。

相反，如果处于跷跷板高位的人是自己，那么很可能会引起对方的厌恶。因为在他们眼中，有一种被轻视的感觉，不仅刺伤了其自尊心，还会对你产生敌意，久而久之，双方的关系甚至会陷入到剑拔弩张的地步，最终使自己洞察对方心理的机会化为泡影。

美国加利福尼亚州由于经济发达，吸引了很多地下钱庄，这极大地扰乱了当地正常的经济秩序。可由于地下钱庄的隐蔽性极高，联邦警察在实际查处的过程中并不是十分顺利。

为了尽快取缔这些非法的地下钱庄，维护正常的金融秩序，FBI决定派出一名经验丰富的人化装成一名"生意人"潜入到地下钱庄了解具体情况。

于是，该位FBI以"生意人"的身份顺利进入到了地下钱庄。地下钱庄被高利贷、洗钱、非法集资等现象充斥着，每天来这里进行交易的人络绎不绝，但最大的受益者还是那些隐藏在背后具有黑社会性质的大财团。

　　FBI意识到通过常规的方法是很难清理掉这个组织严密、资金分布广泛的黑社会财团的，于是该位FBI决定对其展开心理攻势。

　　首先，FBI通过中间人找到了钱庄幕后的负责人，开门见山地说道："小弟为了混口饭吃，特意来大哥的地盘谋生，请大哥多多指教。"随即递上了一份沉甸甸的礼包。

　　钱庄负责人笑纳了这个礼包之后，在接下来的一段时期内，FBI开始抬高钱庄负责人的身份，并又送上厚礼。随着时间的推移，钱庄负责人对"生意人"的警惕性消失得荡然无存，并把"生意人"当成"自己人"，开始向他透露钱庄的组织结构。

　　FBI扮演的"生意人"经过三个多月的潜伏，已经将这个地下钱庄的组织结构及人员安排情况调查得一清二楚。于是，该位FBI随即秘密地与FBI总部取得了联系，告知其地下钱庄的具体位置及交易时间，最终在FBI总部周密的安排部署下，成功地将这一隐藏在地下、扰乱金融市场秩序的黑社会财团一网打尽。

　　每当这名参加潜伏任务的FBI回忆起这场惊心动魄的斗争时都会感叹："这些地下钱庄的头目警惕性非常高，他们不会轻易相信一个人，但他们自身也有致命的缺点——喜欢让别人抬高自己，于是我就抓住了他们这个致命的缺点，对其展开了心理攻势，把贬低自己、抬高对手作为认真执行的任务，最终赢得了他们的信任，从而打入了这个组织的内部，最终一举端掉了这个破坏当地经济秩序的组织。"

　　因此，FBI告诫人们，无论是在现实生活还是在人际交往中，不妨适时使用一下贬低自己、捧高别人的技巧，以达到与别人和平相处的目的。

赞美具体化——FBI实施攻心策略的"必杀技"

每个人都希望得到别人的赞美，赞美别人是一种良好的社交方法。在FBI看来，如果人们想要使赞美得到良好的效果，需要认真去学习。假如赞美得不得要领，让被赞美的人明显感觉到是一种谄媚的话，那么不仅起不到赞美的效果，还会使对方感到虚伪，不够真诚，从而对你产生反感。

如果刚刚与一个陌生人见面你就对其大加赞美："您的外表是多么英俊潇洒，您一定是个心地善良、待人真诚的人。"此话一出，对方不仅不会被你的赞美所打动，相反会使对方对你这个施与赞美的人产生警惕——这个人也太虚伪了吧，此前根本不认识我，如此短时间的接触他不可能了解我的性格，如此轻率地赞美我待人真诚、心地善良明显不是内心真实的想法！其不真实赞美的背后一定存在着不可告人的秘密。因此，我要远离这个人，并对他时刻保持警惕。

也许这个赞美别人的人会觉得委屈，也许他认为，赞美别人就可以有效拉近两个人之间的距离，但为何自己赞美了别人之后，不仅没有拉近距离反而还使别人远离自己了呢？FBI认为，这是因为你犯下了致命的错误，就是没有将赞美具体化。

那么，如何能将赞美具体化从而让赞美的话语容易让人接受呢？

FBI从实践中总结出，如果在赞美过程中，对被赞美的人能说出具体的赞美细节，会让对方更容易接受赞美，同时也能让对方感到真诚与坦然，从而使赞美效果达到最佳。比如在赞美一个人的外表时，不要仅仅说"长得漂亮"，不妨可以说"你的眼睛真有神，清秀的脸让人看上去感到很亲切";在赞美一个人性格特征时不要仅仅说"你真是个性格开朗活泼的人",可以尝试这样说"和你在一起让人感到轻松与快乐,相信很多人都愿意和你成为好朋友。"

显而易见,对别人的赞美具体化要比直截了当地赞美一个人更容易使人接受。

FBI在实际办案的过程中经常会遇到一些人格存在缺陷的犯罪分子,这样的犯罪分子的性格大多难以捉摸,而且他们经常会做出一些极端的举动。

美国迈阿密的一个博物馆接连发生文物被盗事件之后,当地警察已经锁定了一名犯罪嫌疑人,并将该嫌疑人抓获。但在对这名犯罪分子的审讯中警察却得不到任何有关文物被盗的信息。

为了尽快将丢失的文物找回,当地警察虽然使用了各种方式,但犯罪分子始终没能提供有用的信息。情急之下,警察局电话联系了FBI,请求他们援助,以便尽快破获此案。

经验丰富的FBI并没有直接审讯犯罪分子,而是向警察局长问了一些问题:"你们是如何审讯这名犯罪分子的?"

"我们对他采取高压措施,日夜审讯他,可他却像块石头一样,始终不说出犯罪的过程。"

FBI略微思考后回答道:"对付这样的犯罪分子要用心理战术。"

来到审讯室审问犯罪分子时,通过多年的实战经验FBI认为,犯罪分子的人格存在一定的缺陷,随即FBI翻阅了这名犯罪分子的个人档案。果然,这是个13岁便失去父母的孤儿,此后他便一个人流浪在大街上,以盗窃为谋生手段。

从对该犯罪分子的询问中FBI得知,这名犯罪分子外表看似强悍,其实其内心深处却无比软弱,而他盗窃文物只是想卖个高价钱,然后用来买药救治一名身体残疾的流浪老人。

FBI被这名犯罪分子的举动感动了,同时也意识到用温情执法的方式才是对他实施攻心战的最有效的方法。

为了能尽快摸清犯罪分子心里更多的想法，FBI放慢了说话的语速，对犯罪分子说道："你是我见过的人中最有责任感与爱心的人，如果你能改邪归正的话，一定会为社会贡献出不少力量的。"

当FBI说完这句话以后，犯罪分子流下了悔恨的眼泪，并向FBI供述了自己犯罪的过程以及文物藏匿的地点。显然，FBI通过对犯罪分子的攻心——具体赞美，达到了破获案件的目的。

在现实社会中，FBI与人打交道时，常常会灵活运用赞美的技巧，并将赞美内容具体化，从而使赞美收到良好的效果。那么，FBI是如何做到的呢？

（1）指出赞美的具体部位，认真说明其特点。

FBI认为，可以从一个人的外表入手，运用这个技巧。比如可赞美对方头发乌黑、脸形好看、身材苗条、衣着得体……可以针对一个具体点说出其闪光点，然后发表自己的意见，并由衷地对其进行赞美。

但同时要忌讳的是，在赞美的过程中一定要遵循实事求是的原则。也就是说，假如对方身体部位不具备某方面的特点，不要盲目赞美，否则，不仅达不到赞美的效果，还会遭到对方的反感，同时使自己背上"虚伪"的名声。

（2）对列出的具体事实说出感受。

FBI认为，赞美对方时一定要以事实为依据，并由此引申出对其气质、才华、性格等多方面的赞美。

如看到一个男人佩戴腕表，可以这样对其进行赞美："你很有品位，那些成功人士大多喜欢佩戴腕表……"

当向对方列出事实，并给予具体的赞美时，对方才能感觉到你的赞美之情是发自内心的，从而使对方更容易接受你的赞美。下面即是对他人的具体赞美：

"您确实是个有社会责任感的企业家，得到您帮助的人大多都已经摆脱贫穷。"

"您真是教子有方，孩子的考试成绩每次都名列前茅。"

"这件衣服您穿着非常合身，更显出了您与众不同的气质。"

"非常喜欢您唱的歌，尤其是那浑厚的高音部分，与那些专业歌手比起来一点儿也不逊色。"

"从您的优美的站姿中就可以看出您是个优秀的舞蹈演员"……

(3) 赞美时用名人或成功人士与对方作比较。

成功人士和名人的知名度非常高，人们通常对他们也抱有很高的兴趣，有些甚至还是人们崇拜的对象。如果在赞美某人时拿名人与之作比较的话，会让对方感到你是个很真诚的人，会使你更容易获得对方的好感。比如对方的眼神与大明星相像，那么你就要直接告诉他与某个大明星的眼神极为相似；对方口才好，你可以把他和演讲家相比较，这样一来，可以很明显地显现出对方的优点。

这些都是FBI通过不断总结而得出的心得，同时这也是人们对别人实施攻心策略的重要参考方法。相信会有越来越多的人通过学习FBI总结出的攻心术，轻松地掌握攻心"必杀技"，从而更准确地把握生活、工作中所面对的对手的心理。

第七章

先声夺人，先发制人——
FBI主动出击的心理战术

主动出击是FBI在实战中经常运用的战术。他们将这一战术作为与对手交锋的最行之有效的方法。在他们看来，交锋时就要借助语言优势占据对方心理的制高点，而且还要用连珠炮发问的方式对其心理进行震慑，从而"拿下"对方。

FBI提醒人们，要在FBI的实战中不断学习先下手为强、抢占优势位置、抢占先机的技巧。因为这些技巧确实可以起到使人们重创对手心理防线并看透其心理变化的作用。由此可见，FBI从实战中总结出的先声夺人、先发制人的技巧值得更多人参考与借鉴。

发挥语言攻势，是占据对方心理制高点的不二法则

语言是一把利剑，可以有效地在对方心理上占据制高点。这是FBI在实战中得出的结论。

FBI认为，通过语言攻势对别人展开攻心战，不仅可以占据上风，还可以很容易地洞察到对方的心理。

与对手交锋时，语言攻势进行得是否主动及时，对攻心是否能成功实施起着至关重要的作用。因此，FBI将对语言攻势的训练作为先声夺人、主动出击的心理战术之一。那么，在实战中他们是如何运用该方法的呢？

（1）在心理上将对手"看低"，并配合强大的语言攻势。

FBI认为，人们在做某一件事情或与别人打交道时，如果将一件事看得过于复杂或过度地"看高"别人的话，那么自己的内心首先就会处于被动状态。很显然，这样是不利于自己与对手进行交锋并对其展开心理攻击的。想要将被动变为主动，就需要为自身树立起足够的信心，用"看低"对手的心态作好与对手展开心理战的准备。

因为在FBI看来，将对手"看低"，首先可以增强自信心，而自己的内心深处也会理所当然地感觉到对手不如自己。在这种情况下，让人感觉你是个有"气势"的人，同时你要知道的是无论是说话的语调还是速度都可以体现出自信者的特征。

而当一个人的自信心和勇气完全被激发出来以后，才能说更多想

第七章
先声夺人，先发制人
——FBI主动出击的心理战术

说的话，这样就可以在语言方面达到压制对手并占据对方心理制高点的目的。如此一来，对手很难进行反击，从而使其在语言攻势下丧失"战斗力"。

其实，FBI在实战中同样也会面临某些方面的压力。但在压力面前，他们还是能够用语言攻势与对手展开交锋，并能在心理方面占据制高点，从而制服对手，进而把案件破获。

1999年，美国发生了一起财务丑闻事件。从FBI得到的举报资料中可以看出，此次事件中有高达3.5亿美元的资金去向不明。由于涉案金额过于庞大，这在美国国内也引起了轩然大波，为此FBI对其展开了深入调查。

调查过程中，一名叫做克里森·福奥的银行家进入到了FBI的视野中。从这名银行家的个人信息中得知，他不仅是美国知名的银行家，而且还与美国国会高层有着紧密的联系。这让FBI意识到，这名银行家非等闲之辈，凭借其自身的地位与声望以及过硬的关系，FBI想要对他进行调查，难度可想而知。

但为了能彻底追查出钱款的具体流向，FBI还是决定对这名银行家展开询问。为了能消除部分FBI出现的心理顾虑，负责该案件的FBI负责人说道："不要因为他拥有很高的地位与强硬的后台就对其避让三分，而首先要在心理上将他'看低'，这样才能有信心对其展开调查。"

参与调查银行家的FBI得到鼓励后，毅然决然地开始对该银行家展开询问。在询问银行家的过程中，FBI的语气一直非常自信与坚决，问道："请问你在5月5日21点在做什么？"

"我在家里观看足球比赛。"银行家不屑地说道。

"不对！据我们的调查，你根本不在家中，而是在银行办公室。"紧接着FBI向这名银行家出示了一张票据，语气坚定地问道："这张票据你知道是怎么回事吗？"

"可笑，这张票据跟我有什么关系？！"

"从笔迹上来看，这张票据的签名与你的签名非常相近！"随后，FBI打开电脑，指着屏幕上的交易记录问道："这些交易记录是不是你操作的？"

"完全不是，我没有进行过任何操作。"

FBI站起身来大声说道："你可以选择狡辩，但你的狡辩会作为证据，而联邦政府有规定，对于那些想隐瞒事实真相的人会给予最严厉的处罚！"

这名银行家被FBI语言的气势镇住了，最终不得不供述了将3.5亿美元转往海外账户的犯罪经过。

显然，FBI就是通过将对手"看低"，并配合强大的语言攻势对银行家实施了攻心策略，最终寻回了这笔数额巨大的资金的。

(2)用语言做后盾，坚决回绝对手的过分要求。

在日常生活中，人们难免会遇到别人故意试探自己、提出过分要求的情况。因为他们想在心理上占据优势地位，从而达到自己的目的。FB建议，遇到这种情况，人们要作好由被动防守变为主动攻击的准备，而最好的方法就是借助语言攻势。

因而，当你遇到一个人为了故意试探你而说出一些刺激你的言语或提出过分要求时，你一定不要沉默，而应借助强大的语言攻势坚决予以回绝。

FBI在实战中就亲历了一件与此相关的事情——1999年，美国国内关于"千年虫"电脑问题的各种信息像雪片一样充斥在各个角落。虽然美国联邦政府已经向公众表示"千年虫"问题不会对电脑带来影响，可民众还是有些恐慌。

这一天，FBI接到报案，说美国亚利桑那州州政府门口有十多个大学生在抗议，他们要求政府赔偿他们购买电脑的费用。FBI到达现场后，与这些示威抗议的人展开了对话，其中一名自称是计算机专业毕业的大学生对FBI说道："'千年虫'即将来临，政府为什么不早一些对民众发布信息，这样我们就不会购买电脑了。因此，我们买电脑所造成的损失政府必须要以十倍的价格给予我们赔偿。"

FBI听完这一令人哭笑不得的要求后，厉声对这群示威的人训斥道："没想到被称为'天之骄子'的你们竟然相信'千年虫'问题，此前政府已经发布了公告让民众不必担心，难道像你们这样天天与计算机打交道的人对此事一点也不了解吗？你们向政府要求赔偿的事完全不符合情理，如果你们继续这样闹下去，等待你们的将会是公正的审判！"

这群示威的学生听完FBI的训斥后，完全没有了此前嚣张的气焰，于是一个个垂头丧气地离开了。

从中可以看出，FBI在应对学生的示威时并没有动用武力，而是运用语言的攻势在心理上占据了优势后，成功地劝退了学生的示威。

(3)恰到好处地运用语言。

FBI认为，恰到好处地运用语言同样可以对别人展开强大的心理攻势。当别人的言语明显带着讽刺时，如果你将自己内心的愤怒直接用言语表达出来，对别人心理攻击造成的影响可能会很小，但如果能恰到好处地运用语言，往往在心理上能占据主动，从而成功地对其实施攻心战。比如，别人对你刚刚起步的事业大加讽刺时，你可以这样回击："虽然我的事业处于起步阶段，但我每天还是非常高兴，因为我不像某些人一样整天无所事事地生活，那样的人生虽然安稳，但怎能体现出其人生的价值呢？"

相信听完这些话的人内心一定会有一种挫败的感觉，从而收敛自己的言行。

FBI有时正是通过成功运用语言攻势对别人实施了攻心策略，从而达到了既定目的的。

2
用连珠炮发问的方式向对手发起主动攻击，以此占据优势地位

FBI曾成功铲除了美国科罗拉多州首府丹佛的一股黑恶势力。无疑，铲除该黑恶势力自然是大快人心，而在此事件中FBI也向世人展现了与黑恶势力斗争中所使用的心理战术——连珠炮发问的魅力，通过这种方式，FBI从心理上占据了优势，从而成功铲除了该黑恶势力。

该黑恶势力在当地大肆进行军火交易，同时他们还垄断了当地的交通运输业，甚至还进行着毒品交易等其他犯罪活动。于是，为了维护该地区的稳定，FBI决定对其实施重拳打击。但由于该黑恶势力在当地有一定的影响力，且人员众多，如果用常规手段对其进行打击的话，他们很可能会做出一些穷凶极恶的事——对政府议员实施报复行为或伤害普通民众。于是，为了避免这些情况的发生，FBI决定用心理战术瓦解该黑恶势力。

FBI最先想到的方法就是对该黑恶势力的核心人物实行"斩首"行动。按照FBI"斩首"计划的安排，首先要对该组织的核心人物进行调查并对其采取一定的措施，以此从心理上给对手沉重的打击，最终从内部瓦解该黑恶组织。

在接下来的一段时间内，FBI对该组织的核心人物进行了暗中调查，发现该核心人物经常肆无忌惮地穿梭于各大娱乐场所。于是，FBI决定对其进行出其不意的调查。

这天，当该核心人物像往常一样进入到一家大型娱乐场所时，被早已等候多时的FBI友善地"请"到了警局。

将其带到警局之后，FBI就采取了连珠炮发问的方式对该核心人

第七章
先声夺人，先发制人
——FBI主动出击的心理战术

物进行了审讯：

"姓名和职业！"

"马里拉·汉斯，在一家经纪公司工作。"该核心人物心不在焉地回答道。

"家庭住址！"

"丹佛市13区520号14楼。"

"知道为什么让你接受审讯吗？"

"不知道。"

"因为你涉嫌领导并参与黑社会犯罪！"FBI厉声说道。

"请你们不要对我进行无端指控，我可是个守法的公民。"该核心人物狡辩着。

"掩饰是解决不了任何问题的，你集团的犯罪事实我们都已经调查清楚，现在你唯一的出路就是要老实交代！"

"我是清白的。"该核心人物还是拒不承认自己领导黑社会的事。

于是，FBI停顿了一下继续问道："2001年发生在丹佛市中心的谋杀案的幕后凶手至今还逍遥法外，你怎么看这件事？"

此时只见该核心人物一声不吭地端坐在FBI的对面。

FBI继续说道："你从头到尾都在隐瞒着事情的真相，其实你的真名叫卡斯罗，而不是马里拉·汉斯。家庭住址也不是丹佛市13区520号14楼，而是丹佛市18区110号20楼。此外，据我们的调查，2001年发生在丹佛市中心的谋杀案幕后的操控者就是你！"

当FBI说完这些话以后，这名核心人物似乎被惊呆了——一时间竟不知该对FBI说什么了。所以，他未向FBI作任何辩解。很明显地可以看出，他的心理防线被击破了，于是他沉思了一会儿便供述了自己所有的犯罪经过。紧接着，FBI就将这名核心人物认罪的消息发布了出去，想以此给这个黑恶组织的其他成员一定的警示，以便达到运用心理战术就将该组织击溃的目的。果然，不到一个月的时间，该黑恶组织其他的重要人物也都向FBI自首了，并宣称会永久解散该组织。

此事一时间被媒体宣扬开来，人们对FBI如此有效地运用攻心策略大加赞赏，同时人们也想知道FBI在与对手交锋时，是通过怎样的心理攻击术达到使对手乖乖束手就擒的目的的。对此，FBI作出了如下总结：

（1）打断对手的思维，让对手的思维错乱。

FBI在与对手交锋时，往往会遇到一些思维缜密、精神集中的对手。在这种情况下，FBI认为要想占据主动，必须要在他们没有实施"攻击"前就扰乱他们的思维。

因为，FBI认为一旦让对手占据主动，那么接下来在与他的交锋过程中就很有可能会被他牵制住，如此，胜利的天平自然会更倾向于对手。

研究结果表明，一个人的思维一旦被梳理开，随之而来的就是高度的集中力与敏锐的观察力。这种无形的力量产生的功效非常高，可以轻而易举地将一个人的心理防线击破。对此FBI认为，对付这种力量最有效的办法就是不让对手形成完整的思维，要对他们的思维进行"骚扰"。

当别人想灌输自己并不认可的长篇大论时，比如："这样做才是最完美的方式，你不用持怀疑的态度……"此时可以这样打断他的思维："你的这种方式方法还敢说最完美？简直可笑至极。据我所知，就连爱迪生都不敢这样说，更何况你还只是个崭露头角的人。"

如果对手还是一意孤行地阐述自己的观点，并想让别人接受他的观点，那么此时你可以按照打断对手思维的方式打断他们，让他们不能形成完整的思维方式，最终出现思维错乱，从而使其丧失继续阐述观点的决心。一般情况下，通过几个回合的心理交锋后，优势地位就极有可能属于你。

（2）不间断地向对手发问。

很多犯罪分子都有这样的体会，当面对警察无休止的问讯时他们的心里就会感到莫名的恐惧。因为警察无休止的问讯使他们独立思考

第七章
先声夺人，先发制人
——FBI主动出击的心理战术

与编造谎话的时间大大减少，因此大多数情况下警察不间断的发问会使他们很快就供述出自己的犯罪经过。

(3)故意引导对方进入自己设下的"圈套"，对其进行连珠炮式发问。

FBI经常会说："如果能将别人引入到自己的想法中，使别人按照自己的意愿行事，是一种最理想的主动心理攻击的方式。"

的确如此，当别人按照自己的想法行事时，很多事情也许就会变得非常简单，同时这也是对其成功实施攻心策略的方式之一。

FBI认为，要想攻心策略成功实施就需要将对方引入自己设下的"圈套"中。比如，当你与一个虚荣心非常强的客户谈生意时，你便可以迎合客户虚荣的心理，这样既可以促成生意，又能极大程度地满足客户的虚荣心理。像高档咖啡厅或音乐茶吧等场所实际上就是引诱客户的"圈套"。当客户进入到这个"圈套"以后，就可对其展开连珠炮式发问。发问的形式可以多种多样，但始终要从客户的角度出发，而从客户的回答中，你便可以对其心理进行揣摩。

可在实战中有些人想效仿FBI也对别人进行攻心策略，但总是收不到意想中的效果，甚至有人怀疑起了该攻心术的好坏。

其实，以上这些攻心技巧只是FBI运用的众多攻心方法中的几种，但FBI强调，任何一种攻心术没有好坏之分，只有在正确的时间运用正确的攻心方法，才是与对手进行攻心战的关键。因此，FBI建议，在采用"连珠炮发问的方式向对手发起主动攻击"这种攻心策略时，一定要认真学习必要的攻心技巧，如此才能在攻心战中占据优势地位。

3
搞定对方心理的"空白区域"，让其失去思考的空间

很多人都会有"大脑一片空白"的情况出现，而FBI将其称为"空白区域"。出现这种情况时，人们大多心跳加快、意识缩窄，注意不到外界发生的事情。虽然持续时间非常短，只有几分钟甚至更短的时间，但此时人们的头脑中犹如白纸一样，失去了知觉，并暂时丧失了思考问题的能力。

FBI认为，一个人的心理如果出现"空白区域"的话，不仅会让其暂时失去分析问题和判断问题的能力，而且还为别人趁机对其进行攻心打开了方便之门。

很多时候，FBI在与穷凶极恶的对手交锋时，就是通过事先搞定对方心理"空白区域"的攻心策略，成功击破了对方的心理防线，从而用攻心策略赢得胜利的。

但想要搞定对方心理的"空白区域"谈何容易！那么，FBI是通过什么样的攻心策略做到搞定对方心理的"空白区域"的呢？

(1) 用"机关枪"式的语速作为搞定对方心理"空白区域"的"先头部队"。

研究表明，语速快慢可以影响一个人表达出自己的想法。语速快的人能表达出更多的想法，语速慢的人表达的想法却很有限。由此可见，语速快慢可以影响到表达效果的好坏，甚至是能否搞定对方心理"空白区域"的关键。

科鲁兹是一名经验丰富的FBI，鉴于俄亥俄州首府接连发生数起

枪击案，他被派往该地区进行调查。

但调查进行得并不顺利——由于该地区人口非常密集且人员流动性大，这样无形中就增加了破获枪击案的难度。不过，科鲁兹没有受此影响，而是继续搜集相关情报。

这天，当他路过一家金表店时，眼前一个戴着口罩的中年男子引起了他的怀疑——只见这名男子戴着黑色口罩，身上印有纹身，右手举着用布遮盖着的东西，径直走进了金表店。科鲁兹猛然意识到此人极有可能会到金表店中实施抢劫。由于周围人员比较多，为了不打草惊蛇而使该男子做出一些疯狂的举动，科鲁兹尾随在这名男子的身后留意他下一步要实施的活动。

果然，该中年男子进入到金表店以后，直接走向了收银台，当他在收银台前停留下来刚想将右手上的手枪举起时，科鲁兹以迅雷不及掩耳之势将他的手枪踢飞了，然后科鲁兹便将这名男子制服并扭送回去审问。

在对其审问的过程中，该男子坚决对此前发生的抢劫案予以否认，想为自己开脱罪名。

科鲁兹意识到，要想让该男子供述其犯罪经过必须搞定他的心理"空白区域"。也就是说，让他暂时失去思考问题的时间，从而抓住这个机会对其实施攻心策略。

于是在接下来的审问过程中，科鲁兹故意提高了嗓音和语速，接连不断地向这名男子问了很多问题，但大多都与抢劫事件无关。科鲁兹认为，通过这样的方式可以麻痹对手，使他面对众多问题时出现"大脑一片空白"的情况。

的确如科鲁兹想象的那样，中年男子对他的提问方式感到无所适从，甚至额头上还渗出了豆粒大小的汗珠。此时，科鲁兹能真切地感觉到对手的心里非常紧张，于是他便利用对手心理上出现"空白区域"的时机，继续对其实施攻心策略。最终，中年男子在巨大的心理压力下，对此前发生的枪击案供认不讳。

(2)通过牢牢抓住话语权的方式，让对手丧失思考的时间。

在FBI看来，在与对手交锋的过程中，谁能将话语权牢牢握于手中，谁就能在心理上占据优势。从心理学的角度来讲，当话语权掌握在一个人的手中时，会激发出这个人内心的斗志，从而形成强大的战斗力。

牢牢抓住话语权是FBI非常擅长的技能，因为无论是在日常的训练还是实战中，FBI始终都会认真训练这项技能，并努力将该技能的效果发挥至极致。

在与对手交谈的过程中，FBI会集中全部精力掌握话语权。因为他们清楚地意识到，掌握了话语权对于实施攻心策略能起到至关重要的作用。

FBI接到一家银行的报案后，便进入到这家银行展开调查。调查的重点是该银行300万美元现金不翼而飞的事情。很快，银行丢失巨额现金的消息就不胫而走，有不少人都在议论："银行有如此高等级的安保和监控措施，居然还发生现金丢失的情况，实属银行工作的失误。"鉴于丢失现金数额巨大，受到了美联储的高度重视，美联储希望FBI能尽快破获此案。

FBI随即调取了银行的监控录像，但并没有从中发现异常。于是FBI又对该银行的所有工作人员进行了盘问，也都没有得到有价值的情报。此时FBI意识到，能盗走现金而且还能不留下任何痕迹的人很可能是个高智商的犯罪分子。

在接下来的调查中，FBI将目光紧紧锁定在了银行所有工作人员的身上，因为他们坚信犯罪分子肯定就在这些人里。而事实很快也印证了FBI的这一判断的正确性——银行方面打来电话告诉FBI，在现金被盗的前一周，银行对所有监控设备进行了更新，然而，案发后却怎么也联系不上负责更换监控设备的技术工程师了。

获得此信息之后，FBI便火速赶到这位技术工程师的家中对其展开了调查。技术工程师对FBI的到来表现得非常冷静，FBI也观察到这名工程师想狡辩。但还没等他开口，FBI便首先发问道："你负责了银行监控设备的更新？"还没等这名工程师回答，FBI继续发问："你对银行监控设备和监控系统十分精通？"FBI停顿了一会儿继续说道："可是你利用手中掌握的技术做了违法的事情，在你对银行监控设备进行更新时，你已经将所有监控设备的位置记在心里，在你盗窃现金之前，你将所有的监控设备关闭掉，这样就为你成功盗窃提供了便利，是这样吧？"

这名技术工程师听完这些话显然没有回过神儿来，起初他原本想进行辩解，可看到对方已经掌握了事情的全部经过，且已经取得了话语权时，他不由低下了头，并交出了被盗窃的现金。

当FBI将被盗的现金归还给银行时，被在银行大厅等待多时的媒体记者围了起来。其间，他们问得最多的问题是："你们是通过什么方法抓获了这个高智商的犯罪分子的呢？"FBI用"牢牢抓住话语权，让对手丧失思考的时间"回答了媒体记者的提问。

(3)在气势上压倒对方，迫使其在心理上处于被动。

气势是一个具有强烈征服欲望或高度自信者特有的东西，它可以在心理上压倒对方，给对方心理上带来震慑的作用。可以说，FBI就是这样的一类人。因为从他们与对手交锋的过程中所表现出的气势来看，他们始终占据主动位置。

因此，当一个人以强大的气势与对手交锋时，对手很可能被这种气势镇住，从而在心理上形成"伤疤"，最终迫使其在心理上处于被动。

可以毫不夸张地说，FBI就是因为将"搞定对方心理的'空白区域'，让其失去思考的空间"这种攻心术运用得极为娴熟，才成功破获了一个又一个经典的案例，还为其增添了些许神秘色彩。

4
先下手为强，直击对方的心理软肋

"先下手为强，直击对方的心理软肋"，是FBI非常推崇的一句话。这句话表面上告诉人们的是要主动出击，但其背后更深层次的含义则在于将主动出击作为一种攻击对方心理软肋的方法。

FBI从实战中总结出，先下手取得胜算的概率会比较大，同时也能直击对方的心理软肋，使其望风而逃。

但也并不是每次先下手都能取得好的效果。FBI认为，将这种主动攻击对方的心理战术运用自如并不是一天两天可以办到的，需要掌握一定的技巧，并通过实战不断积累经验才能收获最佳的效果。为此，很多人迫不及待地想知道FBI是如何成功运用这一心理战术的。

FBI从众多实战中总结出了如下的经验与心得：

(1)在别人没有察觉时实施闪电式攻击。

众所周知，要想赢得战争的胜利就需要对敌人实施闪电式攻击。从古至今，战争的胜利大多是通过先下手为强而取得的。而在现代社会中，与对手交锋时同样也可以借鉴这种方法。

先下手为强可体现在方方面面，比如：新员工进入一个新团队后，在一定程度上可能会遭到老员工的刁难与排挤。老员工可能会让新员工帮助他们做事，如果新员工没有按照他们的意愿做事的话，他们的脸就会拉得很长。如果新员工能提前读懂老员工的心理，主动帮助老员工做事，不仅能尽快适应新的工作环境，并了解到老员工的心理，最重要的是不至于在心理上处于被动。

同样的道理，当与人交锋时，如果在对方还没有心理准备时对其展开攻击的话,往往会"打"得对手措手不及。

FBI对一名涉嫌恐怖袭击的阿拉伯人展开了通缉——这名阿拉伯恐怖分子在美国很多地方实施了恐怖袭击,不仅造成了大量的人员伤亡,还使这些地区的旅游业陷入到了停顿的状态中。鉴于以上原因,FBI决定尽快将其捉拿归案。

可是这名恐怖分子有众多的替身,这使他总能逃脱FBI的追捕。这天,FBI派出的卧底带来消息称,这名恐怖分子已潜逃至巴基斯坦境内,于是FBI也秘密潜入到了巴基斯坦。

到了巴基斯坦境内,FBI便与卧底失去了联系。正当FBI感觉卧底可能发生了危险时,一个令FBI振奋的消息传来:恐怖分子躲在巴基斯坦北部地区的一个别墅内。得到这个有价值的情报后,FBI立即赶到了恐怖分子藏身的地点,然而他们发现,别墅四周都用高墙围起,且安装有监控设备,外界的任何风吹草动都可能引起别墅内恐怖分子的怀疑。于是,为了不打草惊蛇,FBI决定派一名经验丰富的人化装成阿拉伯医生的模样混进别墅探知究竟。

"阿拉伯医生"来到别墅门前敲门后,别墅内传来一个深沉的声音:"你找谁?"

"我是负责这个地区民众健康的家庭医生,特意免费给您检查身体。"

令"阿拉伯医生"没有想到的是,对方竟然没有怀疑自己的身份,并将自己引进了客厅。进入客厅后,"阿拉伯医生"一眼就认出了被FBI通缉的恐怖分子。为了保持镇定,"阿拉伯医生"故意大声说道:"您好,我是负责这个地区的家庭医生,请问您有哪里不舒服吗?"

恐怖分子显然并没有怀疑"阿拉伯医生"的真实身份,下意识地答道:"我的全身都不舒服,先给我作个身体检查吧!"

为了让抓捕工作出其不意,"阿拉伯医生"假装用身体检查设备给恐怖分子作身体检查。在检查过程中,他用眼角余光观察恐怖分子的反应,他发现恐怖分子并没有对他产生怀疑,而是闭着眼在接受检查。"阿拉伯医生"意识到此时抓捕是最好的时机,于是他就用闪电般的速度将手铐戴在了恐怖分子的双手上。

显然,恐怖分子并没有料想到会遭到闪电式攻击,但当他睁开双眼时冰冷的手铐已经戴在手上不能动弹。紧接着,其他FBI破门而入,没费一枪一弹就成功将罪大恶极的恐怖分子缉拿归案了。

(2)洞察出对手的身体语言,以便提前预知对手心理。

在很多人看来,想要完全洞察对手的心理不是件容易的事情,需要长时间摸索。但在FBI看来,在某些时候,可以提前预知对手的心理,并对其实施攻心策略。

也许有人会认为提前预知对手的心理根本不是常人所能做到的,但FBI认为,人们其实通过观察对手的一些身体变化就可以预知到对手的心理。比如,从对手的眼睛中就可以预知到他们的心理。眼睛是一个人不可或缺的,它是人们心灵的窗户,FBI就是通过观察这两扇"窗户",揣摩或感知对手的情感或真实意图的。

很多时候经常会听到人们这样说:"你们看,这个人又在说谎了,他的眼睛已经说明了一切。"也就是说,人类的眼睛的确能从侧面表达出大量有价值的信息,而这些信息对于预知对手心理来说就显得非常重要。

FBI认为,一个人可以口头上撒谎,但是在他撒谎的时候,眼睛中所蕴藏的一切就已经表明了他的话是否具有真实性。很多情况下,当人们遭遇了突如其来的事件时,会被这些事件惊得不知所措,此时他们的眼睛首先会产生变化,其中最明显的就是这些人受到惊吓以后瞳孔会突然增大很多,并会反复收缩。

不仅如此,FBI也能通过对手的面部特征或面部表情提前预知他们的心理变化。在FBI看来,对手的面部表情可以说明一切问题,他们能够从对手的面部表情中洞察到他们的内心世界的变化情况。可以

第七章
先声夺人，先发制人
——FBI主动出击的心理战术

说，人的面部表情变化是反映人内心变化的最直观也是最有效的方式之一。

FBI从实战中总结出，面部表情是最敏感也是最丰富的，它比其他任何部位的表达都要丰富，无论来自何地的人，通过面部表情的特性都能理解出他们想要表达的意思。可以说面部表情是一种在国际上普遍使用的语言，是一种跨文化、跨地域的通用语言。从人类文明发展的过程来看，面部表情已经成为一种国际通用语言，更成为了一种有效的交流方式，它能够帮助我们获知来自不同国家和地区、有着不同文化与不同信仰的人的内心想法。虽然每个人的面部都存在一定的差异，但是所有人的面部却都有一个共同的特点，那就是人们的面部都是由很多肌肉组成的，每块肌肉都非常敏感，而也正是这些肌肉，才使得人们能够做出各种各样的表情。

美国科学家通过测试与研究得出了这样的结果：人类的面部肌肉分布非常紧密，这些肌肉可以向大脑中枢神经不停地传递信号，在传递信号的过程中会出现多达上千种不同的表情，这些表情包括哭泣、微笑、兴奋、失落、惆怅等。在传递信号的过程中，每个人的面部表情都不会相同，而男性与女性、老人与小孩之间的表情也都不尽相同。其所传递出来的表情作为一种国际通用的语言符号，可以被大多数人所理解。通过折射在面部的信息，人们还可以预知对手的心理。

此外，FBI认为，手被认为是最灵巧地身体部位，而人身体中的某些肌肉也在控制着人们的手，使手能够灵活地活动并做出各种细致的动作。当人们受到外界环境刺激的时候，由于大脑皮层受到紧张的刺激，神经递质和肾上腺素之类的激素会激增，此时通常会通过手来传递一些信号。

但FBI不会简单地将手的变化作为判断案件的唯一标准。FBI在实际观察对手的手的变化的过程中会结合现场环境而定。在FBI看来，当手开始抖动的时候通常是心理上的安慰，但是如果还用手去触摸鼻子或其他身体部位的话，那么就可以判定这个人的这种表现可能体现出他内心深处的惶恐不安了。

再比如，人在遇到意想不到的重大事件的时候，会把手指紧紧扣在一起。他们认为只有这样才能得到一些安全感，有些人把紧扣在一起的手指放在下巴的下面，此时他们更像在祈祷，在这个过程中，如果双手手指交叉越来越紧、紧扣的力度不断在增大的话，那么这些人的面部表情也会发生变化。

通过这些肢体语言反馈出的信息，FBI就能清楚地知道对方心里的真实想法，从而及时做出应对措施，直击对方的心理软肋，使对方供述出自己的犯罪事实，进而成功破获案件。

抢占优势位置，居高临下才能占据心理优势

相信很多人都有这样的体会：当自己居高临下时，一种自信会从内心油然而生，且这种自信并不是装出来的。FBI对此的解释是，当一个人占据优势位置，尤其是在制高点时，他的心理会发生一定的变化——优越感与充足的自信心。

"人往高处走"也许就是这个道理。FBI认为，一个人只有事先抢占到优势位置，才可能做到主动出击。

因为一个人在与别人打交道的过程中，总希望自己能得到对方的重视，当他们占据制高点时，心理上才会感到一丝安慰。据英国一份心理研究结果表明，心理专家或攻心高手能解读人们心理变化最重要的原因就是他们能主动出击并抢占有利位置，从而给自己营造一个居高临下的优势地位，这样就从心理上占据了主动位置。在这种情况

第七章
先声夺人，先发制人
——FBI主动出击的心理战术

下，在与别人的攻心对决中胜算才会更大一些。

FBI对主动出击并抢占优势位置非常敏感——在与对手交锋时，谁最先占据优势地位，谁最终取胜的概率也就越大，因而FBI每年都会安排这方面的训练。

有意思的是，FBI会扮演成不同的角色进行主动出击方面的训练。那么，他们扮演的角色类型以及所采取的措施有哪些呢？

（1）扮演成老人——有效迷惑对手。

FBI认为，扮演成老人执行某一项任务时，成功执行任务的概率非常高。虽然老人看似体力不支、羸弱多病，可这正是隐藏自己、迷惑对手的最有效方法。通常情况下，很难有人对老人产生过多的怀疑——在他们的意识里，老人对自己根本不存在威胁，于是在心理上他们便会放松警惕。显然在这种情况下人们更容易摸清对手内心的真实想法。

美国路易斯安那州的一座学生公寓中经常出现物品被盗的情况，校方对此深感忧虑。FBI得知这样的情况后，立即对该学生公寓展开了调查。从学生公寓提供的录像来看，实施盗窃的人是几个留着短发、戴黑墨镜的中年男子。从他们作案的时间来看，他们大多选择在学生集体外出的时候。为了尽快将这个犯罪团伙一网打尽，FBI对此事展开了周密的部署安排，并化装成老人的模样进行暗中监控。

肆无忌惮的盗窃犯再一次选择在学生外出的时候溜进了公寓楼，虽然他们看到门口有几个手拿拐杖的老人在蹒跚前行，但对此他们并没有去理会，并认为这些老人年纪已大，根本不会对自己的盗窃行为带来影响。可当他们手拿被盗物品大摇大摆地从公寓中走出来时，只见几名FBI正在门口等着他们。一开始盗窃犯深感意外，随即他们恍然大悟，原来被他们忽视的老人就是FBI扮演的。

从这个案例中人们可以看出，虽然"老人"表面上看对任何人都不构成威胁，但从侧面来看，这恰巧是FBI伪装自己、占据优势地位的有利条件。从最终的结果来看，"老人"凭借心理上的优势取得了胜利。

(2)扮演成乞丐——最大限度地分散对手的注意力。

扮演成乞丐也是FBI使用的一种主动出击的心理策略。

众所周知，当人们看到乞丐沿街乞讨时更多的是向他们投去怜悯的目光。而FBI正是抓住了这个心理特点，成功破获了一起制造毒品的大案。

此事还要追溯到1999年。当时FBI接到一个匿名电话，电话中的报案人称在一家食品加工厂的背后藏匿着一个贩毒集团。

FBI意识到事态极为严重，随即开会研究对策。会上大家一致认为，对付穷凶极恶的贩毒集团决不能与他们正面交锋，要迂回到其背后对其展开攻击。

为了确保调查任务万无一失，FBI想出了好几套备用方案。其中的一套方案是，由FBI扮演成乞丐在食品加工厂附近以乞讨的方式暗中调查情况。

由FBI扮演的乞丐衣衫褴褛地来到食品加工厂乞讨，虽然遭到了驱赶，但并没有引起食品加工厂内部人员的怀疑。因为在他们看来，乞丐最在意的就是能否找到填饱肚子的食物，对其他一些事根本不会关心。

由于未引起食品厂人员的怀疑，由FBI扮演的乞丐就在食品加工厂附近住了下来，而这直接为暗中调查食品加工厂是否与贩毒集团有关联提供了最有利的条件。

FBI扮演的乞丐经过两周的观察后发现，每天晚上的午夜时分，都会有数辆卡车装着满满的物品驶入食品加工厂。后来，FBI从车辙上采集了其遗留下的一些白色粉状物品，经过相关部门认真检测后得知，这些白色粉状物品就是海洛因。

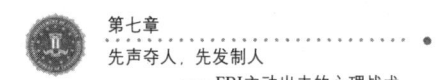

掌握了这一可靠情报后，FBI随即对该食品加工厂进行了突击检查，检查中发现该厂确实藏匿了大量毒品海洛因。显然，FBI通过主动出击的方式，成功将这一特大贩毒集团一网打尽了。

FBI每次在与对手过招时，都能直接或间接地占据主动位置，以居高临下的姿态和对手进行交锋，从而在心理上占据优势，最终突破对手的心理防线，进而将案件破获。

6 FBI先发制人的绝招 ——一眼看透人心

FBI认为，在与对手交锋时想要做到先发制人，就要掌握一眼看透人心的技巧。也就是说，与人交锋时首先看透对手的心理才是主动出击的关键。

"知己知彼，百战百胜"说的就是双方交战时，提前掌握对方的战术或心理才是成功取胜的关键。试想，如果在交锋前没能看透对手的心理，那么取胜的概率又能有多高呢？

在实战中，FBI在实施每一次行动时都会研究对方的心理，并认真训练一眼看透人心的技巧，最终向世人呈现出了一个又一个精彩绝伦的案例。

在FBI看来，主动出击的关键就是要看透人心。为此，他们会从以下几个方面入手：

（1）从对手的笑容入手

由于人们的面部蕴涵了丰富多彩的表情和感受，笑容是首先呈现在脸部的表情之一，所以FBI认为笑可以反映出人们内心世界最真实的想法。而也正是因为如此，他们才会借助笑容破案。由于人们个性的不同，所以在不同的环境中人们所表现出来的笑也会存在一定的不同。比如在商务应酬中，人们脸上会堆满虚伪的笑，目的就是能够实现自己的目标；在老朋友聚会中，人们会表现出非常真挚的笑，和老朋友相互寒暄着，把自己最真诚的笑留给朋友。从笑时候的表情动作来看，脸上挂满虚伪笑的人嘴角不会放得很开，而是紧闭着双唇，这种笑大多是勉强装出来的；真挚的笑，大多是从圆形的口中发出的。

结合实际经验，FBI总结出了一套从笑的方式中揣摩出一个人心理特征的方法。FBI认为，那些喜欢开怀大笑的人一般是比较开朗、心胸开阔而且喜欢帮助别人的人；那些笑声非常高的人是一种自以为是、想出风头的人；在与别人交谈过程中喜欢用手来掩饰自己笑的人是一些言行比较谨慎、做事比较委婉的人；用鼻音来代替笑的人都是一些不尊重别人的人，与他们相处的时候不会感觉到他们的真诚，所以这种人不值得交；在评论别人时发出嘲讽笑声的人一般也是不受人欢迎的人，这样的人非常喜欢对他人品头论足，在别人眼中他们的行为有时甚至是卑劣的。

FBI认为，从一个人笑容的背后确实能一眼看透这个人的心理。比如，当别人身陷险境，那些在一旁冷笑的人大多都是卑鄙之人，他们大多抱有"落井下石"的心理，这样的人任谁也不愿意与之长期交往下去。

而那些在别人取得成功时，脸上流露出真诚微笑的人，大多具有一颗善良的心，他们内心深处为别人取得的成功感到高兴，这样的人才是值得人们深交的人。

（2）从对手的鼻子出发，挖掘其背后的心理特征

鼻子也是人类的身体器官之一，但是它经常被很多人忽视掉——他们认为鼻子并不能反映出一个人的性格特征和内心的想法，而且他们认为，不能把鼻子看成是一种表达动作的身体器官，因为它本身很少能发出信号,就算发出了信号,这些信号也是微小的,很多人不容易把握到这些细微的信号,所以很多人就认定鼻子不能反映出人内心世界的变化情况。但是FBI却表达了截然不同的态度,他们认为,鼻子周围的神经组织虽然不像其他身体部位那样敏感,但是在某些时候还是会表现得非常敏感的,而且会根据个体差异的变化而发生变化。

很多人有这样的体会,当受到外界的影响而哭泣的时候,鼻子也会发生一些动作的变化,同时也会发出一些声响;当人们对某件事情表现出不耐烦,甚至持怀疑态度的时候,他们的鼻子会发出"咻咻"的声音,鼻子也会伴随着向上提,不过这种动作非常细微,普通人根本不容易发觉这些。但是仔细观察的话,还是能从这些细微的鼻子动作变化中找到一些信息的,这个信息说明这个人已经表现出轻蔑的态度。

位于纽约繁华商业街的一家星巴克咖啡店每到深夜就会出现店内的咖啡被倒在大街上的情况,而且在地面上可以看到用咖啡书写的"复仇"两个字。很多人都感觉此事诡异,甚至有人将它与灵异事件联系在一起。

FBI接到调查该店的通知后,初步判定是人为作案,并不是灵异事件。但调查从何处开始呢?对店内员工的调查成为FBI最先想到的方法。但FBI并没有按照常规的方法对该店店员进行调查。因为FBI意识到,如果贸然对员工进行调查,员工们肯定对此事矢口否认,从而使他们失去调查的最佳时机。在这种情况下,FBI认为只有摸清他们的心理,才能找出问题的答案。

于是,FBI将该店员工带到一间30平方米左右的房间内,对他们展开了调查。调查的方式非常奇特:FBI让这些人同时阅读一本书。起初,这些人都能安静地阅读书,可不到半小时,一名长头发的人用鼻子发出了"咻咻"的声响,同时将鼻子向上提了提,这个动作虽然很平常且只持续了几秒钟,但FBI还是从中看出了一些不平常之处。

于是,FBI对这个员工进行了单独审问。审问中,FBI对咖啡店咖啡被倒只字未提，而是旁敲侧击地说道："从刚才对你们读书的测试中发现，你是个没有耐性且脾气暴躁的人。"

这名员工感到非常意外，问道："你们是怎么得出这样的结论的？"

"你鼻子反馈出的信息让我们一眼就看出来了。"

"你们都看出什么了？"

"如果没说错的话，你就是将咖啡倒在街道上的人！"

这名员工大惊失色，他万万没有想到FBI竟然能从自己的鼻子细微的动作中得出如此正确的结论。至此，他不禁瘫软在地，最终对倒咖啡的事供认不讳。

这个案例就是FBI从对手鼻子上反馈出的信息看透对手心理，从而进行先发制人的一个经典案例。

(3)对手的下巴反馈出的深层次含义

FBI认为，分析并判断一个人内在心理变化有很多方法，要学会一眼就能看透人的智慧不仅需要多年经验的积累，更需要练就一双充满智慧的双眼，能在不同环境下及时发现一些人的真实心理。而在一些社交场所中，经常会遇到很多陌生人，在与这些陌生人交谈的时候，要学会通过他们的下巴反映的情况来对他们进行了解，因为这也是社交的需要和分析一个人心理密码的基本要素。

其实，人们在日常工作或生活中，通常不会留意他人下巴的变化情况——他们认为，下巴的动作变化虽然表现得细腻，但是非常不容易被捕捉到。对此FBI以多年的经验总结告诉人们：下巴的动作确实表现得比较细腻也不容易被人们发现，但是它却是一种对人们心理密码解析的有效方法。FBI在实战中会不断训练一眼看透人心的技巧，其中，对别人下巴的观察是他们对其实施攻心战的一种方法，而且通过这个方法，他们可以达到先发制人的目的。那么FBI在实战中，有哪些实战经验值得人们借鉴呢？

第七章
先声夺人，先发制人
——FBI主动出击的心理战术

  FBI在对一个盗窃团伙进行集中审讯时，想让他们主动交代犯罪的经过，可这些犯罪分子始终保持沉默。FBI意识到，对他们的审讯不能用常规的方法，而需要借助心理战术对他们进行攻击。

  由于FBI对人的下巴有一定的研究，因此他们决定用观察下巴的方法对这个盗窃团伙进行攻心。在观察中FBI发现，盗窃团伙中的大多数人的下巴都向下，唯独一个人的下巴向上。FBI从心理学的角度分析，这个人很可能是盗窃团伙的组织者，因为从他高高向上抬的下巴就可以看到这个信息。不仅如此，从这个人的下巴反馈出的信息来看，他还是个脾气非常暴躁、缺少耐心以及思维非常敏锐的人。为了知道分析是否正确，FBI对这个人进行了单独审问。在审问过程中，这个人始终保持着将下巴向上抬的姿态，回答问题时大脑反应得非常快，但当FBI仅仅问了三个问题后，他便表现出了极大的不耐烦，并大喊道："如果你们没有证据证明盗窃案与我有关，最好还是尽快释放我，否则我将行使我的权利！"

  FBI从案头将一份资料递给他看后，这个人的脸色骤变，在铁证面前，这个人的心理防线被击破，他很快便承认自己组织并领导了这个盗窃团伙并实施了盗窃活动。

  虽然FBI通过一眼看透人心的方法成功地将一个又一个犯罪分子的心理防线击破了，但是他们并没有满足于目前的状况，而是继续通过实战与经验总结不断完善这种攻心技巧，从而为人们学习这种先发制人的绝招提供更多的办法。

7 主动出击，让对手实施犯罪的计划成为泡影

很多时候，对手采取行动前会进行周密的安排部署，一切就绪之后，对手便很快会付诸行动。一旦各种外界条件符合对手的作案要求，那么对手很容易就能达到自己的目的。FBI认为，要想让对手不能达到犯罪的目的，就必须从源头上堵住对手犯罪的心理与动机。也就是说，即使对手已经产生出犯罪心理，甚至作好了实施犯罪的具体计划，如果能及时将他们的犯罪计划"连窝端掉"，那么就可以使他们的犯罪计划成为泡影，同时也能极大地挫伤他们的锐气。

美国拉斯维加斯赌场每天都会有来自全球不同肤色的人们到此赌博，甚至很多富豪也会来到这里参与赌博。虽然这些人来此最大的目的是能在赌博中赢钱，但往往事与愿违。

一天，俄罗斯一位投资运输业的千万富翁也怀揣着赢钱的心理来到了这个赌场中，令人感到意外的是，他在不到一个月的时间内竟然输掉了全部资产——其资产额高达800万美元。由于数额较大，此事引起了FBI的重视，随即FBI便对此事展开了调查。令人感到意外的是，当FBI想询问这名俄罗斯富豪具体事宜时，得到的却是他死亡的消息。如此一来，调查的事情被迫中止。

一个月以后，另外一条消息引起了FBI的关注——据称，有几名新加坡富豪也要来该赌场进行豪赌。FBI意识到，这是继续调查赌场千载难逢的好机会。

据FBI暗中观察，每逢赌场有富豪光顾时，赌场就会有人对其热

情招待，并为他们设立一个环境优美、相对隐蔽的贵宾室。

在接下来的一段时间里，为了能调查赌场背后的"故事"，FBI也装成富豪的模样出现在了该赌场的贵宾室。经过几天的观察，经验丰富的FBI猛然发现该贵宾室墙角的一个非常不明显之处竟然藏有针孔摄像机。以FBI对它使用的经验来看，这个针孔摄像机能够实时将偷拍到的影像信息传送至电脑服务器，然后及时反馈给赌场工作人员，而这样他们就能知道所有赌徒手中的牌。

这使得FBI不禁回想起此前俄罗斯富豪输光家产自杀的事情。从调查中所掌握的情况来看，FBI认为这是个通过窃取信息获取高额利益的犯罪组织，如果不及时对其进行打击，会有更多的人在这里输掉更多的钱财。

于是，FBI决定在适当的时机揭穿这个犯罪组织敛财的卑鄙手段。这天，几名新加坡富豪像往常一样来到贵宾室中参加赌博，赌场工作人员为其发牌，当富豪下完赌资，赌场工作人员准备揭开牌时，FBI不紧不慢地说道："且慢，各位请容我慢慢道来。"在场所有的人都对FBI的行为感到不解。FBI继续说道："朋友们，你们知道自己为什么总是输钱吗？原因就在此。"说完FBI的手指向了墙角处的针孔摄像机。"你们手中的牌都在这个针孔摄像机的拍摄范围之内，也就是说，你们手中的牌是完全暴露的，这就是来这个赌场赌博的人十赌九输的原因所在。"

随后，FBI亮明了自己的身份，将在此的赌场工作人员全部逮捕。而在接下来的审讯中，由于FBI先前掌握了足够的证据，所以该赌场人员均承认了利用高科技设备偷窥赌徒手中的纸牌，以套取赌徒手中所有钱财的事情。

其实，从这个实战中，人们可以看出FBI主动出击主要运用了以下这些技巧：

(1)乔装改扮，令对手失去防备心理

与对手交锋时如果不进行任何伪装就展开对抗，往往很难赢得最终的胜利。而如果运用一些伪装术，也就是将自己进行乔装改扮，这样的话就会迷惑对手，令其失去戒备心理，从而使对抗进行得更加顺利，从而赢得最后的胜利。

在FBI看来，有些对手非常机敏，对任何风吹草动都有很高的警惕性，与这种人交锋时，如果不懂得乔装改扮，往往会输得很惨。因此，要想赢取到胜利，最好的方法就是用伪装的方法令对手失去防备。

比如，某个组织涉嫌走私军火，为了弄清楚事情的真相，如果没有经过伪装就想对其进行彻底调查，那么调查成功的概率会非常低；而如果在调查前相关人员乔装改扮成该组织的"内部人"，那么对手就不会怀疑，这样调查起来肯定会相对容易些，成功的几率就会加大。

再比如，为了对一个黑社会组织进行打击，如果只是用常规方法进行调查，那么不仅会引起对方的注意，自身的生命安全甚至都难以保证；而当成功混入对方的组织中，让对方感到是"自己人"时，他们的心理上才不会防备，这样一来，才能打击黑社会组织。

(2)不要阻止对手制订实施犯罪的计划

FBI认为，打击对手的关键是要在心理上对其进行打击，并要做得出其不意。但打击之前必须要让对手制订出实施犯罪的计划，这样打击才更有针对性，如果没能让对手制订出实施犯罪的周密计划，又如何对其进行打击呢？

例如，想要对一个盗窃惯犯进行打击，如果在这个惯犯还没有实施犯罪计划时就对其打击，这样是不会取得显著效果的。FBI认为，想要对惯犯进行有效打击，就必须要控制其实施犯罪活动的现场，也就是说在其进行犯罪时将其抓获。如此一来，再狡猾的惯犯也得供述自己的犯罪事实。

其实，从本质上讲，惯犯只有制订出周密的犯罪计划后，才可能产生犯罪进行时。而在此时，警方对其进行打击才能更具威慑性。

(3)找到适当时机主动出击,将对手"置于死地"

FBI认为,在对别人实施攻心策略时,找到适当时机对其进行攻击至关重要——当攻击最佳时机没有来临时,攻击效果肯定不明显;当最佳攻击时机出现时,主动攻击才能将对手"置于死地"。

比如,在对一名犯罪嫌疑人进行暗中调查时,如果他还没有实施犯罪活动就将其抓捕的话,抓捕理由肯定不充分;但如果事先将犯罪嫌疑人的犯罪证据掌握在手的话,当他即将实施犯罪活动时对其进行攻击,这样抓捕理由才能更加充分,同时也能最大限度地打消犯罪嫌疑人的反抗心理。

以上这些技巧都是FBI通过不断摸索总结出的攻心策略。曾有FBI这样说道:"主动出击,掌握对手的心理,是将对手实施犯罪活动的计划化为泡影的有效方法。"

迅速抢占先机,重创对手脆弱的心理防线

众所周知,赢得胜利的关键就是要迅速抢占先机。因为先机不会长久地存在下去,谁最先抢占到它,谁离成功就会更近。

FBI在实战中就善于抓住先机,并迅速抢占先机。这样不仅使自身的心理占据优势,还能重创对手的心理。

比如,当某一种商品还没有正式流向市场时,如果某个人对该种商品加以关注,这样该商品的所有信息动态都将会被掌控在这个人的手中。显然,在这种情况下,此人就能最早占据市场主导地位。

再比如,与一名狡猾的对手交锋时,如果能迅速占据对自身有利

的环境，那么可以在一定程度上掌握主动权，胜算的概率明显就会高很多。

威尔斯·邦德是一位经验丰富的FBI，从他进入FBI的第一天起，就接触到了攻心方面的策略方法。从他多年的经验来看，在与对手博弈时，如果不掌握一定的攻心技巧是很难取得胜利的。而想要赢得胜利，就要抢占先机，随后再对对手的心理防线进行攻击，直至重创其心理防线。

美国尼米兹航空母舰上发生过这样一件事：

一个天气炎热的下午，航母上的士兵正在进行午休。突然间，一名袖标上印有"美国第108空降师"的士兵情绪非常激动，只见他用枪顶着一名厨师的脑袋。此事被恰巧路过的威尔斯·邦德看到，他意识到这个人可能遭遇了一些事情。为了安抚这个士兵的情绪，威尔斯·邦德向这个士兵问道："朋友，你这是怎么了？"

"我讨厌这里，讨厌去作无谓的牺牲！"士兵情绪激动地说。

"你到底遇到什么困难了？"威尔斯·邦德关切地问道。

"都是该死的阿富汗战争！让我和家人失去了团聚的机会！"士兵咆哮着。

从几句简短的谈话中，威尔斯·邦德得知这名士兵是对战争非常抵触，才会做出劫持人质的事情来的。为了制止士兵的行为，威尔斯·邦德认为必须要通过对其进行心理方面的疏导才能让他乖乖地放下手中的武器。

于是，一场对士兵的攻心战就展开了。威尔斯·邦德在与士兵交谈过程中不断地向他提问，以此来分散他的注意力。经过一个小时的劝说后，威尔斯·邦德发现这个士兵的情绪有所缓和了，于是他迅速抓住这个机会继续对士兵说道："你的家人都以你为荣，因为他们知道你是个有责任心和爱心的人，同时他们也非常爱你。"说完这些话后，只见这名士兵抽噎起来，威尔斯·邦德继续说道："虽然目前你可能遇到了令你不满意的事情，但这些事情不会持续太长时间，而如果你用这种极端的方法试图解决问题，那么你的家人会非常难过的。"

当威尔斯·邦德将这些话说完后，只见这名士兵号啕大哭起来，并扔下了手中的枪。可见，是威尔斯·邦德通过对其进行心理疏导，才成功将其脆弱的心理防线击破，从而才避免了一场悲剧发生的。

其实，类似案例FBI每天都会遇到，当遇到这样的案例时，FBI大多会处之泰然，而从中他们还总结出了以下这些方法：

(1)将安慰对手的情绪作为首要任务

FBI认为，想要读懂对手的心理，首先要对其情绪进行必要的安抚。比如，当与一个情绪激动的对手交锋时，如果没有安抚对方的情绪，很可能会刺激对方，并失去与之继续沟通下去的机会。这样一来，自然就谈不上读懂人心了。

而如果能在对方情绪激动时给予一定程度的安慰，那么这个人除了会对你心存感激外，还愿意将自己遇到的难题或想法一一向你道来。这样，你就可以根据对方的心理特征对其展开攻心策略。

(2)找到对手心理脆弱的一面

FBI认为，每个人的内心都有脆弱的一面，只不过有些人善于伪装罢了。不可否认，每个人内心深处都会隐藏着细微和脆弱，这也许是人类的天性。而一旦脆弱的一面显现出来，那么这个人的心理防线就即将被攻破。

FBI在实战中与对手有过这样一段经典的对话：

"我要实施报复，一定不放过他们！"

"他们伤害过你？"

"他们竟然一点都不给我留情面，还处处挖苦我，这种情况谁可以无休止地忍受？"

"于是你想用报复的手段来解决问题吗?"

"没错,我就是要通过对他们的报复让他们知道我的厉害!"

"你这样做考虑过你家人的感受吗?"此话一出,对手陷入了沉思。

"他们伤害你固然是他们的错,但你决不能用报复的手段解决问题。如果你这样做了,不仅会受到法律的制裁,你的家人也会为你感到难过。"

听完这些话以后,对方低下了头,当即决定不再进行报复了。

从这些对话中来看,"你的家人为你感到难过"这句话是让对手放弃报复的最关键语言,同时这句话也更加清楚地将对手心理脆弱的一面显现了出来。

(3)随时随地练就抢占先机的慧眼

"早一步下手,成功就会早一点降临",这是FBI有感而发的一句话。这句话背后的含义是:迅速掌握先机,事关成败。

FBI认为,成功与对手交锋的关键就是要掌握对手的心理变化。虽然如此,但如果没有一双抢占先机的慧眼,那么掌握对手心理的变化也不可能成功。

由以上内容可以看出,抢占先机是FBI必须认真学习的功课,同时这也被他们当成了是重创对方心理最有效的方法之一。

第八章

连哄带吓，既指明利益又说明利害关系——
FBI的恐吓心理战术

美国联邦调查局的心理专家西蒙斯说过："威吓与欺骗都是不正当的手段，但是当你对那些犯有重罪的人使用这两种手法时，一点都不为过，这就是以其人之道还治其人之身。""一手大棒，一手胡萝卜"，这是美国人最喜欢用的一种"攻心术"，而在FBI中这一"攻心术"也被演绎到了极致——在威吓与欺骗中，既指明利益又说明利害关系的方式，往往能够让犯罪嫌疑人在看到希望的同时也感受到压力，从而让他们将犯罪事实交代得一清二楚。而对于我们普通人来说，能够像FBI一样，在竞争中既给对手利益又说明利害关系，那么也会很好地操控对方的心理，从而赢得一场竞争。

1
直接指明利益关系，然后再攻击对方心理

从社会学的角度来看，人与人之间从来都是由一定的利益关系决定的，因此利益关系也被称为"社会纽带"。但是，由于每一个人在社会中所处的环境和地位都有所不同，所以他们之间也都有着不同的利益关系，也正是因为这种不同，占强势的一方总是会在双方发生矛盾的时候，用自己在利益链上所处的优势地位去打击地位较弱的另一方。正是根据这个社会学原理，美国联邦调查局的警员在审讯犯罪嫌疑人的过程当中，总是充分利用自己的地位优势，一针见血地指出利益关系，逼迫犯罪嫌疑人乖乖地交代清楚自己的犯罪行为。

韦尔斯·布鲁克是美国联邦调查局的一名高级间谍，他在2004年的时候被刺杀身亡。布鲁克生前有一个绰号，叫做"笑面人"布鲁克。布鲁克之所以会获得这样的称呼，最主要的原因就是他是一个非常会策反的人，他总共策反了27名潜伏在美国的间谍"反水"。

布鲁克最经典的一个"策反案"就是发生在2000年4月的"狼狮案"。当时，某国安插在美国的一个叫做"狼狮"的间谍组织被FBI的特工人员发现，但是由于FBI掌握的证据不足，根本无法实施抓捕行动。无奈之下，上级只好派出有"笑面人"之称的布鲁克去解决这个难题。

布鲁克开始行动之后，他首先扮成一个IT精英和"狼狮"的负责人科尔沁夫斯基取得联系。之后，布鲁克经常因为一些业务上的事情请

教科尔沁夫斯基。随着时间的加长，布鲁克和科尔沁夫斯基建立了良好的关系，当时科尔沁夫斯基压根儿就不知道——自己的新朋友布鲁克其实就是来搜集他的犯罪证据的人。

随着布鲁克和科尔沁夫斯基之间的关系越来越好，布鲁克开始有意无意地指出科尔沁夫斯基在某些行为上跟普通人不一样。比如说，布鲁克总是指责科尔沁夫斯基将看过的计算机技术资料烧掉，还指责跟他一起喝酒的时候只挑选距离某国家大使馆最近的一个酒吧。可以说，布鲁克的目的非常简单，那就是在告诉科尔沁夫斯基：别装了，我已经察觉到你不是一个普通人了。

实际上，科尔沁夫斯基也看出布鲁克有点不对劲了，但是他们谁也不想先撕掉面皮。在一次为一个项目争执的时候，布鲁克直接将科尔沁夫斯基的犯罪证据摆在了桌子上。布鲁克告诉科尔沁夫斯基说："我愿意放你走，只要你能够让'狼狮'组织为我们服务，那么你可以继续在美国待下去，我可以保证你们的自由。如果你们想带着情报跑回去，那么从现在起你们就失去了自由。"

可以说，布鲁克这种直接指明利益关系的做法非常奏效，科尔沁夫斯基在短暂地思考了十几分钟之后，也非常直接地回答道："我想我们会选择自由。"这一次，布鲁克直接策反了"狼狮"组织的所有成员，共计7个高级间谍之多，令某国情报部门最高负责人直接大喊损失惨重。

从这个故事中我们可以看出：任何一个人在利益关系面前，都会很快作出决定，而且其决定往往受到利益关系的直接影响。所以，我们在日常生活当中，如果遇到非常棘手的人或问题之时，不妨直接指明双方的利益关系，然后再去攻击对方心理，以获得一个令我们满意的结果。

在我们的生活当中，每一个处在利益链上的人都有着不同的心理——处在社会利益链上的强势地位的人拥有较强势的心理，而那些处于社会利益链上弱势地位的人总是拥有弱势的心理。所以，我们在和别人进行博弈的时候，首先应该弄清楚自己处在社会利益链上的什么地位。如果我们比别人更强势，那么就抓住对方弱势心理中的恐惧因素进行威吓，这样就会收到不错的效果。当然，在威吓的时候也应该注意一个度的问题，太过分的话往往会适得其反。毕竟兔子急了也是会咬人的。而如果我们处于弱势的地位，那么我们就应该保持镇静，仔细分析当前的局势，不要在别人的威吓之下失去了方向。

美国联邦调查局的警员汤姆·比斯利说："直接指明利益关系，能够让对方意识到问题的严重性，从而为更好地解决问题奠定基础。"事实上，在和竞争对手博弈的过程当中，一针见血地指出利益关系，能够让对手明白——双方都对当前局势有着较为深刻的了解，谁也不比谁傻，只有按照客观、公正的方式去竞争才行得通。

下面我们就来看看美国联邦调查局的警员是如何以这一方式实施心理进攻的：

(1)直接指明，要一针见血，不要犹犹豫豫。

美国联邦调查局的高级特工阿尔德里奇说："在搞定对手的过程当中，直接戳中对方的软肋，就能够制伏对手。"事实上，在和竞争对手博弈的过程当中，直接并一针见血地指出利益关系，能够从心理上直接震慑对手，从而在竞争对手的心理处在最弱势的时候发动"致命一击"，进而使自己赢得竞争。

在和竞争对手谈判的过程当中，那些说话犹犹豫豫不够利索的人，他们往往都会给对手一种很容易欺负的感觉，从而导致自己在谈判中处于不利地位。

在实际生活当中，竞争几乎无时无刻不存在。所以，我们在竞争的过程当中能够抓住问题的本质，一针见血地指出双方在竞争中所处的利益关系，用强势的口吻去压制对方，往往就能够让自己占据谈判中的优势，从而赢得这场竞争。

(2)直接指明利益关系,关键是要找准自己在利益关系中的强势点。

美国联邦调查局的资深心理专家雷蒙德说:"每一次审讯都是一场博弈,警察和犯罪分子之间的较量主要是一场心理战。警察如果能够一下子找到自己在心理战中的强势点,并以这个点为基础展开攻击,那么就能够轻而易举地击溃犯罪分子的心理防线。"

正如同雷蒙德所说的那样,我们在和竞争对手进行博弈之时,就一定要努力地、快速地找出自己在利益关系中的强势点,从而做到主动出击,拿到主动权,再展开攻击,从而赢得这场竞争。

要找准自己在利益关系中的强势点,并不是一件难事,只要自己能够看清局势,摸清对方的心理意图,就能够从对方的心理意图中找到自己在利益关系中的强势点——竞争对手最怕的就是他们最不占优势的地方,相反,竞争对手最不占优势的地方就是我们的强势点。

(3)直接指明利益关系的同时,还要注意竞争对手的心理变化。

局势从来不会停止不变,即便是"僵局"也有解封的那一刻。在和竞争对手博弈的过程当中,我们应该在时时刻刻关注局势的变化之时,注意竞争对手的心理变化。

通常,竞争对手的心理变化和我们的心理变化是相对应的——竞争对手强势的时候,就是我们弱势的时候;我们强势的时候,就是竞争对手弱势的时候。所以,我们在竞争中,如果发现竞争对手已经处在了弱势心理之时,那么这个时候就应一针见血地指明利益关系,就能够收到"一剑封喉"的效果,让直接指明利益关系这一招成为"压死骆驼的最后一根稻草",成功地瓦解竞争对手的心理防线,实现自己的预定目标。因此说,直接指明利益关系的同时更应注意竞争对手的心理变化——如此才能够让我们在竞争博弈中保持主动,让局势向对我们有利的方向发展。

2 掌控交锋要点，FBI "一招制敌"的策略

在心理博弈中掌握交锋的要点，是获取主动权、征服对手的一个有效方法。美国联邦调查局的高级探长杰森·达瑞尔说："掌握交锋的要点，就是获得对方思维错误的一个重要方法。因为在关键话题上，人总是能够保持最大的注意力，可是真实情况却是，有时候注意力越集中越容易出错。"

在和对手的博弈过程中，以清晰的思路迅速找到交锋的要点，能够让我们明白当前局势的发展状况，也能够让我们了解到竞争对手当前的心理状态，从而让我们作出最准确的判断，为赢得竞争奠定基础。而在博弈之时掌握交锋的要点，这一直是FBI心理训练课上的一个重要内容——发现博弈之中的关键问题，找准关键时机下手，就能够做到"一击制敌"。

在圣安东尼奥的一个警察局的刑讯室中，现年三十六岁的老探员克里斯·利比斯奥正在和犯罪嫌疑人多蒙淇科展开激烈的交锋……

在两个月之前，FBI在一个百货大楼的地下室里发现了一具女尸。被害人是一个女高中生，年仅十七岁的她被人以用硫酸灌进喉咙的方式杀死。在案发之后，凶手的残忍手段在当地引起了不小的恐慌，致使社会舆论纷纷要求警方尽快破案，严惩凶手。

美国联邦调查局在接到报案之后，立刻派出克里斯·利比斯奥去侦破这一案件。在经过一个多月的仔细调查之后，克里斯·利比斯奥终于锁定了目标——被害人生前所在学校的化学老师，多蒙淇科。可

第八章
连哄带吓，既指明利益又说明利害关系
——FBI的恐吓心理战术

是出乎克里斯·利比斯奥意料的是，在他掌握的大量证据的面前，多蒙淇科就是死活不肯认罪。

"我知道，你根本不想承认，可是在这么多的罪证面前，你的抵赖就是一场徒劳，我会把你送上法庭，送到安乐死的手术台上。"克里斯·利比斯奥满嘴火气地说。

"哦，无所谓，反正我只知道我自己是清白的，我什么都没有做。"多蒙淇科满不在乎地说道。

"现在我只想告诉你，你可以选择自己的死法，是安乐死还是被绞死？"克里斯·利比斯奥依旧满腔怒火地说道。

"我都重复了一下午了，暴躁先生，我是清白的。"多蒙淇科仍旧一脸不在乎地说道。

"那你想活吗？我现在问的可是一个新问题。"克里斯·利比斯奥突然微笑着说，不过他的微笑却有点儿冰冷。

"什么？什么？我不明白你在说什么？我还能活？在招供的情况下？"多蒙淇科突然一脸认真地问。

"是的，只要你杀人的动机不是真正的出于害人，我认为法官大人和陪审团会从轻发落的。"克里斯·利比斯奥轻轻地说道。

"真的？你应该相信，她其实只是一个孩子，也许我不应该爱上她，可是事情最后还是发生了。我真的爱上了她，一个未成年的少女，可是那个婊子竟然一直拒绝我，还去告诉其他的老师，我想我只能让她闭嘴了，永远地闭嘴了。"多蒙淇科低下头，开始一五一十地交代起自己的犯罪动机以及犯罪过程。

从这个故事中我们可以看出：在犯罪嫌疑人多蒙淇科拒绝交代犯罪事实的时候，克里斯·利比斯奥先是不停地进行威吓，直到其抵抗到底的心理意识开始出现变化的时候，他又紧接着变换审讯态度，以相对温和的态度直接攻破多蒙淇科的心理防线——克里斯·利比斯奥准确地掌握了多蒙淇科还想活下去这一要点，然后在这场心理交锋中

主动出击，直接攻破了对方的心理防线。

在日常生活中，我们总是会遇到各种各样的竞争。如果我们能够像美国联邦调查局的警员一样，掌握住交锋的要点，那么我们就能在识破竞争对手心理意图的基础上，一举将竞争对手拿下，从而赢得竞争。

肯尼斯·斯塔德迈尔是美国联邦调查局的一名高级探长，他最擅长的事情就是谈判。一次，在洛杉矶的一座公寓内，一名犯罪分子将一名老人抢劫之后被巡警发现。犯罪分子在无路可逃的情况下直接将老人劫持到了顶楼，要求警方提供一辆汽车和三十万美金。在警方多次劝说无效的情况下，犯罪分子用刀将老人的手臂划伤，鲜血直流，而且犯罪分子扬言，警方如果在两个小时内不能够将他所要的东西凑齐的话，他将和老人同归于尽。

在警方将支援信息传递到FBI之后，上司立刻派肯尼斯·斯塔德迈尔前去执行这项艰巨的任务。肯尼斯·斯塔德迈尔在抵达案发现场之后，并没有急着去和犯罪分子谈判，而是直接去和狙击手商量——在万般无奈的情况下，只能将犯罪分子击毙。

这名犯罪分子是一个退役军人，他有着极强的防范意识，躲在一个射击死角内，让狙击手根本没有办法开枪。肯尼斯·斯塔德迈尔在观察了一遍现场之后，意识到：现在展开一场谈判已经没有意义了。因为距离犯罪分子要求的时间还剩下不到四十分钟了，警方根本不可能在这么短的时间内凑齐犯罪分子所要的一切，唯一能够做的就是击毙犯罪分子，救出老人。

于是，肯尼斯·斯塔德迈尔和狙击手商量好，等犯罪分子一露头就一枪击毙。在商量好之后，肯尼斯·斯塔德迈尔走出去和犯罪分子谈话。

"嗨，伙计，你要的东西我给你拿来了，不过你还是跑不掉的，因为我们的人已经封锁了这里。"肯尼斯·斯塔德迈尔对着犯罪分子大喊道。

第八章
连哄带吓，既指明利益又说明利害关系
——FBI的恐吓心理战术

"不，让你的人滚开，尤其是那个躲在对面楼上的狙击手。虽然我看不见他，但是他让我很不舒服！"犯罪分子对肯尼斯·斯塔德迈尔喊道。

"好吧，我答应你，杰克，把你的狙击枪收起来吧，人家已经看到你这个蠢货了。"肯尼斯·斯塔德迈尔假装对着对面楼上的狙击手杰克喊，然后趁机伸手用绑在手表上的小镜子晃了一下正挡在犯罪分子面前的老人的眼睛。老人在眼睛被晃到之后，立刻下意识地低了下头，这个时候犯罪分子的额头恰巧暴露了出来——一声清脆的枪声在这个时候响起，犯罪分子应声倒下，老人则安然无恙……

从这个故事中我们可以看出：肯尼斯·斯塔德迈尔是一位非常会掌握现场局势和判断时机的警官，他在制伏犯罪分子无望的情况下，准确地制造机会令狙击手击毙犯罪分子，救出老人。从整个故事来看，有点儿像好莱坞的大片，但是这个堪比枪战电影的真实场景却在肯尼斯·斯塔德迈尔的指挥下，演绎成了一幕可以说是非常完美的解救人质的画面。而肯尼斯·斯塔德迈尔在这个抢劫并绑架人质的事件中表现出的对于时机的把握能力正是我们普通人所要去学习的。

对于任何一个人来说，掌控交锋的要点，就要掌握好时机，要不然一切都是零。那么，我们该如何才能够在掌握交锋的要点之时很好地去把握时机呢？这个我们不妨向美国联邦调查局的警员学习一下。下面就是美国联邦调查局的训练课上掌握交锋要点并把握时机的一些"独家秘笈"：

（1）掌控交锋要点，重要的是要把握好时机

美国联邦调查局的警官斯蒂芬·嘉纬修斯科说："几乎每一次和犯罪嫌疑人的较量都是一场不折不扣的心理战。在这种心理交锋中，我们除了要掌握交锋的要点之外，更为重要的就是把握好时机。"可以说，在竞争中做任何一件事情都要讲究对时机的把握——只有把握好时机，才能够做对事情，只有在正确的时间去做正确的事情，才能

够收获自己想要的,而时机就是那个正确的时间。

对我们来说,在一场心理博弈中,要掌握好交锋要点,关键就是要弄清楚博弈双方所处的态势。在明白了自己的处境之后,再作出判断——等到自己占有更强势的地位之时,就应该积极地展开对核心问题的讨论,从而让竞争对手明白自己需要怎么去做才能够让自己的利益得到保护,进而逼迫其答应条件,使自己成为这场竞争中的赢家。

在掌握交锋要点之后,对于时机进行有效把握,能够收到事半功倍的效果,从而让我们在竞争中实现利益最大化。

(2)掌握交锋要点,一定要比对手更为专注、更为投入

世界心理学大师弗洛伊德曾经说过:"那些专注的人,他们在做事情的时候总是会在心里问自己'我是否做得够多,我是否比别人更投入',结果这些人都成为了内心无比坚强的人,成为了社会上的精英。"

对我们来说,要想在竞争中掌握好交锋要点,把握好时机,做到"一招制敌",就必须比竞争对手更专注,更投入——因为专注,你能够比竞争对手发现更多的制胜之处;因为投入,你比竞争对手更有赢得竞争的底气。

竞争实际上就是心理的博弈,在掌握交锋要点之后,我们要做的就是比对手更为专注,更为投入。因为我们除了能够发现对手的心理变化之外,更能够非常有效地引导对方的心理和思维,让其作出误判,从而让我们一举制胜。

3 在对方疲惫之时发动攻击，会收到意想不到的"奇袭效果"

很多人在很小的时候可能都有这样一个问题——为什么那些谈事情的人都喜欢在酒桌上谈？这个问题的答案等到他们到了喝酒的年龄之时，自然就明白了——因为在酒桌上人都是很容易就陷入疲惫的状态或思维不清楚的状态的，而这个时候正是将事情达成一致的时候。而这就是销售员都会选择在下午五点钟打电话促销商品的原因——这个时候人们都处在较为疲惫的状态。人为什么会在疲惫的时候更容易答应别人事情呢？美国联邦调查局的心理学专家丹尼尔斯·吉尔伯特说："在心理学研究中发现，任何一个人在疲倦的时候都是非常容易被他人说服和欺骗的。"

丹尼尔斯·吉尔伯特在一项研究中发现：人在疲惫的时候往往是听到假话也会信以为真，如果打起精神去分辨，也能够辨别事情的真伪，但是辨别能力远远低于完全清醒的时候，当人们面对最为重要的信息之时都会显得更加精神，可是疲倦之时往往再重要的信息都会在潜意识中被低估。

西努哈克·司徒亚德利亚是美国联邦调查局的一名高级间谍，他的真实姓名除其上司和他自己之外无人知道。西努哈克·司徒亚德利亚被人称为"和平鸽"，并不是因为他喜欢和平，而是因为他总是喜欢演讲，准确地说他喜欢在黄昏的时候演讲。

西努哈克·司徒亚德利亚之所以喜欢演讲，是因为他的对外工作身份就是演讲师；而西努哈克·司徒亚德利亚之所以喜欢在黄昏的时候演讲，是因为黄昏的时候是大家情绪浮躁、警戒性不高的时候，他往往能够在这个时候一边演讲一边获取情报——他总是在这个时候选择提问出多问题，从而从回答者的口中获取重要的情报信息。

可以说，西努哈克·司徒亚德利亚选择的这个方法非常正确——从心理学的角度上来看，到黄昏之时，人都处在一天中最不紧张的时候，这个时候人的紧张感和自制力都会下降，往往会在一不小心中就将秘密说出去。

我们都知道，人在充分休息之后就会精神饱满，注意力高度集中，警觉性也会非常高，无论在做什么事情的时候都会很有条理，而在这样的状态下，就能够很好地抵制别人的心理攻击。可以说，正是基于这个原理，在美国联邦调查局中，执法人员经常会剥夺那些不肯招供、拼死抵抗的犯罪嫌疑人的睡眠时间，选择让其在非常疲惫和困顿的时候进行审讯。曾经有着"国际鼹鼠"之称的俄罗斯间谍霍德克斯夫斯基在接受美国联邦调查局的审讯之后，说："当时我觉得我完了，感到自己非常疲惫，思维根本不受自己控制，前几分钟说过的话转眼就已经记不清楚了，什么都记不清楚了。在当时的情况下，审讯员就仿佛是上帝一样，他说什么就是什么了。"

在日常生活工作中，我们也可以巧妙地利用竞争对手的疲惫状态——当竞争对手疲惫之时，利用他们对事实的理性判断力的减弱去释放一些假信号，让对方作出错误的判断，从而让我们在竞争中占据更有利的位置。所以，我们要想让自己成为一名把握竞争对手心理的高手，就应该去向FBI学习。只要我们能够成为像FBI探员一样的人，就能够赢得更多的竞争。下面我们看看FBI的探员是如何做的：

(1)打好"时间差"，在对手精力充沛时休息、精力不济时进攻。

美国联邦调查局的资深警员伯德林格说："不要和精力旺盛的案犯去缠斗，他们都有很好的抵抗力，你得学会打'时间差'，等到他们疲惫之时，你再去审问他们，一切就会变得非常简单。"

对大多数人来说，他们和竞争对手的精力都是差不多的，而这个时候他们就需要学会打"时间差"，即在对手精力充沛之时休息，在对手精力不济之时进攻。这就要求我们了解对手的生活习惯，悄悄地去打乱对手的生物钟，让其逐渐变得精神委顿，从而成为我们的"手下败将"。

（2）巧妙地选择犯困的地点，在对手精神疲倦之时发动"心理战"。

美国联邦调查局的资深心理专家科尔曼说："其实，刑讯室也可以通过不同的布置让气氛变得更让人安心一些，这样容易让犯人犯困，从而在对方思维不是很有条理的情况下审讯，能够得到更多有用的信息。"

就像科尔曼所说的那样，在我们的生活当中，有很多的地方都是容易让人犯困的地方。比如，我们可以在谈话时选择暖色系的房间。通常暖色系都会让人觉得昏昏欲睡，而我们选择这样的地方就能够让竞争对手的精力不够集中，进而产生疲劳感，从而使其跟着我们的思维去思考。

（3）选择容易犯困的时间段去发动心理攻击。

美国联邦调查局的资深心理专家科尔曼还说："选择别人犯困的时间段去和别人打交道，别人往往会满足你的要求。因为他们在这个时候最渴望休息，大脑中的判断力是非常脆弱的。"

选择竞争对手最容易犯困的时间段发动心理攻击，这是我们控制别人心理的一个有效方法。比如，通常人们在饭后都非常容易犯困，有些人在"食困"面前连走路都打不起精神，这是因为人在进食之后消化系统的活动量会大大增加，而大脑的血液流量会减少，中枢神经对外界的刺激反应变慢。如果我们选在竞争对手饱食之后对其发动心理攻击，我们就会占据很大的优势，从而顺利地达到自己的目的。

4
连哄带吓，既打"成人心理战"又打"儿童心理战"

FBI认为，任何一个人身上都有双重心理，即"成人心理"和"儿童心理"。比如说一个成年男子，其在工作中可能是一个非常出色的领导者，他总是能够用"成人心理"去思考和做事情。可是当他回到家中，在父母亲或妻子面前，他有时候却会说一些俏皮话，露出自己的"儿童心理"。正是基于这一原因，美国联邦调查局的警员在审问犯罪嫌疑人的时候，为了彻底摸清楚对方的心理，都会使用这一招——连哄带吓，既打"成人心理战"又打"儿童心理战"。

所谓"成人心理战"，美国联邦调查局高级警员伯德林格解释说："成年人都有了完整的思维意识，这个时候你去诱导他们可能很难，但是他们在经受过挫折和失败之后，就会变得容易恐惧，所以威吓有时候更能够让犯罪嫌疑人招供。"从伯德林格的话中我们可以看出，"成人心理战"就是善于使用威吓这一手段，准确地抓住对方的恐惧心理，从而摸清楚对方的真实心理意图，让其在恐惧中按照我们的思维去做。

而伯德林格对"儿童心理战"的解释是："每一个人的天性中都有依赖心理，而人最愿意依赖的就是自己的父母亲，所以我们在审讯的时候就会用'哄小孩'的方式对待一些犯罪嫌疑人，让他们逐渐相信我们，一点儿一点儿地交代出自己的犯罪事实。"从伯德林格的话中我们可以清楚地看出，"儿童心理战"就是善于使用"哄"的手法，准确地抓住对方的依赖心理，从而清楚地摸清对方的心理意图，让其在一步一步地相信、依赖我们的过程中按照我们的思维去做。

第八章
连哄带吓，既指明利益又说明利害关系
——FBI的恐吓心理战术

范德维奇是美国联邦调查局的一名高级间谍，他曾将好几起爆炸案消灭在萌芽中，被同事称为"布鲁塞尔的尿童"（在布鲁塞尔的广场上，有一个撒尿的小男孩雕塑，这个小男孩在炸药桶即将爆炸的时候用一泡尿浇灭了导火索，最终拯救了布鲁塞尔）。

2005年6月14日下午，范德维奇在洛杉矶潜伏的时候，发现了一伙人将数百斤炸药装进背包里，偷偷地往地铁站运送。很明显，这帮家伙就是恐怖分子，他们这样做就是为了制造一起"地铁爆炸案"。

范德维奇发现之后，立刻给上级发去消息，同时自己也采取了行动。范德维奇先是找到了这伙恐怖分子的头目——安德隆房地产公司的老板乔治·菲尔德斯，一个胖胖的中年男人。在找到菲尔德斯之后，范德维奇假装是一名房地产商，邀请其到一家餐厅吃饭谈生意。

当时，菲尔德斯为了避开自己的嫌疑，装着自己每日都勤奋工作的样子，所以在接到范德维奇的电话之后，便欣然赴约。不过，范德维奇也知道——菲尔德斯赴宴的目的就是让自己成为他的证人，不要在"地铁爆炸案"发生之后，找不到一个可以证明自己不在案发现场的证人。可以说，菲尔德斯是打错了算盘。

当范德维奇和菲尔德斯坐在一起的时候，还没有等服务员将饭菜端上来。范德维奇就开门见山地说道："我有一批书包想卖给你，你要吗？就在洛杉矶地铁站附近。"

范德维奇的话音刚落，菲尔德斯的额头上就冒出了一层冷汗。但是，菲尔德斯毕竟是恐怖集团的头目，他很快就调整好了心态。因为他知道，不能让范德维奇抓住自己内心深处的恐惧。

"哦，我们不是做房地产生意吗？谈什么书包？"菲尔德斯故作不解地说道。

"不，那些书包是你的，现在归联邦调查局了，不过那些书包里的炸药很麻烦。你知道的，我们的警员就在门外等着你。不知道你现在还有没有时间等着服务员将可口的饭菜端上来？"

"哦，这样子啊，我真的不知道你在说什么。"菲尔德斯一边说一

边故作镇静地用餐巾擦了擦额头上渗出的细微汗珠。

看着菲尔德斯的样子，范德维奇话锋一转，说道："我们合作吧，你如果肯合作，那些书包就是联邦调查局的，没有人看到你策划了一起恐怖爆炸案。怎么样？"

"怎么合作？我真能没事儿？"

"真的，我只要你的团伙名单。"

过了几分钟，在服务员端上饭菜的时候，菲尔德斯长叹一声，然后说道："好吧，我们成交。"

……

从上面这个故事中我们可以看到：范德维奇以"连哄带吓"的手段迫使菲尔德斯"反水"，让其将自己团伙的人员全部出卖。试想一下，如果我们能够像范德维奇一样，在面对竞争对手之时将"连哄带吓"的手段发挥到极致，那么我们也会赢得竞争，实现自己的目标。

在日常生活中，很多人都认为"连哄带吓"这种方式是非常不地道的，不够光明磊落，其实这是他们对这一手法的一种误解。所谓"连哄带吓"的竞争方式，就是教会我们如何抓住对方的恐惧心理和依赖心理，从而引导对方的思维顺着我们希望的方向发展，进而让我们掌控对方的心理，赢得竞争。下面我们就来看看美国联邦调查局的警员是如何使用这一手法的：

（1）找准对方内心深处最恐惧的东西，从而一举拿下。

世界著名心理学大师艾宾浩斯说过："每一个人的内心深处都有两块儿禁忌之地，一块儿是让他最伤感的地方，一块儿是让他最恐惧的地方，而对人伤害最大的并不是最伤感的地方，而是最恐惧的地方。"可以说，世界上真正让人变得畏畏缩缩的就是恐惧心理，几乎每一个胆小的人都不会获得大的成功，因为他们没有承受失败的勇气。更为重要的是，人一旦开始对某一件事情变得恐惧，那么这件令他恐惧的事情就会成为束缚他一生的牢笼。

第八章
连哄带吓，既指明利益又说明利害关系
——FBI的恐吓心理战术

美国联邦调查局的警官斯蒂芬·嘉纬修斯科说："在审讯的过程当中，如果能够让犯罪嫌疑人感到恐惧，那么他们就会将犯罪经过交代得清清楚楚，因为恐惧是突破心理防线的最有力武器。"正如斯蒂芬·嘉纬修斯科说的那样，我们在日常生活当中，与竞争对手进行心理博弈的时候，如果能够抓住令对方最为恐惧的地方，那么就能够让竞争对手变得不知所措，甚至是一败涂地。

在竞争中找到对方内心深处最为恐惧的东西，这是一个很难解决的问题。但是，对于擅长"攻心术"的FBI人员来说，这个问题其实解决起来非常简单——竞争对手最刻意回避的东西，往往就是其最感到恐惧的东西。所以说，我们在竞争中一定要注意观察竞争对手最避讳什么，找到其避讳的真实原因，然后迅速出击，一举将其拿下。

(2)"哄"人的前提是一定要思路缜密，破绽百出的"谎言"从来没有人相信。

世界心理学大师弗洛伊德曾经说过："那些我们爱听的话，往往都是谎言，耳朵舒服的同时，我们的身体和内心会遭受更大的伤害。"可以说，这个世界上就没有不爱听恭维话的人，人们总是习惯在恭维中接受别人的要求。所以，我们在竞争中不仅仅要抓住对手的恐惧心理，还应该用恭维的语言使其丧失警惕性，从而使其被我们所掌控。

美国联邦调查局的警官斯蒂芬·嘉纬修斯科说："每一个犯罪嫌疑人除精神病患者外，都不是智商极低的傻子。所以，我们要想使对方丧失警惕性，就必须让谎言变得非常真实，这样才能够让犯罪嫌疑人俯首认罪。"事实上，每一个竞争对手都不是傻子，这就要求我们在说"谎言"、用语言抓住对方的依赖心理之时，必须保持语言上的逻辑性，即以缜密的思维去说服竞争对手，让其相信我们，将其真实意图告诉我们——只有这样我们才会赢得竞争。

5

识破对方的谎言，FBI利用别人的谎言制伏别人

美国联邦调查局的警官斯蒂芬·嘉纬修斯科说："很多犯罪嫌疑人都是很狡猾的，他们总是希望用自己编造出来的谎言来掩盖其犯罪事实，从而减轻自己的罪行，或者逃脱法律的严惩。"可以说，世界上几乎就没有不撒谎的人。在我们使用"谎言"从别人那里套取信息的时候，别人很可能正在以"谎言"将错误的信息透露给我们，让我们作出错误的判断，从而让他们实现自己的目的。

精神分析学学派的创始人弗洛伊德就曾经说过："任何一个感官健全的人，最终都会相信自己能够守得住内心的秘密。可是，当他闭起眼睛之时，嘴唇却会出卖他；当他闭起嘴唇之时，他的手指会出卖他。所以，要让别人不识破自己的谎言，最好的做法就是不说谎言。当你与谎言无关的时候，就没有人认为你是个骗子。"可以说，从弗洛伊德的这句话中，我们应该认识到，要让别人不识破自己的谎言，那么我们就应该说实话。可是，在当前这个尔虞我诈的社会中，你不说谎言只说实话就能够保证自己不被欺骗吗？答案当然是否定的。所以，我们可以像FBI学习——识破对方的谎言，利用别人的谎言制伏别人。下面我们就来看看美国联邦调查局的警员是如何做的：

(1)从说谎者的语言中判断信息的真假。

美国联邦调查局的资深心理学专家费单·加祖里奇曾经作过这样一个研究——"谎言的真相"。他在监狱中测试了1000名喜欢说谎的犯罪分子，结果是在1000名接受测试的犯罪分子说的谎话中都留下了"破绽"。而费单·加祖里奇从这些测试者的身上还发现了说谎的主要

特征。

①说谎者为了使自己的谎言更具有可信性，他们通常会让自己同谎言保持一定的距离，因此说谎者在说谎之时都会下意识地避免使用第一人称。

比如说，有朋友在等你去赴宴的时候，你恰巧睡过了头。通常为了不让朋友生气，你可能会说："哎呀，今天真不巧，这路上都快堵死了。你听听，我旁边座位上的人，这会儿正在发牢骚呢。"

从上面的这段对话中就可以发现，我们在撒谎之时无形之中就将"我"这个第一人称给省略了，而且会提到其他人，这样做就是为了增加可信性。因为我们在撒谎的时候潜意识里会认为自己根本就不会被人相信。美国赫特福德郡大学的心理学教授霍尔·威斯曼说："人们在说谎的时候会不自觉地将自己从谎言中剔除出去。"所以，当我们遇到这种人之时，就应该明白对方是在撒谎。

②说谎者在说谎的时候都会省略掉一些细节。

费单·加祖里奇说："人在撒谎的时候都不可避免地会出现紧张心理，都试图以最快的速度将谎话说完，因此他们会在一些细节上出现纰漏。"所以，我们如果发现一个人在说话之时，老是在一些细节上出错，那么他很可能就是在向我们说谎话。

③撒谎者通常都会为了做样子，摆出一些消极的情绪，比如说生气、暴躁等。

费单·加祖里奇说："那些说谎的人，总是试图用消极的情绪去掩盖自己谎言中的破绽，因为消极情绪能够将我们对谎言的注意力分散掉。"事实上，我们经常可以看到，一些撒谎不承认自己做过某事情的人，总是在撒谎之时摆出一副极度委屈的样子，以此来分散我们的注意力。所以，当我们怀疑某一个人正在对我们撒谎的时候，恰巧这个人还一边说一边摆出一副极度委屈的样子，那么几乎就可以肯定，这个人就是在向我们撒谎。

(2)判断出对方是在撒谎之后,千万不要急着去拆穿对方。

从上面的部分,我们学会如何辨别别人怎样对我们撒谎后,在感觉别人像是在对我们说谎时,我们更需要做的就是千万不要去"打草惊蛇"——学会辨别别人是不是在向我们撒谎,这是像FBI一样成功利用别人的谎言制伏别人的第一步;判断出对方是在向我们撒谎之后,不去拆穿,将计就计地利用对方的谎言去制伏对方,这是FBI成功利用别人的谎言制伏别人的第二步。

下面我们就来看看FBI是如何成功地实施第二个步骤的:

①稳住对手,假装一切都不知道。

当发现别人是在欺骗我们的时候,要做的第一件事情就是让自己平静下来。千万不要着急去拆穿对方,以免打草惊蛇。

在现实生活当中,很多人在发现别人欺骗自己的时候,第一反应就是暴跳如雷,而不是想着去仔细观察一下,别人为什么要欺骗我们?欺骗我们对他们的真正好处是什么?这样做的结果就是,自己的火发完了,事情的真相则被掩埋得更深。所以,当发现别人欺骗了我们的时候,不要急着去发火,而是应该先去稳住对手。

稳住对手最好的方式就是假装一切都不知道。其实,假装一切都不知道并不难,只要我们将自己之前的情绪保持下去,不露声色,就能够让对方将自己的谎言继续下去。

②稳住对手之后,顺着对手的谎言去编造自己的谎言,从而让对手跟着我们的思维走。

对我们来说,稳住对手之后,并不是一味地去听对手的谎言,紧接着需要做的就是将计就计,也给对手下一个套。

给对手下套,并不是很容易的事情。因为对方在撒谎的时候,其警惕性是非常高的。如果这个时候给对方下的套不够高明,那么必然会被对方发现。所以,这个时候我们应该做出很相信对方的样子,一点儿一点儿地打消其警惕性,在非常缜密的逻辑中布好局,让对方在不知不觉中一步一步地落入圈套,从而使我们成功地利用别人的谎言去制伏别人。

千万不要企图说服对方，这样只会适得其反

美国联邦调查局的老警官安东尼·韦斯特布鲁克说："我在审讯的过程当中，从来都不想如何去说服犯罪嫌疑人招供，因为这样会适得其反，我总是用铁的证据让他们低下那颗不肯接受忏悔的脑袋。"实际上，在我们和竞争对手进行博弈的时候，不要寄希望于自己通过声情并茂的劝说就能够让对方作出让步——在竞争中从来都没有同情与怜悯，有的只是让人绝望的残酷，所以要想实现自己的目标，就应该全力以赴，而不要试图去劝说对手让步，因为劝说从来都没有逼迫有用。

在美国联邦调查局中，新来的人员在接受训练之时，都会上这么一课——如何让你更容易招供？在课堂上，教官先是让学员看一些审讯录像，然后通过录像告诉学员——"逼迫一个犯罪嫌疑人说出真话来，远远比劝说一个犯罪嫌疑人说出真相来更简单有效"。

在我们遭遇竞争的时候，很多人都企图去说服竞争对手达成自己的目的，这其实是一种徒劳，其实此时我们最应该去做的就是像FBI一样——逼迫对手屈服于我们，从而让自己赢得竞争的胜利。

美国联邦调查局的老警官安东尼·韦斯特布鲁克就是一名逼迫犯罪嫌疑人说出真相的高手。一次，安东尼·韦斯特布鲁克在审讯一个犯罪嫌疑人的时候，对方死活都不肯说出犯罪过程，总是百般抵赖。于是，安东尼·韦斯特布鲁克就命令手下的警员拿出一张很长的犯罪

审判结果记录单。

这张犯罪审判结果记录单上清楚地记载着,那些犯了同样罪行的人,在百般抵赖、拒不承认之后都遭受了更重的判罚。结果是,犯罪嫌疑人在看到这张犯罪审判结果记录单之后,内心的防线一下子就崩塌了,接着就一五一十地说出了自己的犯罪经过。这个拒不承认自己犯罪的人,之所以能够很快就将自己的犯罪经过交代清楚,很大的一个原因就是他从安东尼·韦斯特布鲁克那里感受到了逼迫——"如果你不交代你的犯罪经过,那么将会得到和那些人一样重的惩罚。"

对大多数人来说,在竞争中去逼迫对手是很难做到的一件事情。因为人们总是希望在愉快的气氛中去做事。可是,我们应该明白的是,对待竞争对手仁慈,就是变相对自己残忍。因此,我们应该向FBI学习,学习他们是如何让自己变得理性起来,懂得用逼迫的手段去搞定对手的。

(1)让自己多一分理性,少一分感性,该逼迫之时千万不要仁慈。

很多人之所以不能够理性地去对待竞争对手,其中很大的一个原因就是他们太过于感性——他们非常感性,总是寄希望于别人能够像自己一样,在非常友善的气氛中抛弃成见,达成合作,结果却总是成为"感性的牺牲品"。

美国联邦调查局的资深心理学家安德烈·布雷克认为:"保持足够的理性,是一个人少受伤害的重要条件。如果一个人在现实生活中总是太过感性,那么在生活中吃亏的就会总是他,而占便宜的却总是自己的对手。"诚如安德烈·布雷克所言,对于每一个人来说,要想赢得竞争,就应该积极地去为自己争取条件,而不是寄希望于对手的妥协。

让自己多一分理性,少一分感性,这是使我们在竞争中能够狠下心来逼迫对手的关键做法。试想一下,一个理性的人,还会对对手仁慈吗?答案肯定是否定的。所以说,让自己多一分理性,少一分感性,该逼迫对手之时就逼迫,是我们成功赢得竞争的关键。

(2)逼迫也要讲方法,一味"硬来"并不是最好的选择。

美国联邦调查局的警官特兰特·格勒黑说:"犯罪嫌疑人也是有尊严的,我们在审讯的过程中会尽可能地照顾到他们的情绪,不会以太过强硬的手段去逼迫他们交代犯罪经过。因为有时候一磅的逼迫远远比一吨的逼迫要有用得多。"

在日常生活中,总有很多人试图以"霸王硬上弓"的方式逼迫他人遵从自己的想法,其结果却是引来更大力量的反抗。要知道,做任何事情的时候都应该讲究方法,因为讲究方法能够让我们节省更多的精力,并且起到事半功倍的作用。所以说,逼迫也要讲方法,一味"硬来"并不是最好的选择。那么,我们可以采用哪些方法呢?

①**"一手大棒,一手胡萝卜"。**

在逼迫对手的过程当中,可以采用一边逼迫一边劝说的方法,即"一手大棒,一手胡萝卜",让竞争对手在感到压力的时候也找到释放压力的出口,从而接受我们的意见,让我们实现自己的目标。

②**方法一定要合理,并且要在合理之下"巧"用方法。**

众所周知,做任何一件事情都需要用方法,而且用方法一定要合理。同样,逼迫对手说出真实意图之时也要使用合理的方法,方法不合理,那么对手很可能就会因此而发怒,从而导致出现"鱼死网破"的局面。此外,在使用方法的过程中,一定要记得使用一个巧妙的方法——"四两拨千斤"的手法往往能够收获更大的效果。

7 预言对手的多种结果，控制对手的心理情绪

美国联邦调查局的高级警官韦斯特·卡尔菲特说："每一个人的内心深处都有很多脆弱点，你的每一次试探都很有可能抓住他们的脆弱点，从而控制他们的心理情绪，找出你想要的真相。"在遭遇竞争的时候，面对纷乱复杂的局势之时，我们不妨像韦斯特·卡尔菲特说的那样去做——预言竞争对手的多种结果，找到对方心理上最为脆弱的地方，从而成功地控制对手的心理情绪。

2008年7月26日，"汽车城"底特律发生了一起枪杀案——五十九岁的老富翁德罗卡在自家的游泳池中被人枪杀，房间内非常凌乱，有一部分财物丢失。在接到报案之后，韦斯特·卡尔菲特带领属下前去查案之时发现，其实凶手杀死德罗卡的目的并不是为了钱财，那么凶手杀死德罗卡的目的到底是什么呢？

虽然一直没有找到凶手真正的杀人动机，但是韦斯特·卡尔菲特还是找到了犯罪嫌疑人——德罗卡的女婿，一名出色的外交官——杰里·休斯顿少校。韦斯特·卡尔菲特发现：在案发当天，休斯顿少校曾经去过一趟岳父家中，而且是独自一人前往，重要的是在案发当天，除休斯顿少校之外，并没有其他人进入德罗卡的家中。此外，韦斯特·卡尔菲特还发现，凶手是一名非常善于使用枪支的人，而作为一名军官的休斯顿少校显然很符合，只是案发时候的枪支不是军用手枪，但是搞一把民用手枪对休斯顿少校来说自然不是一件难事。

于是，韦斯特·卡尔菲特传讯了休斯顿少校。在审讯一开始，善

于狡辩且心理素质非常不错的休斯顿少校根本不承认自己就是作案人。

"少校,你知道吧,杀了人之后,你肯定逃脱不了法律的制裁,而且像你这种为财害命的人,一般都会很容易就找出一大堆的证据的。"韦斯特·卡尔菲特慢悠悠地说。

"随你怎么说吧,我就是一名清清白白的公民,我有不错的社会地位,我有不错的收入,你觉得我会为了钱财杀害我的岳父吗?"休斯顿少校一脸不屑地反问道。

"你和你岳父的情人莱莉雅什么关系,情杀?"

"嘿,真是的,我的眼力有他那么差吗?你知道像我这么英俊的外交官,不只我的妻子,还有很多女人都喜欢请我出去喝咖啡的。"休斯顿少校继续用不屑的口吻说。

"哦,那我知道了,你和你的岳父积怨很深,结果是忍无可忍,最后你就枪杀了自己的岳父。"

"不可能。"这一次,休斯顿少校回答得很是干脆,不过这干脆中却明显带着愤怒。

休斯顿少校情绪上的变化一点儿都没有逃过韦斯特·卡尔菲特的眼睛,他知道自己用预言的结果进行试探之后已经产生了作用——犯罪嫌疑人的心理情绪明显发生了变化。这种变化说明韦斯特·卡尔菲特已经距离真相越来越近,而对方的心理防线也开始一点儿一点儿地崩溃。

"不,你撒谎,你和你妻子的感情一直都不好,而且你还和你岳父的情人瓦妮娜有一腿,而且你和德罗卡在一处房产问题上有重大分歧,这些都是你枪杀你岳父的动机。更为重要的是,你选择使用了一把民用手枪,故意避开你的军人身份,但是你这样做恰好暴露了你的军人身份。因为在案发的一个月内,附近的枪店里只卖出了一把民用手枪,店主回忆说买主是一个很英俊背影像服过役的士兵模样的人,而这些都非常符合你作案的过程。"

"是吗？你说得对，我就是凶手，那个该死的糟老头子，他总是和我过不去，我现在爱的人是瓦妮娜，不是他的那个荡妇女儿……"休斯顿少校开始将他的作案经过和盘托出。

从这个故事中我们可以看出：老练的韦斯特·卡尔菲特警官从一开始，在毫无把握的情况下一连用自己预测的结果试探了休斯顿少校几次，结果成功地发现了休斯顿少校心理情绪上的变化，最终让其将犯罪经过全部说出——预言犯罪嫌疑人的多种结果，找到对方心理中最为忌讳的地方，从而成功地从犯罪嫌疑人的心理情绪的变化中找到关键点，进而击溃对方的心理防线，成功破案。

在日常生活中，我们总会遇到很多善于隐藏自己心理情绪的人，而这些人往往都是那些"危险分子"——他们将自己的心理情绪深深地隐藏起来，然后从我们的身上找出破绽，将我们当做他们获得成功的"垫脚石"，爬上"成功"的顶峰。可以说，在面对这样的人时，我们总是面临着很大的挑战——你不能操纵他的心理情绪，那么他就会操纵你的心理情绪。所以，我们要想不被这些"危险分子"当做获取成功的"垫脚石"，那么我们就应该像FBI的警员一样，学会用预言竞争对手的多种结果的"攻心术"，找到对方心理中最为脆弱的地方，从而成功地控制对手的心理情绪，让他们成为我们获得成功的"垫脚石"。下面我们就来看看，美国联邦调查局的警员是如何使用这一"攻心术"的：

（1）以对手最预想不到的结果去刺激对方，激怒对方。

美国联邦调查局的高级警员乔治说："犯罪嫌疑人在审讯还没有开始之前，他们在大脑中就已经将审讯中的情景、审讯员提出的问题都模拟了很多遍了，几乎每一个细节他们都想出了很多种应对的答案，这就需要审讯员提出那些令犯罪嫌疑人意想不到的问题，让犯罪嫌疑人措手不及，如此才能够收到很好的审讯结果。"

同样，在我们的日常生活当中，要想在与竞争对手的心理博弈中取得优势，就必须懂得以对手最意想不到的结果去刺激对方——他们可能早就设想好了无数种结果,但是在出乎他们意料的预测结果面前,他们往往会惊慌失措,而惊慌失措的一个最大"副作用"就是发怒。

众所周知,当一个人发怒的时候,最大的特点就是变得感性,从而使其不去理性地思考,而这个时候他们都是最容易攻击的对象,因为在他们愤怒失控的时候,他们的心理情绪就会被他人成功地控制。所以说,我们要想象FBI的警员一样成功地控制别人的心理情绪,就必须像他们一样——以对手最意想不到的结果去刺激对方,激怒对方,从而在对方失去理性的时候成功地操控他们的心理情绪。

(2)善于观察对手在面对不同预言结果之时的不同表情变化(表情变化最大时就距离真实结果很近了)。

美国联邦调查局的资深心理学专家菲特纳说过:"你可以说谎,但是你的表情却总是将你出卖。我曾经做过这样一个实验,测试一千个人在说谎之时的表情变化,结果发现每一个说谎者在说谎之时都有着与平常完全不同的表情。"

"每一个人的表情都会骗人,但是骗人的人也总是被自己的表情出卖"。世界著名心理学大师弗洛伊德如此说。事实上,我们向竞争对手抛出自己的不同预测结果,他们在听到每一个结果之时内心都会有反应,但是反应最大的无疑就是其表情变化最大的那一个结果,因为表情变化最大的就是距离真实结果最近的那个结果。所以,当我们在通过预测不同的结果向对手施加压力的同时,我们应该更多注意的就是对手表情的变化——抓住竞争对手在表情变化上所显露出来的真实心理情绪,从而顺势引导,掌控对手的心理情绪,让自己赢得竞争,实现自己的目的。

参考书目

1．FBI教你破解身体语言．（美）纳瓦罗．波茵特著．于乐译．2010年7月．中华工商联合出版社

2．FBI教你破解身体语言．（美）乔·纳瓦罗，马文·卡尔林斯著．王丽译．2009年4月．吉林文史出版社

3．FBI教你破解身体语言大全集．胡宝林编译．2011年1月．中国华侨出版社

4．读人．（美）狄米曲斯，马扎瑞拉著．张苋译．2009年3月．天津教育出版社

5．5分钟和陌生人成为朋友．（美）唐·加博尔著．灵思泉，韩俊燕译。2007年8月．京华出版社

6．读心术1：怎样在不为人知的情况下了解和影响他人．（瑞典）费克萨斯著．冯扬译．2010年4月．山西人民出版社

7．读心术2：口袋里的心理治疗师．（美）德蕾丝·博洽德著．冯杨译．2011年4月．山西人民出版社

8．爱因斯坦档案：美国联邦调查局对世界最知名科学家的秘密监控．（美）杰罗姆著．席玉苹译．2011年2月．广西师范大学出版社

9．成为美国联邦调查局探员．（美）霍尔登著．蒋平译．2009年9月．译林出版社

10．FBI美国联邦调查局全传——联邦警察的罪与罚．亚诺编著．2010年3月．凤凰出版社

11．美国FBI重案实录．（美）赛琳杰著．杨凯，隆民庚译．2011年1月．江西高校出版社

12．我的FBI生涯．（美）弗里著．姚敏译．2010年1月．社会科学文献出版社

13．只需倾听．（美）马克·郭士顿著．苏西译．2010年12月．重庆出版社

14．看谁在说谎：5分钟内识破谎言．（美）李柏曼著．项慧龄译．2007年12月．重庆出版社

15．你能掌控任何人：5分钟心理操纵术．（美）李柏曼著．杨琨译．2010年12月．金城出版社

16．迈尔斯心理学．（美）戴维·迈尔斯著．黄希庭等译．2011年1月．人民邮电出版社

17．心理学研究方法（第九版）．（美）克里斯腾森著．2005年5月．北京大学出版社

18．社会心理学．（美）戴维·迈尔斯著．2006年1月．人民邮电出版社

19．心理学与生活．（美）格里格．津巴多著．王垒，王甦等译．2003年10月．人民邮电出版社

20．拖延心理学．（美）博克，袁著．蒋永强，陆正芳译．2009年12月．中国人民大学出版社

21．心理学导论——思想与行为的认识之路．（美）库恩等著．郑钢等译．2007年6月．中国轻工业出版社

22．津巴多普通心理学．（美）津巴多等著．王佳艺译．2008年7月．中国人民大学出版社

23．瞬间洞悉人心．（日）桦旦纯著．常兆译．2009年11月。科学出版社

24．白宫智囊的读心术．（美）尼尔伦伯格等著．龙淑珍译．2011年4月．新世界出版社

25．认知心理学．（美）斯滕伯格著．杨炳钧等译．2006年1月．中国轻工业出版社

26．警察与社区——概念和实例．（美）普尔普拉著．杨新华译．2009年11月．中国人民公安大学出版社

27．特工人生"深喉"回忆录．（美）费尔特著．信强，白璐，程涛译．2007年9月．新星出版社

28．读心术．徐耀武著．2010年4月．机械工业出版社

29．身体语言：教你超强读心术．（英）博格著．林伊玫译．2010年8月．重庆出版社

30．心理读心术．（日）内藤谊人著．韩露译．2010年1月．南海出版社

31．身体语言读心术．彬子编著．2010年1月．哈尔滨出版社

32．FBI心理分析术：我在FBI的20年．（美）罗伯特·K.雷斯勒，汤姆·夏希特曼著．马丞卿，王晓雷译．2011年4月．江苏文艺出版社

33．不说我也知道你想干什么：察行观色3秒钟洞悉对方心理．（美）哈特莱著．田东宇译．2008年10月．京华出版社

34．身体语言密码．（英）皮斯等著．王甜甜，黄佼译．2007年12月．中国城市出版社